ELISABETH VON ÖSTERREICH

Karin Amtmann

Elisabeth von Österreich

Die politischen Geschäfte der Kaiserin

Verlag Friedrich Pustet
Regensburg

Umschlagmotiv:
Elisabeth, Kaiserin von Österreich
Gemälde von Anton Einsle, 1865
Wien, Privatsammlung (Foto AKG Berlin/Erich Lessing)

Meinen Eltern

Die Deutsche Bibliothek – CIP-Einheitsaufnahme

Amtmann, Karin:
Elisabeth von Österreich : die politischen Geschäfte der Kaiserin / Karin Amtmann. – Regensburg : Pustet, 1998
ISBN 3-7917-1622-0

ISBN 3-7917-1622-0

Umschlaggestaltung: Martin Veicht. form fünf, Regensburg
Gesamtherstellung: Friedrich Pustet, Regensburg
Printed in Germany 1998

Inhalt

Vorbemerkung . . . 9

ELTERNHAUS UND ERZIEHUNG

Königliche Hoheiten mit Bürgersinn: Die Herzöge in Bayern . . . 13
Der liberale Vater: Herzog Max in Bayern . . . 14
Sie lebte ganz für ihre Kinder: Ludovica – die Mutter Elisabeths . . . 18
Erziehungsversuche und plötzliche Eheperspektiven . . . 22
Schnellkurse in Geschichte und Politik: Graf Johann Mailáths Bildungsarbeit und die erste Annäherung an Ungarn . . . 24

NEUE EINDRÜCKE, KAMPF UND ISOLATION

Der Wiener Kaiserhof . . . 28
Das große Schaudern: Elisabeth und das Hofzeremoniell 30
Adelsstolz und Hofintrigen: Elisabeths Stellung am Wiener Hof . . . 32
Kaiser Franz Josephs Persönlichkeit oder: Wie man das Wegerziehen von Freiheit akzeptiert . . . 35
Elisabeths Persönlichkeit oder: Wie man das Wegerziehen von Freiheit nicht akzeptiert . . . 40
Der „liebestolle" Ehemann und das häusliche Glück . . . 42

DAS POLITISCHE GESCHÄFT EINER KAISERIN

Kann und darf eine österreichische Kaiserin Politik machen? . . . 46
Ein guter Anfang: Elisabeths Aufnahme in Österreich . . . 48
Politik durch Repräsentation . . . 49

Fromm und distanziert: Elisabeths Verhältnis zur Kirche . . . 54
Pazifistin? Elisabeth und das Militär . . . 60
Elisabeth: Vorkämpferin der Frauenbewegung? . . . 63
Elisabeth: Eine Republikanerin? . . . 71
Wie macht man aus dem Thornfolger einen Liberalen? Die Erziehung des Kronprinzen Rudolf . . . 73
Die Anfänge im Repräsentationsgeschäft: Böhmen und Mähren Juni 1854 . . . 75
Ein Land, das nicht geliebt sein will: Italienreise November 1856 . . . 78
Das Reich zerbröckelt: Die Schlacht von Solferino und der Verlust der Lombardei 1859 . . . 88

ELISABETH: DER ENGEL UNGARNS

Ungarische Heldengeschichte: Die Revolution 1848/49 . . . 98
Der Kaiser läßt mit sich reden: Annäherung . . . 103
Mißtrauen: Der Wiener Hof und die ungarische Frage . . . 104
Elisabeths erste ungarische Triumphe: Die Ungarnreisen 105
Die große Liebe: Elisabeth und die Magyaren . . . 108
Begegnungen mit „dem ungarischen Menschen“: Ida von Ferenczy . . . 113
Das Gewissen Ungarns: Ferenc Deák (1803–1876) . . . 115
Geliebt oder nur geschätzt? Graf Julius Andrássy (1823–1890) . . . 117
Der zweite ungarische Lehrmeister: Maximilian Falk (1828–1908) . . . 119
1866: Die Preußen kommen! . . . 120
Die Ausgleichsverhandlungen 1866/67: Elisabeths politisches Engagement für Ungarn . . . 125
Elisabeth: „Die schöne Vorsehung“ Ungarns . . . 153
Triumph einer Frau: Das Jahr 1868 . . . 156

RESIGNATION ODER TAKTISCHER RÜCKZUG?

Schon wieder die Preußen: Elisabeth und der Krieg von 1870/71 161
1872: „Jahr der Wende"? 168
Die „Liebe der Völker" zur Kaiserfamilie 173
Heiratspolitik und Familienquerelen 178
Elisabeth und die österreichische Außenpolitik: Lehrmeister Andrássy 180
Elisabeths Visionen zum Untergang des Habsburger Reiches 197
Schlechte Nachrichten aus Bayern: Elisabeth und der Tod Ludwigs II. von Bayern 202
Der Tod des Kronprinzen Rudolf 205
„Die Republik muß sein" 208
1898: Der Tod einer Republikanerin 212

Eine neues Bild von Elisabeth? 225

ANHANG

Zum Forschungsstand 229
Literatur 232
Anmerkungen 238
Register 247
Bildnachweis 252

„Sie ist eine Frau unseres Jahrhunderts ... ist in das vergangene, ins 19., eingetreten, als sei sie an die verkehrte Tür geraten. Eine Königin für Demokraten, die Thronbaldachin gegen Feldzelt austauscht, Ehrungen für nichtig hält, ohne indessen Luxus, Komfort und Aufwand zu verachten, ganz im Gegenteil ... Ein Frauentypus, der sich seitdem bis zum Überdruß verbreitet hat, damals aber eine erlesene Seltenheit bildete ... Ihre besondere Bedeutung liegt im Kontrast, den sie zu dem steifen Habsburger-Milieu bildete, in das sie gegen ihren Willen verpflanzt worden war."

Paul Morand

Vorbemerkung

Eine weitere Arbeit über Kaiserin Elisabeth von Österreich (1837–1898) bedarf auch im Jubiläumsjahr 1998 der Begründung. Elisabeth als Politikerin? In fast allen Darstellungen, die sich mit dem Leben der Kaiserin befassen, überwiegen bekanntlich eher die Schilderungen des „privaten" Verhaltens der „seltsamen Frau" in einer ihr verhaßten höfischen Umwelt: Elisabeths Reisen, ihre sportlichen Extravaganzen etwa als Reiterin, ihre Körperpflege, ihre Vorliebe für eine ungarische Umgebung, ihre Liebeleien, ihre privaten Studien, ihr Verhältnis zu den Schwestern und den Kindern oder ihr Verhältnis zum Kaiser sind die bevorzugten Themen der Elisabeth-Literatur. Sehr selten hingegen finden wir indes Elisabeth als politisch handelnde Person beschrieben. Die meisten ihrer Biographen begnügen sich mit dem Hinweis, Elisabeth sei gänzlich unpolitisch gewesen. Wenn sie in Fragen der Politik eingegriffen hat, so geschah das nach der Meinung ihrer Biographen vor allem aus persönlichen Gründen, weil sie, wie im Falle Ungarn, die Akteure schätzte oder gar ein Liebesverhältnis mit ihnen hatte!

Stimmt dieses Urteil? Kann man eine Frau, die fast ein halbes Jahrhundert an der Seite eines in sie verliebten „Selbstherrschers" gelebt hat, so einfach aus der Welt der Politik ausblenden? Ist es denkbar, daß ein Kaiser, dessen einzige kontinuierliche Gesprächspartnerin seine Frau gewesen ist, so gänzlich unbeeinflußt geblieben ist von ihren Ansichten? Kann es sein, daß eine Frau, die entscheidend am größten Umbruch in der Geschichte Österreichs beteiligt war, am Ausgleich mit Ungarn, sonst politisch völlig abstinent geblieben ist?

Oder wäre es nicht möglich, daß wir hier vor allem ein Quellenproblem vor uns haben? Ein Quellenproblem, das vielleicht daher rührt, daß sich „politische Geschäfte“ nicht immer in Ministerialakten niederschlagen. Politische Gespräche, die im privaten Familienkreis oder gar unter Ehepartnern stattfinden, lassen sich in aller Regel archivalisch nicht nachweisen. Manchmal läßt sich in Memoiren, Tagebuchaufzeichnungen oder Briefen mit Glück ein Teil dieser „intimen“ Politik fassen, die dem mit offiziellen Akten arbeitenden Geschichtsschreiber notwendigerweise fremd bleiben muß. Ist es nicht erstaunlich, daß wir ausgerechnet in den wenigen Monaten, aus denen sich der Briefwechsel zwischen Elisabeth und Franz Joseph erhalten hat, eine relativ intensive Beschäftigung Elisabeths mit der Politik feststellen können? Das gleiche gilt für die Gedichte Elisabeths, soweit sie einen politischen Inhalt haben. Könnte es also umfangreiche „politische Geschäfte“ Elisabeths geben, von denen wir nichts wissen, weil wir schlicht ein Quellenproblem haben?

Die vorliegende Arbeit versucht, dieser Frage nachzugehen. Sie bemüht sich um ein differenzierteres und gerechteres Bild von Elisabeth als politisch handelnder Person. Freilich – das sei hier ehrlicherweise vorausgeschickt – eine rastlos tätige Politikerin Elisabeth wird diese Arbeit nicht präsentieren. Es werden ferner auch keine neuen Quellen aus staatlichen oder privaten Archiven vorgelegt werden können, die Elisabeth als fruchtbare politische Korrespondentin oder Vielschreiberin „entlarven“. Auch diese Arbeit muß sich im wesentlichen auf die schon bekannten privaten Korrespondenzen und auf die private Erinnerungsliteratur, vor allem aber auf die eher privaten Äußerungen Elisabeths selbst stützen. Dabei sind es insbesondere die Gedichte der Kaiserin, die Rückschlüsse auf ihre politische Gesinnung und auf ihr politisches Wirken zulassen und die bisher nicht im gewünschten Maße verwertet und interpretiert wurden.

Es muß darüber hinaus nicht besonders betont werden, daß gerade Elisabeths Verhältnis zur Politik und ihr politisches Wirken als Kaiserin von Österreich nur vor dem Hintergrund des gesellschaftlichen und politischen Umfelds verständlich wird: Ihr Elternhaus, ihre Ausbildung, die Gegebenheiten am Wiener Kaiserhof sowie die politisch-repräsentativen Pflichten einer Kaiserin von Österreich haben selbstverständlich Bedeutung für Elisabeths „Politikverständnis". Interessanterweise lassen sich für gewisse Jahre „Verdichtungen" von politischen Aktivitäten der Kaiserin feststellen; so etwa 1859 bis 1867 und 1871 bis 1888. Auf diese Zeitspannen konzentriert sich auch die vorliegende Darstellung.

Elternhaus und Erziehung

Königliche Hoheiten mit Bürgersinn: Die Herzöge in Bayern

Elisabeth Amalie Eugénie, Herzogin in Bayern, wurde am 24. Dezember 1837 um 10 Uhr 43 Minuten in München geboren. Sie war das dritte Kind des Herzogs Max in Bayern und seiner Gemahlin Ludovika Wilhelmine von Bayern. Ihren Vornamen Elisabeth erhielt sie von ihrer Taufpatin und Tante, Königin Elisabeth von Preußen.

Elisabeth stammte aus dem Hause Wittelsbach, und zwar aus der Linie der Herzöge „in" Bayern, einer Nebenlinie der regierenden königlichen Linie. Stammvater dieser Nebenlinie war Pfalzgraf Wilhelm von Birkenfeld-Gelnhausen, der sich bei der Thronbesteigung des Kurfürsten Max IV. Joseph (des späteren Königs Max I. Joseph) im Jahre 1799 große Verdienste erworben hatte. Den Titel „Herzog in Bayern" erhielt er durch einen Vertrag vom 16. November 1799. Den Titel „Königliche Hoheit" erhielten die Herzöge in Bayern nach der am 1. Januar 1806 erfolgten Erhebung Bayerns zum Königreich. Allerdings schränkte der seit 1825 regierende König Ludwig I., der die Mitglieder dieser Nebenlinie nicht besonders schätzte, die „königliche" Titulatur wieder ein:[1] Als 1828 Herzog Max in Bayern volljährig geworden war, erhielt er mit Verordnung vom 7. August 1828 die Weisung, die Titulatur „Königliche Hoheit" in Zukunft zu unterlassen. Erst sehr viel später rückte der König von seiner feindseligen Haltung wieder ab. Eine Verordnung vom 13. März 1845 (die nie publiziert wurde) genehmigte eine Prädikatserhöhung für die Herzöge in Bayern, fortan führte man wieder den Titel Königliche Hoheit.[2]

Schon die Zeitgenossen Elisabeths erkannten, welch große Rolle ihr Vater bei der Formung ihrer Persönlichkeit spielte. Dies galt vor allem für die politischen Ansichten der späteren Kaiserin.

Herzog Max in Bayern wurde 1808 als einziger Sohn des mit Amalia Louise Prinzessin von Arenberg (1789–1823) vermählten Herzogs Pius in Bayern (1786–1837) geboren. Mit neun Jahren wurde er, was seine Entwicklung entscheidend beeinflußte, dem bedeutenden Pädagogen Benedikt Holland, dem Direktor des königlichen Erziehungsinstituts in München, zur weiteren Ausbildung übergeben. Vorher hatte ihn ein etwas ungeduldiger und gewalttätiger französischer Abbé erzogen. Im Erziehungsinstitut mußte sich der junge Herzog wie jeder andere Schüler der Hausordnung fügen und am gemeinsamen Unterricht teilnehmen.[3] Schon früh hatte Max seine Neigung für den Zirkus entdeckt. Um 1820 konnte man in München in der Nähe des Botanischen Gartens fast immer einen Zirkus mit Kunstreitern bewundern. Dies machte großen Eindruck auf den jungen Herzog, von dem dann später auch das Gerücht ging, sein Vater sei nicht der Herzog Pius, sondern ein Kunstreiter gewesen. Hyazinth Holland, der über seinen Onkel Benedikt den Herzog kennengelernt hatte, berichtet uns über die Zirkusleidenschaft des Herzogs: „Herzog Max vertat später viel Geld mit Pferden. Er erbaute bei seinem Palais einen Hippodrom und ritt hier vor geladenen Gästen die spanische Schule und produzierte sich auch mit allerlei Reiterkunststücken. Die Reiterquadrillen und Pantomimen, die er hier vorführen ließ, konnten selbst mit einem guten Zirkus wetteifern ... Der Herzog besaß auch eine eigene Feuerspritze. So oft ein Feuer ausbrach, versprach er demjenigen einen Kronentaler, der als erster mit der Spritze auf dem Brandplatz erschiene. Allein, jedesmal kam seine Feuerspritze den andern zuvor und den Kronentaler erhielt stets sein eigener Kutscher."[4]

Max war eine außerordentlich vornehme Erscheinung, gewählt gekleidet und in seinem Wesen bürgerlich-künstlerisch – mit großen Vorbehalten gegenüber den Auswüchsen der monarchischen und aristokratischen Lebensweise. Zu seinen bevorzugten Beschäftigungen gehörten das Reisen, das Musizieren, das Reiten, das Jagen und vor allem die Schriftstellerei. Dies hebt ihn aus dem Kreis seiner Standesgenossen deutlich hervor. Er schrieb Erzählungen, die er unter dem Pseudonym „Phantasus" herausgab, sowie Bühnenstücke, die nicht nur in München, sondern auch in Wien zur Aufführung kamen. Eine weitere wichtige Grundkomponente seines Lebens stellte das Reisen dar. Herzog Max reiste jedoch nicht, um vor sich selbst oder der Welt oder vor seinem einförmigen Familienleben zu flüchten, auch wenn man ihm letzteres gerne nachsagte: Für ihn war das Reisen vor allem ein Teil der Welterkenntnis und Anlaß zu literarischen und wissenschaftlichen Betrachtungen. Seine eindrucksvollste Reise machte er in den Orient. 1838 fuhr er über Triest, Griechenland, Alexandrien und Kairo den Nil hinauf und durchquerte schießlich die Wüste, um ins Heilige Land zu gelangen. Für die naturwissenschaftlichen Sammlungen in München sowie für seine eigene Orient-Sammlung in seinem Schloß Banz erwarb er zahllose Gegenstände, und nach seiner Rückkehr publizierte er 1839 seine Reiseerlebnisse unter dem Titel „Wanderungen nach dem Orient im Jahre 1838".

Seine Reisen und seine ausgedehnte wissenschaftliche Sammlungstätigkeit wurden Herzog Max durch das reiche Erbe seiner Mutter erleichtert. Sie hatte ihm in Paris ein prächtiges Palais in der Rue Royale 7 und im Departement Pas de Calais bei St. Quentin ausgedehnten Grundbesitz hinterlassen. Deswegen war er auch oft in Frankreich und mit den tonangebenden Gesellschaftskreisen der Hauptstadt Paris bekannt. Im Frankreich des Bürgerkönigs Louis Philippe konnte Herzog Max die gesellschaftlichen Entwicklungen weit besser studieren als in München. Er machte Bekanntschaft mit den dort seit der Julirevolution von 1830 herrschenden liberalen und republikanischen Strömungen, die in München von König Ludwig I. mit allergrößter Besorgnis betrachtet wurden. Für Max dagegen war die latente Gefährdung des monarchischen Prinzips und der bestehenden Herrschaftsformen in Europa kein Grund zur Beunruhigung. Herrschaftsbewahrung und Klassentrennung gehörten nicht zu seinen Anliegen. Im Gegenteil: Herzog Max war einer der seltenen Vertreter der monarchischen Oberschicht, die keine Klassenschranken kannten. Schon seine Ausbildung hatte nicht der Norm entsprochen: Er lernte sieben Jahre zusammen mit Gleichaltrigen aus unterschiedlichsten Kreisen in einem Münchner Erziehungsinstitut. Dies war außergewöhnlich, denn als Verwandter des königlichen Hauses hätte er eigentlich getrennt von der Allgemeinheit unter Leitung eines Hofmeisters und durch ausgewählte Erzieher ausgebildet werden müssen. An der Universität München hörte er Vorlesungen in Geschichte, Naturgeschichte und Nationalökonomie. Seine Studentenzeit hat Herzog Max besonders geschätzt; sein ganzes Leben lang hat er versucht, studentische Bräuche – in veränderter Form – weiterzupflegen. Seine Studentenzeit war ihm eine Zeit der Freiheit, und so hat er auch nach seiner Universitätszeit eine besondere Vorliebe für gesellige Abende unter Gelehrten und Künstlern gezeigt. Er veranstaltete abendliche „Arbeitsrunden" (Symposien), auf denen gedichtet, gesungen, komponiert und diskutiert wurde.

Insgesamt darf Herzog Max als der typische Vertreter des Münchner Biedermeiers gelten. Er verkehrte mit Vorliebe in bürgerlichen und bäuerlichen Kreisen: Bekannt ist sein Engagement für die bayerische Volkstracht und für die bayerische Volksmusik. Als „Zithermaxl" ist er im bayerischen Oberland volkstümlich geworden. Zu den ausgewählten Lieblingen des Herzogs zählte sein Kammervirtuose, der Oberösterreicher Johann Petzmayer (1803–1885), ein Meister auf der Zither. Als Lehrer des Herzogs hat er dieses Instrument in München salonfähig gemacht. Petzmayer, der ein grundgütiger und humorvoller Mensch war, wäre für den Herzog durchs Feuer gegangen. Noch auf dem Sterbebett soll er seinem Seelsorger gesagt haben: „Nehmen Sie nur meinen Herrn auch in geistliche Behandlung, wenn's einmal so weit mit ihm ist!"[5]

Bezeichnend für die demokratische Gesinnung und Volksnähe des Herzogs ist auch die Tatsache, daß im Revolutionsjahr 1848 die bayerische Königsfamilie in das Palais des

Herzogs Max in der Ludwigsstraße flüchtete, weil man dort weniger mit Übergriffen rechnete.

Eine derartige Lebensführung war nur möglich, weil Herzog Max als Mitglied der herzoglichen Nebenlinie der Wittelsbacher keine offizielle Funktion, also keine repräsentativen Pflichten am Münchner Hof innehatte.[6] Politik konnte er lediglich in der ersten Kammer der Ständeversammlung machen, wo ihm als Mitglied des königlichen Hauses kraft Verfassung ein Sitz als Reichsrat zugewiesen war. Doch Herzog Max paßte in diese erste Kammer, die vor allem vom ehemals reichsunmittelbaren Adel, den „Standesherren" beherrscht wurde und die vom Königshaus als Hort der konservativen und königstreuen Ansichten betrachtet wurde, mit seinen liberalen Ansichten nicht recht hinein. Häufig blieb er den Sitzungen fern, und wenn er teilnahm, fiel er aufgrund seiner Äußerungen dem König Ludwig I. zumeist unangenehm auf. Herzog Max in Bayern war alles andere als konservativ und adelsfreundlich. Seine politischen Ansichten, soweit man sie aus seinen Äußerungen rekonstruieren kann, lassen sich als liberal-republikanisch charakterisieren, wobei sein Republikanertum wohl eher theoretisch-modisch als prinzipiell war. Herzog Max trug seine demokratischen Ansichten offen zur Schau, nicht zuletzt auch, um seine Umgebung zu provozieren. Seine freiheitliche Einstellung spiegelte sich zudem in seinen zahlreichen historischen Artikeln, die anonym in Zeitschriften erschienen. Sein Engagement für die Pressefreiheit zeigte sich in seiner ironisch-kritischen Stellung zur Zensur: In seinem 1839 erschienen Buch „Wanderungen nach dem Orient" ließ er einige Seiten frei und deklarierte sie als „Censur-Lücken".

Herzog Max war ein außerordentlich belesener Mann, seine Bibliothek umfaßte nahezu 27000 Bände, vorwiegend historische Werke. Als Schriftsteller schrieb er neben Versen, Märchen und Kurzgeschichten auch historische Aufsätze – etwa über Napoleon I. und Metternich – sowie Satiren für Zeitungen und Zeitschriften nach dem Vorbild des von ihm verehrten Heinrich Heine. Herzog Max, der am 15. November 1888 starb, war das Musterexemplar eines biedermeierlich-liberalen und vor allem individualistischen Fürsten des 19. Jahrhunderts, eines Fürstentyps, der die Überlebtheit seiner eigenen Gattung erkannt und literarisch verarbeitet hat.

Sie lebte ganz für ihre Kinder: Ludovica – die Mutter Elisabeths

Für die charakterliche Entwicklung Kaiserin Elisabeths war nicht nur der Einfluß des Vaters von zentraler Bedeutung, sondern auch der eher deprimierende Eindruck, den die unglückliche Ehe ihrer Eltern auf sie machte. Diese Erfahrung dürfte Elisabeths distanzierte Haltung zu ihrer eigenen Ehe wesentlich mitbestimmt haben. Auch ihre Abneigung gegen rein „politische" Heiraten hat hier ihre tiefere Ursache.

Die Ehe von Elisabeths Eltern war eine politische Vernunftheirat gewesen. Für Ludovika (geb. 1808), eine Tochter von König Max I. Joseph, war Herzog Max in Bayern grundsätzlich keine ebenbürtige Partie und auch sonst kein Herzenspartner. Doch der Großvater von Herzog Max, Herzog Wilhelm in Bayern, der bestrebt war, die Linie der Herzöge in Bayern nach Möglichkeit mit der königlichen Linie gleichzustellen, hatte diese Ehe mit dem Königspaar Max und Karoline schon frühzeitig ausgehandelt. Dieser Handel blieb auch nach dem Tode von König Max 1825 in Kraft, und so kam es 1828 zur Heirat, ohne daß man auf den Willen und die völlig unterschiedlichen Neigungen der 19jährigen Eheleute Rücksicht nahm. Die Eheschließung fand in der Klosterkirche von Tegernsee statt, die um diese Zeit bereits Schloßkirche war. Das inzwischen beseitigte Spruchband über dem Hochaltar der Schloßkirche trug die Aufschrift: „Herr, vergib ihnen, denn sie wissen nicht, was sie tun."[7]

Aus Ludovikas Äußerungen geht deutlich hervor, daß ihre Ehe vom ersten Tag an unglücklich war. Ihren Kindern hatte sie erzählt, daß sie ihren ersten Hochzeitstag „von morgens bis abends in Tränen zugebracht habe". Im Laufe der Jahre hatte sie jedoch gelernt, mit den zahlreichen Affären ihres Mannes, seiner permanenten Unruhe zu leben und sich ferner damit

Die Eltern Elisabeths: Prinzessin Ludovika von Bayern und Herzog Max in Bayern. Im Hintergrund Schloß Tegernsee, wo die beiden im Jahr 1828 getraut wurden. (Lithographie nach einem Gemälde von Joseph Stieler, 1830).

abgefunden, mit den Kindern alleine zu sein. Sie ließ Max gewähren, so daß sich ihre Wege immer mehr trennten. Elisabeth war also mit den Klagen der Mutter aufgewachsen. Deren Satz: „Wenn man verheiratet ist, fühlt man sich so verlassen" hat sie lange im Gedächtnis behalten.

Im Bewußtsein ihrer unstandesgemäßen Verbindung und der Nachlässigkeit ihres Mannes entwickelte sich Ludovika in ihrer Ehe zu einer resignierten, ernüchterten, freudlosen und allein auf ihre Pflichten konzentrierten Ehefrau und Mutter. Ihr fehlte schließlich „jeglicher Schwung, jede Begeisterungsfähigkeit, jedes Organ für geistiges und musisches Erlebnis", wie Sexau schreibt.

Nach Meinung Elisabeths lastete auf dieser Ehe und davon ausgehend auf der gesamten Linie der Herzöge in Bayern zudem ein „Fluch". Die Geschichte dieses Fluches hat Elisabeth um 1880 in Ischl ihrer Nichte, der Gräfin Larisch, erzählt, die den merkwürdigen Bericht in ihren Erinnerungen wie folgt wiedergibt: „Im Jahre 1828 war Herzogin Ludowika, meine Großmutter, im Schloß Tegernsee mit dem gleichaltrigen Herzog Maximilian in Bayern gegen ihren Willen vermählt worden. Ihre Liebe soll damals dem Herzog Miguel von Braganza gehört haben, dem sie zuerst bestimmt gewesen war. Doch unsicherer politischer Verhältnisse halber, die zur Zeit in Portugal herrschten, wurde von ihren Eltern dieser Plan aufgegeben und die junge Prinzessin gezwungen, ihre Hand dem bayerischen Herzog Maximilian zu reichen. An ihrem Vermählungstag im Schloß soll sie ihren Brautkranz von sich geschleudert und die unseligen Worte ausgestoßen haben: ‚Dieser Ehe und alles, was daraus hervorgeht, soll der Segen Gottes fehlen bis ans Ende'!" Nach Auskunft der Gräfin Larisch brachte Elisabeth diesen Fluch mit der Geschichte eines gleichfalls verfluchten Mönches im Kloster Tegernsee zusammen: „... der Mönch von Tegernsee hat es gehört und seitdem wartet er. So oft einer von unserer Familie stirbt, steht er neben ihm und beim letzten wird auch er erlöst sein!" Nach Meinung Elisabeths war der Fluch der Mutter auch Ursache des Unglücks der Familie: „Und Glück haben wir alle nicht ... Auch du wirst dir glückliche Augenblicke stehlen müssen und dann dafür büßen. Und das geht so fort, bis keiner von uns mehr da sein, bis unserer ganze Linie ausgestorben sein wird. Und das wird keine 100 Jahre mehr dauern."[8]

In diesem letzten Punkt sollte Elisabeth tatsächlich recht behalten. Der letzte männliche Nachkomme aus der Linie der Herzöge in Bayern, Luitpold Emanuel, starb im Jahre 1973!

Anders als bei ihrer mit Erzherzog Franz Karl verheirateten ehrgeizigen Schwester Sophie, der Mutter des Kaisers Franz Joseph, fehlte bei Ludovika jegliches weitergehende politische Interesse. Sie war auch keine so konsequent politische Katholikin wie Sophie. Häufig betonte sie ihre liberale Erziehung im bayerischen Königshaus: „In unserer Jugend, da waren wir angeprotestantelt", meinte sie unter Hinweis auf ihre protestantische Mutter. Trotz ihrer zurückhaltenden Art wäre es falsch, Ludovika als phantasielos, beschränkt, humorlos und in höfischer Tradition gefangen darzustellen. Zwar hatte sie vor dem Wiener Hof und ihrer Schwester Sophie großen Respekt, war aber deshalb nicht demütig und unterwürfig, wie man oft lesen kann. Ludovika war eher eine Frau mit liberalen Ansichten. In ihrer Freizeit sammelte sie Uhren und beschäftigte sich mit Geographie. Ihre Geographiekenntnisse bezog sie mit Vorliebe aus Missionskalendern, weshalb sie auch von ihrem Mann verspottet wurde. Ihre Interessen galten in erster Linie der Kindererziehung und der Zukunft der Kinder. Als Mutter von fünf Töchtern dachte sie vorrangig an deren standesgemäße Verheiratung und hatte dabei wohl stets das eigene Schicksal vor Augen. Auf der Suche nach passenden Partien für ihre Töchter entwickelte sie große Energien. Ihr Briefwechsel zeigt zudem, daß sie stets bemüht war, eine familiäre Atmosphäre zu schaffen, und es auch verstanden hat, ihre Familie trotz aller Widrigkeiten einigermaßen zusammenzuhalten.

Ludovika starb 1892 und überlebte ihren Mann um vier Jahre. Typisch ist die Schilderung ihres Tageslaufs in den letzten Jahren ihres Lebens, die uns Hyazinth Holland gibt: „Von ihrer Hofdame, der Baronin Reichling, ließ sie sich den ganzen Gregorovius vorlesen, während sie dabei Strümpfe für arme Kinder strickte, doch schlief sie bei der Lektüre immer ein; sie strickte und nickte."[9]

Erziehungsversuche und plötzliche Eheperspektiven

Anders als in den meisten hocharistokratischen Kreisen, kümmerte sich Mutter Ludovika auch persönlich um die Erziehung ihrer Kinder. Das bedeutete jedoch nicht, daß diese besonders streng erzogen wurden. Im Gegenteil. In diesem Punkt waren sich Ludovika und ihr Ehemann einig: Die Kinder sollten möglichst frei und ungezwungen aufwachsen. In den Sommermonaten lebte die Familie vor allem im Schloß Possenhofen. Elisabeth liebte diese Aufenthalte in ländlicher Umgebung über alles. Possenhofen und der Starnberger See mit den Bergen im Hintergrund verkörperten für sie zeit ihres Lebens Freiheit und Ungebundenheit. München empfand sie dagegen eher als beengend.

Elisabeth war ein aufgewecktes Kind. Dementsprechend schwer fiel es der Erzieherin, Baronin Wulffen, Elisabeth zu zügeln. Ihr ausgeprägter Freiheitsdrang kam des öfteren in Konflikt mit den Vorgaben des Lehrplans. Laut ihrer Erzieherin war Elisabeth träumerisch, am Lehrstoff weniger interessiert und nicht so ehrgeizig wie ihre Geschwister. Sie bevorzugte es, ihren Neigungen nachzugehen. Frühzeitig begann sie, und hier wirkte das Vorbild des Vaters, Verse zu schreiben, in denen sie ihre geheimen Wünsche und Sehnsüchte festhielt. Aufgrund ihres Erbes, ihrer Erziehung und ihrer Umgebung entwickelte sich Elisabeth zu einem unkonventionellen, freiheitsliebenden und sensiblen jungen Mädchen.[10]

Im Sommer 1853 wurde Elisabeths Mutter Ludovika von ihrer Schwester Erzherzogin Sophie, der Mutter des Kaisers Franz Joseph von Österreich, nach Bad Ischl eingeladen. Hier sollte Elisabeths ältere Schwester Helene dem jungen Kaiser im Hinblick auf eine mögliche Verbindung vorgestellt werden. Elisabeth durfte mitreisen, um Helene Gesellschaft zu leisten, zudem sollte sie mit dem jüngeren Bruder des Kaisers, Erzherzog Karl Ludwig, näher bekannt gemacht werden. Am 16. August 1853 trafen Ludovika und ihre Töchter mit der kaiserlichen Familie zusammen. Das Vorhaben der beiden Mütter ging nicht ganz auf, denn Kaiser Franz Joseph hatte sich zwar

Elisabeth Herzogin in Bayern

verliebt, aber nicht wie geplant in Prinzessin Helene, sondern in die 15jährige Elisabeth. Erfolglos versuchte Erzherzogin Sophie, ihren Sohn Franz Joseph umzustimmen. Am 18. August 1853 feierte der Kaiser seinen 23. Geburtstag und entschied sich offiziell für Elisabeth in Bayern als zukünftige Kaiserin von Österreich. Die Verlobung wurde am 19. August 1853 in der Pfarrkirche von Ischl gefeiert.

Elisabeth fühlte sich zwar zu Franz Joseph hingezogen, aber gleichzeitig fürchtete sie „ihre künftige Stellung".[11] Diese Befürchtung war nicht unbegründet, wie sich schon bald herausstellen sollte.

Schnellkurse in Geschichte und Politik: Graf Johann Mailáths Bildungsarbeit und die erste Annäherung an Ungarn

Nach Bayern zurückgekehrt, erwartete die zukünftige Kaiserin von Österreich ein umfangreicher Lehrplan. Sie sollte nun bis zur Hochzeit alles, was in ihrer bisherigen Erziehung und Ausbildung versäumt worden war, nachholen, vor allem Sprachen wie Französisch und Italienisch. Vorrang hatte aber die historische Ausbildung. Dreimal in der Woche wurde sie von dem in Wien geborenen ungarischen Historiker Graf Johann Mailáth von Székhely[12] in österreichischer und ungarischer Geschichte unterrichtet. Mailáth, der 1848 nach München übersiedelt war und dort unter äußerst bescheidenen Verhältnissen als historischer Schriftsteller lebte, gehörte zum literarischen Kreis um Herzog Max. Er war ein Verfechter der österreichischen Gesamtstaatsidee, weshalb er vor allem bei den liberalen Ungarn wenig beliebt war. Doch trotz seiner Loyalität gegenüber der Wiener Zentralregierung war Mailáth zeit seines Lebens überzeugter Magyar. Beachtlich ist vor allem sein schriftstellerisches Wirken. Mailáths historische Hauptwerke waren die zwischen 1834 und 1850 in Hamburg erschienene 5bändige „Geschichte des österreichischen Kaiserstaats" und die 1828 bis 1831 in Wien publizierte ebenfalls 5bändige „Geschichte der Magyaren" (1852 und 1853 in zweiter Auflage in Regensburg erschienen). Doch Mailáth war nicht nur Historiker, er war auch ein leidenschaftlicher Anhänger von Naturheilverfahren, was sicher nicht ohne Einfluß auf Elisabeth geblieben ist. 1851 schrieb er das Buch „Der Animalische Magnetismus als Heilkraft".

Mailáth war ein ausgezeichneter Lehrer und verfügte über ein phänomenales Gedächtnis. Er konnte ganze Bücher auswendig zitieren, sprach mehrere Sprachen und vermittelte seiner Schülerin auch die entsprechenden Lerntechniken. Über die Kunst des Lernens, insbesondere des Auswendiglernens, verfaßte Mailáth ein eigenes Lehrbuch („Mnemotechnik, oder Kunst, das Gedächtnis nach Regeln zu stärken und dessen Kraft außerordentlich zu erhöhen"). Elisabeth hat sich Mailáths Lerntechniken vollendet angeeignet: Die Leichtigkeit, mit der sie Sprachen lernte, die Schnelligkeit, mit der sie Bücher las und deren Inhalt behielt oder auswendig lernte, waren das Ergebnis seiner pädagogischen Fähigkeiten.

Mailáth vermittelte Elisabeth darüber hinaus auch einiges an politischen Grundanschauungen. Er führte seine Schülerin nicht nur in die österreichische und ungarische Geschichte ein, sondern auch in die ungarische Dichtung und Literatur sowie in die Welt der ungarischen Sagen und Märchen. 1817 hatte Graf Mailáth bei Cotta zwei Bände „Magyarische Sagen, Märchen und Erzählungen" herausgegeben. Es ist anzunehmen, daß er bei den Unterrichtsstunden aus seinen eigenen Werken vorgetragen hat und so Schritt für Schritt Elisabeths Sympathie für Ungarn weckte. Er erläuterte ihr die alte ungarische Verfassung, die der Kaiser 1849 aufgehoben hatte und die Vorteile einer republikanischen Staatsform. Noch Jahre später äußerte sich Elisabeth anerkennend über Mailáth. Als sie einmal in höfischer Umgebung provozierend verlauten ließ: „Ich hörte, daß die zweckmäßigste Regierungsform die Republik sei ...", soll sie sich auf ihren früheren Geschichtslehrer Mailáth berufen haben.[13]

Mailáths Charakter wird uns von Hyazinth Holland in seinen „Lebenserinnerungen eines 90jährigen Altmünchners" geschildert. Holland begegnete Mailáth bei einer Abendgesellschaft der verwitweten Freifrau von Oberkamp, die den Grafen aufforderte, irgend etwas vorzulesen: „Dieser zögerte eine Weile und erklärte, er habe nichts Geeignetes bei sich. Zuletzt ließ er sich überreden, zog ein Buch aus der Tasche und sagte: ‚Ich will die Herrschaften mit einem ungarischen Märchen bekannt machen'. Er setzte sich an ein Tischchen, schlug das Buch auf und begann zu lesen: eine hinreißend schöne Geschichte. Ich saß ihm ganz nahe und sah genau, wie er umblätterte und wie er scheinbar mit den Fingern Zeile für Zeile verfolgte. Das reizte meine Neugier. Wie gern hätte ich doch den Titel des Buches erfahren! Bei schärferem Hinsehen entdeckte ich, daß es ein englisches Buch war, das noch dazu verkehrt vor dem Lesenden lag. Aus dem Stegreif hatte er ein anziehendes Märchen ersonnen und seinen aufmerksam lauschenden Hörern wunderbar vorgetäuscht, als hätte er alles aus dem vor ihm liegenden Buche geschöpft. Graf Mailáth war schon in seinem Äußeren ein Aristokrat vom Scheitel bis zur Zehe und besaß ein ungeheures Gedächtnis ... Er nahm ein trauriges Ende. Völlig verarmt, suchte er nach außen hin, solange es nur ging, den Schein der Wohlhabenheit zu wahren. Als Kaiser Franz Joseph von Österreich um die Tochter des Herzogs Max in Bayern freite, zog er mit festlichem Gepränge in München ein. Als österreichischer Untertan wollte Graf Mailáth dabei nicht fehlen. Er begrüßte seinen Landesherrn in einer ungarischen Uniform, die von Silber und Edelsteinen schimmerte. Hintennach ward offenbar, daß er sie aus dem Leihhause genommen und dann wieder hineingetan hatte. Mit seiner Tochter Henriette wohnte er im Gasthof zum Schwarzen Adler und bezahlte hier seine Rechnung alljährlich. Das erstemal gab ihm König Ludwig I. das Geld, das zweitemal Graf Lippe. Im dritten Jahre fand sich kein Gönner. Nun fuhr er mit seiner Tochter anfang Januar an den Starnbergersee und ließ sich auf einem Kahn nach Ammerland übersetzen. Den Schiffer entlohnte die Tochter mit einem Silberstück und sagte: ‚Das ist mehr wert, als droben steht.' Auch ihr schönes, feingesticktes Taschentuch schenkte sie ihm. Als der Schiffer wieder zurückruderte, füllten Vater und Tochter ihre Taschen mit Steinen, banden sich beide mit Stricken fest zusammen und stürzten sich dann in den See ..."[14] Als sich Mailáth, der in Ammerland, gegenüber von Possenhofen, begraben wurde, am 3. Januar 1855 ertränkte, war seine Schülerin schon Kaiserin von Österreich.

Fassen wir Elisabeths Werdegang und Erziehung bis zur Eheschließung zusammen und fragen uns nach den ersten politischen Leitbildern, so muß zuerst einmal der Vater genannt werden, der wohl den Hauptanteil daran hatte, daß Elisabeths Ausbildung für damalige Verhältnisse relativ frei und zwanglos ausfiel und der ihr sicher auch die von ihm vertretenen liberalen Grundideen nahelegte. Wie bei Elisabeth konkretisierte sich der alles bestimmende Freiheitsdrang des Herzogs nicht nur in seiner persönlichen Lebensgestaltung, sondern vor allem auch in seinen politischen Ansichten. Wie Elisabeth zeigte Herzog Max zuweilen Anflüge von Weltflucht und Menschenverachtung. Beide schrieben Gedichte, und beiden diente das Dichten auch dazu, politisch Stellung zu beziehen. Von größter Bedeutung für Elisabeths politische Anschauungen war ferner der Unterricht durch den Historiker Graf Johann Mailáth. Ihm verdankte sie vor allem ihre historischen Kenntnisse und – damit einhergehend – ihre Sympathie für die ungarische Geschichte.

Neue Eindrücke, Kampf und Isolation

Der Wiener Kaiserhof

Zur Zeit der Vermählung von Franz Joseph und Elisabeth galt der Wiener Kaiserhof als einer der konservativsten Europas. Mit der seit 1851 von Kaiser Franz Joseph praktizierten neoabsolutistischen Regierungsform erlebte die Welt des alten, elitären Hofes eine neue Blüte. Als Umgebung des Kaisers sah die strenge Wiener Hofordnung fast ausschließlich Mitglieder des Hochadels vor. Die Hofordnung band den Monarchen an die alten Hofämter und Hofwürden, die nach dem strengstens eingehaltenen Prinzip der aristokratischen Ebenbürtigkeit vergeben wurden. Hofzugang und Hoffähigkeit hatten nur diejenigen Aristokraten, die ihren adeligen Stammbaum bis zur Generation der Ururgroßeltern nachweisen konnten. So wurden die Hofämter zu wichtigen Pfründen des Hochadels, der damit eine enorme politische Macht besaß.

Die wichtigsten Personen des Hofes waren die vier „Obersten Hofchargen": Die für das Hofzeremoniell oberste Instanz war der Obersthofmeister, der an der Spitze der Hierarchie des Hofes stand und noch zahlreiche andere Aufgaben zu erfüllen hatte. Der Oberstkämmerer verwaltete die Schatzkammer, die kunsthistorischen Sammlungen des Herrscherhauses sowie das Naturhistorische Museum, die Hofbibliothek und weitere wissenschaftliche Institutionen. Die oberste Instanz in allen Rechtsfragen und die oberste Gerichtsbehörde für den Wiener Hof war das Obersthofmarschallamt. Das Oberstallmeisteramt, der Hofmarstall samt den Reitschulen und die Hofzugställe und die Hofgestüte wurden vom Oberststallmeister geleitet. Ferner gab es neben den Hofämtern zahlreiche andere Hofwürden, die fast ausschließlich in aristokratischer Hand waren.[1]

Für Kaiser Franz Joseph stellte die Bevorzugung des hohen Adels auch ein politisches Prinzip dar, da er nach den Revolutionserfahrungen der Jahre 1848/49 glaubte, daß nur noch auf diese Gruppe Verlaß sei, zumal sie das gleiche Bewahrungs- und Restaurationsinteresse wie das Kaiserhaus haben mußte. Franz Joseph hat der Aristokratie, dieser vermeintlichen Stütze des Throns, auch demonstrativ Reverenz erwiesen: Er pflegte z. B. bei offiziellen Anlässen und Empfängen nur Aristokraten die Hand zu geben, Bürgerlichen dagegen nicht, auch wenn diese durch ihre Stellung im öffentlichen Leben rangmäßig über den anwesenden Aristokraten standen. In politischer Hinsicht war diese Bevorzugung des Hochadels durch den Kaiser und seinen Kanzler Schwarzenberg sicher eine Fehlentscheidung, da die Aristokratie nicht über genügend politische Köpfe verfügte. Schwarzenberg hat dies bald erkannt. In einem Brief an den Fürsten Windischgrätz vom 11. Februar 1849 schrieb er: „Unserer Aristokratie wirkliches Leben und die Widerstandskraft zu geben, halte ich für unmöglich, weil dazu nicht nur honette Leute gehören, sondern man eine politisch gebildete, wohlorganisierte und mutige Klasse braucht, die uns gänzlich ermangelt. Ich kenne in der ganzen Monarchie nicht zwölf Männer unseres Standes, die unter den gegenwärtigen Zeitverhältnissen mit Nutzen in einem Oberhaus Platz finden können."

Ihren besonderen Ausdruck fand diese von Kaiser Franz Joseph unter Anleitung seiner Mutter fast trotzig durchgeführte „Aristokratisierung" des öffentlichen und des höfischen Lebens in der am Kaiserhof streng beachteten Hofetikette, der alle Mitglieder der Hofgesellschaft unterworfen waren. Sie hatte vor allem die Funktion, die Stellung der Bürokratie, der Öffentlichkeit und vor allem der Aristokratie zum Kaiser in strenge Regeln zu fassen. Dies geschah nicht zuletzt durch eine weitgehende Abschirmung des Privatlebens des Herrschers nach außen und durch wirksame, legitimitätsfördernde Inszenierungen von öffentlichen Auftritten. Erzherzog Albrecht umschrieb die Wiener Hofetikette wie folgt: „Sehr streng in den Formen und im Zwange, den sie den Prinzen auferlegte, beschränkte sie sich hauptsächlich auf feierliche Gelegenheiten und das Erscheinen in der Öffentlichkeit. Sie störte nicht die Einfachheit des Familienlebens, sie schützte dasselbe eher vor fremden Eindringlingen. Bei feierlichen Gelegenheiten sah das Volk ... den Pomp und den Glanz der Majestät, aber nicht als unnahbaren Halbgott, sondern gleichzeitig als Gott bekennenden und sich vor Gott demüthigenden Christen."[2]

Das Hofzeremoniell schützte den Monarchen und bewahrte ihm die Distanz zu seiner Umgebung, sie zwang ihn aber auch in ein eisernes Pflichtenband. Die Individualität des Monarchen mit allen seinen Schwächen und Fehlern wurde durch die strenge Einhaltung des Zeremoniells verdeckt und erzwang das totale Zurücktreten der Person hinter sein hohes Amt.

Das große Schaudern: Elisabeth und das Hofzeremoniell

Elisabeths Hofdame Gräfin Festetics hat in ihrem Tagebuch den Versuch unternommen, Elisabeths Gefühlslage zu schildern, als sie erstmals mit den Anforderungen des Wiener Hofzeremoniells konfrontiert wurde: „... wie bange ihr in der Welt der Fremden, der Großen gewesen – wie so Alles anders erschien! – wie ihr die Heimat und Geschwister fehlten! – das ganze sorgenlose, harmlose Sein in Possenhofen! – Das Natürliche, das Einfache verschwinden sollte unter dem unnatürlichen Druck der übertriebenen Etiquette – mit einem Worte – wie Alles sich nur um das Scheinen und nicht um das Sein handelte und wie hart oft alles gewesen sei."[3]

Elisabeth war mit dem Hofzeremoniell eines herrschenden Hauses kaum vertraut, selbst das bayerische Hofzeremoniell war ihr ja weitgehend unbekannt: Aus einer Nebenlinie des bayerischen Hauses stammend, waren die Herzöge in Bayern ohne öffentliche Repräsentationspflichten am Münchner Königshof.[4] Mitentscheidend für ihre ablehnende Einstellung zum Hofzeremoniell und zur Etikette war ferner ihre Erziehung. Schon Herzog Pius August in Bayern, Elisabeths Großvater väterlicherseits, galt als Sonderling, der sich vom Hofzeremoniell demonstrativ und skandalös distanzierte und den man dann bewußt vom Hofe fernhielt. Freiherr von Hruby schrieb empört an Metternich: „Gerüchte über den Prinzen Pius, ein Prinz, in seiner Erziehung im höchsten Grade verwahrlost, bringt den größten Teil seiner Zeit in der niedrigsten Gesellschaft und an den unwürdigsten Orten zu. So befand er sich auch vor einiger Zeit mit Handwerkern und Leuten dieser Art in einer Kneipe, als es, wie man versichert, auf seinen Antrieb zu Schlägereien kam, wobei zwei Juden auf das grausamste mißhandelt und gefährlich verwundet wurden. Furcht vor der verdienten Strafe gab ihm den Gedanken der Flucht ein, die er als Handwerksbursche verkleidet auch ausführte. Er wurde aber in Bayreuth erkannt, auf Befehl des Königs festgenommen und befindet sich jetzt unter Polizeiaufsicht."[5] Auch Elisabeths Vater war alles andere als ein Freund des Hofzeremoniells und der damit verbundenen Pflichten. Die Eigentümlichkeiten des Großvaters und des Vaters hatten bei Elisabeth offensichtlich eine nachhaltige Wirkung hinterlassen. Ihr „bayerisches Erbe", ihr Freiheitsdrang, ihre mangelnde Erfahrung erklären, warum es Elisabeth am Wiener Kaiserhof nicht schaffte, mit dieser formalen Welt des Zeremoniells zurechtzukommen.

Allerdings hatte man ihr auch das Einleben in der neuen Umgebung nicht leicht gemacht. In Wien, der neuen Heimat der Kaiserin, bestand der kaiserliche Haushalt von Anfang an aus fremden Personen. Elisabeth durfte kein eigenes Personal mitbringen. Diese Regelung war keine österreichische Besonderheit, sondern auch an anderen Höfen üblich. Aber es gab durchaus Ausnahmen. So erhielt etwa Prinzessin Mathilde von Bayern, eine Tochter König Ludwigs I. von Bayern, bei ihrer Vermählung mit dem Erbgroßherzog von Hessen vom hessischen Fürstenhof die Erlaubnis, für eine begrenzte Zeit bayerisches Personal mitzubringen.[6]

Der erste von Elisabeth begangene Verstoß gegen das höfische Zeremoniell erfolgte bereits am Tag der kirchlichen Trauung. Beim anschließenden Empfang, als Elisabeth ihre Cousinen Adelgunde und Hildegard aus Bayern begrüßte, weigerte sie sich, von diesen ihren Jugendgespielinnen den Handkuß entgegenzunehmen, der ihr als Kaiserin zustand. Erzherzogin

Sophie bestand natürlich auf die Einhaltung des Protokolls. Ähnliche Protokollverletzungen häuften sich. In der Folgezeit war Elisabeth zwar bemüht, zumindest die wichtigsten Regeln zu beachten, einen Zugang zum Wiener Hofleben fand sie jedoch nicht. In ihrem Gedicht „Der gefangene Vogel" vom April 1854 schrieb sie, wie beengend sie dieses Leben als Kaiserin von Österreich empfand:

Umsonst muß ich zum Himmelsblau,
Gefangen, eingekerkert, schmachten.
Die Eisenstäbe kalt und rauh,
Mein bitt'res Heimweh schnöd verachten.

Im Seufzen springt bald meine Brust:
Ihr könnt mich lange nicht mehr halten. –
O überschwenglich süße Lust,
Die geist'gen Schwingen zu entfalten![7]

Es scheint, als ob Elisabeth die Etikette und das Hofzeremoniell vor allem als Angriff auf ihre persönliche Freiheit empfand. Daher lassen sich die sich häufenden Konfrontationen mit der Wiener Hofgesellschaft, die ja über die ersten Jahre hinaus andauerten, nicht nur mit einer natürlichen Abneigung gegen das höfische Leben allein begründen. Elisabeth hat vielmehr den Verstoß gegen das Zeremoniell zu einer „Politik des passiven Protests" ausgebaut, der sich im besonderen gegen die Wiener Verhältnisse richtete. Daß sie das Hofzeremoniell als Ordnungsfaktor nicht grundsätzlich ablehnte, zeigt die Tatsache, daß sie vor allem dann opponierte, wenn man ihr Pflichten auferlegte. Soweit es aber um ihre Person ging und um die Pflichterfüllung Dritter, konnte sie durchaus darauf bedacht sein, daß die höfischen Regeln eingehalten wurden.

Adelsstolz und Hofintrigen: Elisabeths Stellung am Wiener Hof

Zunächst war für die Wiener Hofgesellschaft die junge Kaiserin Elisabeth, das „bayerische Landkind", schon wegen ihrer Herkunft suspekt. Die Herzöge in Bayern – wie zuvor geschildert – führten zwar seit 1845 den Titel „Königliche Hoheit", waren aber nicht herrschaftsberechtigt. Ferner hatte das Ansehen der Nebenlinie durch das skandalöse Verhalten von Elisabeths Großvater, des Herzogs Pius, gelitten. Auch die Heirat von Elisabeths Bruder Ludwig am 28. Mai 1859 mit der Augsburger Schauspielerin Henriette Mendel, mit der er bereits eine voreheliche Tochter hatte, erschwerte die Stellung der Kaiserin in der kritischen Wiener Hofgesellschaft. Bezeichnenderweise und nicht zuletzt aus Trotz pflegte Elisabeth deshalb mit ihrer unebenbürtigen Schwägerin, die zur Gräfin Wallersee erhoben worden war, ein freundschaftliches Verhältnis. Auch dies bot natürlich Stoff für manchen Hofklatsch.[8]

Besonders deutlich wird Elisabeths kritische Haltung zum Wiener Hof bei der Behandlung von Rangfragen. 1864 setzte sie die Entlassung ihrer bisherigen Obersthofmeisterin, Gräfin Esterházy, einer geborenen Fürstin zu Liechtenstein, durch. Neue Obersthofmeisterin wurde ihre Hofdame Gräfin Bellegarde, verheiratete Königsegg. Die Ernennung einer ehemaligen Hofdame zur Obersthofmeisterin war völlig unüblich und verärgerte die Wiener Hofgesellschaft beträchtlich. Der neuen Obersthofmeisterin der Kaiserin kam nämlich der Vortritt vor allen anderen Damen des Landes zu.

Charakteristisch war in diesem Zusammenhang auch Elisabeths Stellung zu den hochadeligen Damen des sogenannten Sternkreuz-Ordens. Dieser heute noch bestehende und aktive Damenorden „zur Förderung der Andacht zum hl. Kreuz, des tugendhaften Lebens und wohltätiger Handlungen" war 1668 von der tiefgläubigen Kaiserin Eleonora von Gonzaga (1630–1686), der Witwe Kaiser Ferdinands III., für die Damen des österreichischen Hochadels gestiftet worden. Voraussetzung für die Aufnahme in den Orden war der Nachweis von 12 adeligen Ahnen (8 von der väterlichen Seite, 4 von der mütterlichen Seite), ebenbürtige Heirat und katholischer Glaube. Der Ehemann mußte zumindest Kämmererqualifikation besitzen, d. h. er mußte Hofzutritt haben. Der Orden, in dem sich grundsätzlich jede qualifizierte Adelige aufnehmen lassen konnte, versammelte also alle diejenigen standesbewußten Vertreterinnen des Adels mit Hofzutritt, die sich Elisabeth gegenüber kritisch verhielten. Elisabeth war zusammen mit der

Kaiserinwitwe Carolina Augusta (1792–1873) höchste Ordensschutzfrau und blieb es bis zum Ende ihres Lebens. Anläßlich ihrer Hochzeit erhielt sie ein mit Steinen besetztes Ordenszeichen, das später in den Besitz von Kaiserin Zita überging.[9]

Wie wenig Elisabeth von den im Sternkreuzorden versammelten Damen der Aristokratie hielt, zeigen ihre kritischen Verse aus dem poetischen Tagebuch, die sie rückblickend im Januar 1887 niedergeschrieben hat:

> Nah'n ja doch die höchsten Namen
> Unsrer Aristokratie,
> Sternkreuz- und Palastes Damen;
> (Fett und meistens dumm sind sie)
>
> O, ich kenn' Euer Gebaren!
> Weiss, wie ihr mich schwer geschmäht
> Schon seit meinen Jugendjahren
> Und euch fromm dabei verdreht
>
> Ja, auf andere die Steine
> Werfen könnt ihr meisterlich! ...[10]

Die Zahl der hochadeligen Frauen, die als sogenannte „Palast-Damen" den „großen Hofzutritt" hatten, wie das Hof- und Staatshandbuch für das Jahr 1857 ausweist, war beträchtlich. An der Spitze aller Palast-Damen stand die Obersthofmeisterin (seit 1854 Sophia Gräfin Esterházy, geborene Fürstin zu Liechtenstein). Im Rang folgten zunächst die Fürstinnen (41 Damen), dann die geheimen Raths-Frauen (55 Damen) und die geheimen Raths-Witwen (35 Damen), schließlich die Kammerherren-Frauen (43 Damen) und die Kammerherren-Witwen (31 Damen) sowie sonstige Palast-Damen.[11]

Diese von strengen Regeln beherrschte Hofgesellschaft bildete innerhalb des Habsburger Staates ein geschlossenes System, das durchaus politische Bedeutung hatte. Der die Wiener Hofgesellschaft bildende Adel war nicht nur Stütze des Thrones, sondern in seiner Wiener Präsenz auch bedeutender Garant für den Zusammenhalt der unterschiedlichen Teile der Monarchie. Die am Wiener Hof versammelten Vertreter des österreichischen, böhmischen, ungarischen oder italienischen Hochadels waren sich in einem einig: Oberster Schutzherr ihres Führungsanspruchs, ihres Anspruchs auf Privilegien, auf militärische und zivile Ämter, war der Kaiser. So gesehen, stellte die Hofgesellschaft eine Interessengemeinschaft dar, die nicht nur den Beteiligten, sondern auch dem Gesamtstaat zugute kam. Daß Elisabeth das Regelwerk – und wahrscheinlich ebenso die Grundlagen – dieser Hofgesellschaft nicht akzeptierte und damit dieser eine weitere Identifikationsfigur neben dem Kaiser vorenthielt, ist eine durchaus politische Tat. Sie ist einerseits gegen den Führungsanspruch der Aristokratie und andererseits gegen den Einheitsstaat gerichtet. Freilich waren Liberalisierung und Föderalisierung nicht dezidiert Elisabeths politisches Programm, aber ihre Haltung zur Wiener Hofgesellschaft war geeignet, beides zu fördern. Ganz allgemein bedeutete Elisabeths Ablehnung von Zeremoniell und höfischer Pflicht im Grunde auch die Ablehnung des Wiener politischen Systems, das sich ja in den Strukturen des Hofes widerspiegelte, wobei dahingestellt sein muß, wie weit Elisabeths Widerstand planmäßig war oder einfach ihrem Charakter, ihrer Veranlagung oder ihrer Erziehung zugeschrieben werden muß.

Kaiser Franz Josephs Persönlichkeit oder: Wie man das Wegerziehen von Freiheit akzeptiert

Kaiser Franz-Joseph erhielt die übliche Erziehung eines Erzherzogs. Im Gegensatz zu Elisabeth hatte er ein enormes Lernprogramm und einen strengen Tagesablauf zu bewältigen. Seine Ausbildung umfaßte Fächer wie Tanzen, Fechten, Zeichnen, Musik, Astronomie, Rechtswissenschaft und Philosophie sowie Sprachen wie Französisch, Italienisch, Tschechisch, Ungarisch und Polnisch. Den höchsten Stellenwert nahm wohl seine militärische Ausbildung ein. Seine Einführung in die Staatsführung erfolgte durch Staatskanzler Metternich persönlich. Franz Joseph war von seiner Mutter, Erzherzogin Sophie, von Kindheit an zum Thronfolger erzogen worden. Für sie gehörte auch die völlige menschliche Isolierung des Monarchen unabdingbar zur Stellung eines Habsburger Kaisers. Sie hielt Zugeständnisse an volksverbundene Formen des Kaisertums, wie sie etwa in Frankreich ein Kaiser Napoleon III. praktizierte, für eine Beeinträchtigung der kaiserlichen Stellung und für einen Habsburger unstandesgemäß.

Franz Joseph war eine verschlossene und beherrschte Persönlichkeit. Seine strenge Erziehung unterstützte diese Charaktereigenschaft, so daß er auf seine Umgebung distanziert wirkte. Kronprinz Rudolf sagte über seinen Vater: „Unser Kaiser hat keinen Freund, sein Charakter, sein Wesen lassen dies nicht zu."[12] Im Mittelpunkt von Franz Josephs Interesse stand das Militärwesen. Zivile gesellschaftliche Werte schätzte er nur begrenzt; für das Lesen von Literatur hatte er weder während seiner Ausbildung noch später Zeit. Allzu intensive Beschäftigung mit kulturellen Dingen erschien ihm suspekt und ein Zeichen von gefährlicher liberaler Freizügigkeit. Aber gerade weil Franz Joseph bewußt einseitig, nur mit Blick auf seine späteren politischen Aufgaben ausgebildet worden war, gelang es ihm trotz seiner jungen Jahre, die an ihn gestellten Aufgaben zur Zufriedenheit seiner Umgebung zu erfüllen. Fürst Schwarzenberg meinte von ihm: „... sein Verstand ist scharf, sein Fleiß in den Geschäften, besonders in seinem Alter, bewunderungswürdig ... Er arbeitet ernstlich wenigstens zehn Stunden am Tage, und wie viele Vorträge der Minister, von ihm selbst bemängelt, zurückkommen, weiß niemand besser als ich."[13]

Während Franz Joseph in den ersten Jahren seiner Regierung dem Hofleben unter der Anleitung seiner Mutter durchaus neuen Schwung verlieh und auch dem Tanzen Geschmack abgewinnen konnte, so formalisierte sich sein Lebensstil nach seiner Eheschließung doch in auffallender Weise. Den Kammerbällen seiner Mutter und den Bällen der großen Familien wie Schwarzenberg und Liechtenstein blieb er nun fern; seine Aufgaben hielten ihn von gesellschaftlichen Ereignissen fast völlig fern und selbst dort, wo er teilnehmen mußte, zeigte er größte persönliche Zurückhaltung. Seine Auffassung von der kaiserlichen Würde, sein Selbstgefühl und nicht zuletzt seine Veranlagung verboten ihm jede Annäherung an die Hof- und Adelskreise der Hauptstadt. Diese herrscherliche Distanz des Kaisers, die, verglichen mit dem Verhalten anderer europäi-

Kaiser Franz Joseph I. von Österreich, um 1860.

scher Monarchen, besonders ausgeprägt war, führte natürlich dazu, daß man sich von Elisabeth zunächst einen Ausgleich erwartete. Die Enttäuschung war daher groß, als sich die Kaiserin ebenfalls – freilich aus anderen Beweggründen heraus – von der Hofgesellschaft fernhielt und auch nicht als „Ovationsopfer" (wie es König Ludwig II. auszudrücken pflegte) der Öffentlichkeit zur Verfügung stand.[14]

Statt gesellschaftlicher Zerstreuung suchte der Kaiser eine Art der Erholung, die überraschend dem Verhalten seiner Frau ähnelte. Er begann sich mehr und mehr der Jagd zu widmen, und zwar vornehmlich der Hochwildjagd, also einer Tätigkeit, die nicht nur von der einsamen Begegnung mit der Natur, sondern auch von der Tatsache bestimmt war, daß er nicht reden mußte und er dem höfischen Zwang völlig enthoben war. Im Unterschied zu anderen Monarchen gab sich Franz Joseph bei der Jagd ganz volkstümlich. „Mit seinen Förstern und den berufsmäßigen Waidmännern in den kaiserlichen Gehegen sprach er, ohne sich dabei etwas zu vergeben, ausschließlich in der Volkssprache … Als Jäger fühlte er sich wohl und schüttelte für diese Zeit Sorgen und die zahllosen persönlichen Inanspruchnahmen ab, die mit dem Hof und mit Regierungsgeschäften verknüpft waren".[15] Die Leidenschaft Franz Josephs für die Jagd beklagten viele seiner Zeitgenossen, die ansonsten seinen Pflichteifer rühmten. Doch bedeutete sie für den Kaiser die einzige Ablenkung, die er im übrigen mit höchster zeitlicher Effektivität betrieb. Bekannt sind seine Jagdausflüge nach Reichenau an der Rax, wo er mit der Eisenbahn „nach Dienstschluß" hinfuhr, in der Nacht jagte und mit dem Morgenzug wieder zurückfuhr, um rechtzeitig wieder am Schreibtisch zu sitzen.

Was Franz Joseph mit Elisabeth ebenfalls gemeinsam hatte, war seine Wortkargheit. „Schon an dem jungen Herrn wird seine Zurückhaltung im Sprechen vielfach bemerkt … Dem entsprach es auch, daß er Leute nicht liebte, die viel zu ihm sprachen. Er mißtraute schon in diesen jungen Jahren Männern, die leicht und gut redeten. Auch war er deshalb kein guter Zuhörer, weil er von Naturanlage doch ungeduldig war. So sehr Franz Joseph in manchen Dingen ein echter Wiener und Österreicher gewesen ist, hatte er doch durchaus nichts von der österreichischen Freude am Plaudern oder, besser wienerisch gesagt, Plauschen, noch weniger hatte er Lust, sich selbst zu hören, wohl schon deswegen, weil ihm in seinen zwanzig Lebensjahren so viel von ernsten und unangenehmen Dingen zu hören und darüber sprechen zu müssen vom Schicksal auferlegt worden war."[16]

Eigentümlich war bei Franz Joseph ferner seine Gehemmtheit im Umgang mit Personen, die ihm fremd waren. Auch in diesem Punkt traf er sich mit Elisabeth. Die innige Bindung des Kaisers an seine Frau hängt wohl nicht zuletzt mit der Erkenntnis zusammen, daß sie beide im Grunde ihres Herzens scheue Menschen waren. Diese Charakterzüge des Kaisers waren natürlich wenig dazu geeignet, um in der Öffentlichkeit Sympathien zu gewinnen. In Wien besaß der Kaiser keinerlei Popularität, was natürlich nicht zuletzt auch mit der stark militärisch geprägten Art seines Auftretens zu tun hatte. Für das Bürgertum war er ein Monarch, der seine Herrschaft vor allem auf das Militär gründete, und das schon seit seiner Thronbesteigung 1848. Tatsächlich zog der Kaiser einen scharfen Trennstrich zwischen der Zivilbevölkerung und seinem Offizierskorps. Immerhin herrschte in Wien und Prag noch bis 1853 der im Zuge der Revolution von 1848 verhängte Belagerungszustand, d. h. die Ausschaltung der bürgerlichen Magistrate zugunsten der militärischen Befehlshaber.

Politisch war Franz Joseph in den Jahren vor seiner Heirat von einem engen Kreis von Beratern abhängig, vor allem von dem Generaladjutanten Graf Karl Ludwig Grünne, dem Kriegsminister Graf Franz Gyulai, dem Polizeiminister General Freiherr Johann von Kempen, darüber hinaus besonders von seiner Mutter Erzherzogin Sophie und deren Vertrauten, dem Erzbischof Othmar Rauscher von Wien. Andere Leute sah er kaum und wenn, dann bestimmte der Kaiser selbst den Inhalt des Gesprächs. Für den politischen Rahmen der österreichischen Politik sorgte bis zu seinem Tode 1852 Ministerpräsident Felix Fürst Schwarzenberg. Nach 1852 versuchte der Kaiser selbständig, nur von seiner militärischen Umgebung wesentlich beeinflußt, seine Entscheidungen zu treffen. Besonders sein um mehr als ein Jahrzehnt älterer Vetter Erzherzog Albrecht galt ihm als wichtigster Berater in militärischen Dingen. Der sehr autoritär veranlagte Albrecht übte gerade auf den jungen Kaiser einen nicht unbedeutenden Einfluß aus; die autokratischen Grundideen der ersten Jahre gehen nicht zuletzt auf ihn zurück.[17]

Elisabeths Persönlichkeit oder: Wie man das Wegerziehen von Freiheit nicht akzeptiert

Die erstmals 1981 erschienene Elisabeth-Biographie von Brigitte Hamann, „Elisabeth. Kaiserin wider Willen", stellt den Versuch dar, die Persönlichkeit der Kaiserin neu zu zeichnen. Hamann kommt dabei zum Ergebnis, daß Elisabeth, mehr als man bisher wußte, warmherzig und gerechtigkeitsliebend war. Den Hang zum Grübeln und zur Melancholie besaß sie bereits in ihrer Jugend. Oberflächlichkeiten, Formalitäten, Förmlichkeit und diplomatisches Taktieren lehnte sie ab. Ausgeprägt war ihr Verlangen nach Ungebundenheit und Freiheit. Rücksichtnahme, die das Zeremoniell diktierte, waren ihr ebenso fremd wie aristokratische Voreingenommenheit. Hamann bezeichnet sie als eine „Frau, der Klassenbewußtsein fremd war …"[18].

Elisabeth beugte sich nicht unter den Anforderungen ihres neuen Amtes. Sie hat niemals verschwiegen, daß sie ihre neuen Lebensverhältnisse bei allem äußeren Glanz als Last und Einschränkung empfand. Sie war eine unkonventionelle Frau, die sich weder aus Furcht noch aus Gewohnheit an tradierte Normen gehalten hat, außer ihr Naturell hat sie dazu bewegt.[19] Elisabeth war zudem sehr feinsinnig und hatte die Gabe, andere Menschen in ihren Bann zu ziehen. Dies zeigte sich besonders an den ihr nahestehenden Personen, wie Ida Ferenczy und später Marie Festetics, auf die wir noch zu sprechen kommen.

Elisabeth war weder eine liebende, ergebene Ehefrau noch eine hingebungsvolle Mutter, auch keine vorbildliche erste Repräsentantin eines Großreiches, sondern eine mit beachtlichem Selbstbewußtsein ausgestattete aufgeklärte Aristokratin des 19. Jahrhunderts. Wie schwer ihr die Rolle als Kaiserin fiel, zeigen uns ihre Verse, die sie unmittelbar nach der Trauung aufgeschrieben hatte:

Oh, daß ich nie den Pfad verlassen,
Der mich zur Freiheit hätt' geführt.
Oh, daß ich auf der breiten Straßen
Der Eitelkeit mich nie verirrt!

Ich bin erwacht in einem Kerker,
Und Fesseln sind an meiner Hand.
Und meine Sehnsucht immer stärker –
Und Freiheit! du, mir abgewandt!

Ich bin erwacht aus einem Rausche,
Der meinen Geist gefangen hielt,
Und fluche fruchtlos diesem Tausche,
Bei dem ich Freiheit! dich – verspielt![20]

Zeit ihres Lebens hat sie mit dem Gedanken kokettiert, daß sie ins falsche Leben geboren worden war, daß sie dem armen Franz Joseph versehentlich „ins Nest" gelegt worden sei. Ihren Freiheitsdrang hielt sie für ein unabänderliches Erbgut, das für eine bessere Zukunft taugte, an dem sie aber jetzt zu leiden hatte. Noch 1887 bedauerte sie in einem Gedicht ihre Eheschließung:

Wie der Pontius ins Credo,
Kam ich ins Familienjoch;
Denn zu fliehen die Familie,
War mein Drang von jeher doch.

Meine Mutter war die Freiheit,
Die, als Kuckuck einst maskiert,
In ein fremdes Nest mich legte;
So ist dies Malheur passiert ...[21]

Zu einem Grundzug ihres Wesens gehörte nicht nur eine gewisse Lust zur Provokation, sondern auch die persönliche Tapferkeit, die sie etwa bei Besuchen von Choleraspitälern oder auch in Situationen an den Tag legte, die mit ihren Repräsentationspflichten zusammenhingen: So soll sie sich 1856 in Triest, als ein Attentatsversuch auf ihren Mann bekannt geworden worden war, bewußt so gesetzt haben, daß er geschützt war. Ohne ihre Tapferkeit und Unerschrockenheit wäre auch ihre kompromißlose Haltung gegenüber der Wiener Hofgesellschaft undenkbar.

Elisabeth war stets bestrebt, ihr Recht als Individuum durchzusetzen. Sie suchte ihren individuellen Weg in einer Welt, in der es noch keine Individuen gab. „Elisabeth tat, was sie wollte, sagte, was sie sich dachte, schrieb, was ihr in den Sinn kam".[22]

Der „liebestolle" Ehemann und das häusliche Glück

In den ersten Ehejahren war das Verhältnis zwischen Elisabeth und Franz Joseph gut. Elisabeth wich nicht von der Seite ihres Gemahls. Den Tagebucheintragungen der Erzherzogin Sophie kann die Verliebtheit des Kaiserpaares entnommen werden. Auch aus Sophies Korrespondenz mit Prinzessin Auguste von Bayern, der Gemahlin des Prinzen Luitpold von Bayern, geht hervor, daß Franz Joseph mit Elisabeth ein inniges Verhältnis verband: „Mein Sohn ist so ganz von dem Gefühle durchdrungen, daß er seine junge Frau heben, schützen und halten muß; er denkt und sorgt so liebestoll für sie; ... Elisens Obersthofmeisterin erzählte mir dies mit tiefer Rührung und auch wie so ganz hingebend und unterwürfig Sisi für meinen Sohn ist! Gott erhalte ihnen beiden dieses ... christliche häusliche Glück."[23]

Bis Ende der 50er Jahre gestaltete sich das Verhältnis zwischen Kaiser und Kaiserin anscheinend weitgehend problemlos. In der Folgezeit wurden jedoch die völlig unterschiedlichen Vorstellungen von Pflichtauffassung und Pflichtausübung immer deutlicher: Vorstellungen, die nicht nur in den verschiedenen Ausbildungswegen, sondern auch in der Verschiedenheit der Charaktere des Kaiserpaares begründet waren. Bereits Anfang der 60er Jahre wurde das Verhältnis zwischen Elisabeth und Franz Joseph distanzierter. Diese Veränderung erfolgte nicht zuletzt deshalb, weil der Kaiser häufig unterwegs war, wenig Zeit und zuweilen mangelndes Verständnis für seine Gattin hatte. Am schwersten aber wog der Einfluß von Elisabeths Schwiegermutter Erzherzogin Sophie. Zwar versuchte sich Franz Joseph als Vermittler zwischen seiner Mutter und seiner Ehefrau, doch stellte er sich nie eindeutig auf die Seite seiner Frau. Doch Elisabeths Persönlichkeit wuchs an den Widerständen, und in den 60er Jahren zeigte es sich, daß Elisabeth gelernt hatte, ihre Macht auch gegenüber dem Kaiser einzusetzen. Infolgedessen gewann sie auch an Einfluß gegenüber ihrer Schwiegermutter. Bei der Erziehung des Kronprinzen Rudolf schritt sie nun kompromißlos ein: Sie stellte ihrem Mann ein Ultimatum, welches ihr alle Rechte über die Kindererziehung bis zur Volljährigkeit der Kinder zusichern sollte. Tatsächlich gab Franz Joseph nach. Diese Entwicklungen führten zu einer erneuten persönlichen Annäherung zwischen dem Kaiserpaar. Wie relativ gut das Verhältnis zwischen Elisabeth und Franz Joseph dann Ende der 60er Jahre war, zeigt der rege Briefwechsel zwischen den Ehegatten.[24]

Elisabeth hatte gelernt, die Ergebenheit ihres Gatten, der „wie demütig um ihre Gunst buhlte"[25], zu nutzen. Ihr wachsender Einfluß auf den Kaiser wurde in Wiener Hofkreisen sehr mißtrauisch beobachtet. Im Juni 1868 schrieb Crenneville, der ehemalige Generaladjutant des Kaisers, an seine Frau: „Der Kaiser kam weder vorgestern noch heute in die Stadt, ... er hasst Wien aus Liebe für Sisi und hat darum auch die (Fronleichnams-)Procession abgesagt."[26]

Franz Josephs Ergebenheit spiegelt sich vor allem in seinen Briefen an Elisabeth. In den 1860er Jahren unterzeichnete er seine Briefe an Elisabeth mit „Dein armer Kleiner", „Dein einsames Männchen" oder „Dein Männeken". Elisabeth titulierte ihn mit „mein Kleiner". In diesen Briefen ging es, wie wir sehen werden, keineswegs nur um persönliche Dinge oder Familienangelegenheiten. Vielfach äußerte sich Franz Joseph auch zu politischen Problemen. In manchen Jahren weiten sich diese Briefe zu einem persönlichen Tagebuch des Kaisers aus, so etwa im Jahre 1869, als er der Einweihung des Suezkanals beiwohnte und an Elisabeth umfangreiche Reiseberichte schrieb. Der in allen uns erhaltenen und größtenteils schon publizierten Briefen Franz Josephs an Elisabeth anzu-

Erzherzogin Sophie

MUTTER DES KAISERS FRANZ JOSEPH

treffende freundliche Ton kann jedoch nicht darüber hinwegtäuschen, daß sich die Ehegatten seit den 60er Jahren erneut auseinanderlebten. Die jüngste Kaisertochter Marie Valerie schrieb über ihre Eltern in ihr Tagebuch: „Größere Gegensätze ... lassen sich schwer denken."[27]

Franz Joseph war offensichtlich nicht in der Lage, die zunehmende Vereinsamung seiner Frau nachzuempfinden. Da die Isolierung als Teil seiner Pflichterfüllung für ihn selbstverständlich war, war ihm das Gefühl, einsam zu sein, weitgehend fremd. Diese Andersartigkeit erschwerte Elisabeth das Leben als Kaiserin und Ehefrau und führte dazu, daß sie sich in die Welt der Bücher flüchtete. Besonders ihr Interesse für Geschichte war auffallend. So berichtete der Flügeladjutant Hugo Freiherr von Weckbecker, er habe Elisabeth während einer Eisenbahnfahrt erzählt: „was die Geschichte von den Orten der Gegend wußte, besonders von Wiener Neustadt. Das hörte sie mit Anteil an und es interessierte sie sichtlich mehr als der Tratsch der Gräfin Esterhazy."[28]

Das politische Geschäft einer Kaiserin

Kann und darf eine österreichische Kaiserin Politik machen?

Die ersten Regierungsjahre Franz Josephs, besonders aber die Zeit nach Aufhebung der Märzverfassung von 1849 durch das Silvesterpatent 1851, wurden von Zeitgenossen und Ministern mit dem abwertenden Begriff „Neoabsolutismus" bedacht. Die Märzverfassung war von Kaiser Franz Joseph „oktroyiert" worden, d.h. sie wurde von ihm diktiert. Gleichzeitig löste er den in Kremsier (Mähren) tagenden und nach liberalen Grundsätzen gewählten Reichstag am 7. März 1849 auf. Damit war es zunächst gelungen, die liberale Bewegung zu bremsen, die ja nach Meinung der Hofpartei die gesamte monarchische Idee in Frage stellte. 1851 glaubte man sogar, auf die diktierte Märzverfassung verzichten zu können. Selbst der Reichstag, den der Kaiser und nicht der Wähler berufen hatte, war bedeutungslos geworden. Der Staat sollte effizient, d.h. ohne parlamentarische Mitwirkung und zentralistisch verwaltet werden. Geprägt war diese „neoabsolutistische" Regierungsform daher vor allem durch eine von keinen Verfassungsschranken beengte absolute Selbstregierung des Kaisers.

Dieser ichbezogene Regierungsstil Franz Josephs hatte auch Auswirkungen auf Elisabeths politischen Wirkungsraum, auf ihre Einflußmöglichkeiten und auf ihre offiziellen Zuständigkeiten. Franz Joseph machte in den ersten Jahren seiner Regierung deutlich, daß er allein regieren wolle – ohne Volksvertretung, ohne das Nörgeln der Minister und selbstverständlich ohne Kommentare der Familienmitglieder. Es war dies eine sakral überhöhte, vom Gottesgnadentum bestimmte Kaiseridee, die ihre Berechtigung aus der Geschichte und aus den merkwürdigen Begründungen einer absolutistisch orientierten

Kaiserromantik holte. Kaiser Franz Joseph wollte sein Volk ohne Zwischeninstanzen „umarmen" und so die väterlich-patriarchalische Versöhnung nach den bitteren Revolutionsjahren herbeizwingen. Der Thron ruhte auf dem Adel und der Armee: Deswegen war Franz Joseph auch oberster Kriegsherr und regierte bis 1859 ohne Parlament und ohne Verfassung, ja ohne Ministerpräsidenten. Seine Minister hatten nur die Funktion von Ratgebern; allein der Kaiser hatte die politischen Entscheidungen zu treffen und zu verantworten.

Ein solcher Herrscher konnte auch seiner Frau, der Kaiserin, nur repräsentative und soziale Betätigungsfelder zugestehen. Offizielle politische Funktionen besaß die Kaiserin nicht – selbst nicht bei Abwesenheit des Kaisers. Diese Stellung teilte Elisabeth jedoch mit den meisten Gattinnen anderer Monarchen des 19. Jahrhunderts. Nach dem Staatsrecht der österreichischen Monarchie gehörte Politik also weder zu ihren Rechten noch zu ihren Pflichten. Das bedeutete jedoch nicht, daß sie keine Kenntnisse von politischen Vorgängen haben mußte. Im Gegenteil. Als Frau des Kaisers, die entweder bei Audienzen anwesend war oder auch selbst Audienzen gab, mußte sie sehr wohl das weite Feld der Politik beherrschen, d. h. die Politik des Kaisers in ihren Äußerungen wohlwollend und diplomatisch neutral unterstützen.

Wie stand es nun mit der politischen Verantwortlichkeit der Kaiserin, wenn der Kaiser starb? Gab es hier eine Perspektive, die zumindest politische Voraussicht für den Eventualfall erforderte? Doch auch in diesem Punkt war eine österreichische Kaiserin weitgehend ohne Rechte. Das geltende „salische Erbrecht"[1] verbot nicht nur die weibliche Erbfolge, sondern auch die Regentschaft von Frauen beim Tod ihres Mannes oder Minderjährigkeit ihrer Kinder. Die für die österreichische und deutsche Geschichte so bedeutsame „pragmatische Sanktion" von 1724, die Maria Theresia die weibliche Erbfolge in Österreich sicherte, war ein Einzelfallgesetz und daher ohne Bedeutung für die Rechtsstellung einer österreichischen Kaiserin des 19. Jahrhunderts.

Die staatsrechtlichen Rahmenbedingungen der Habsburger Monarchie eröffneten Elisabeth als Kaiserin von Österreich also kaum Möglichkeiten, aktiv Politik zu gestalten, es blieb ihr nur die indirekte Einflußnahme. Angesichts dieser Voraussetzungen ist es wohl zutreffender, den Begriff Politik in Zusammenhang mit Elisbeths Wirken als „politisches Geschäft" zu umschreiben.

Ein guter Anfang: Elisabeths Aufnahme in Österreich

Als die strahlende junge Braut des Kaiser 1854 triumphal in Wien einzog, waren die Erwartungen in ganz Österreich groß. Es eilte der jungen und schönen Kaiserin der Ruf einer unkonventionellen, ja liberalen Gesinnung voraus. Man versprach sich von ihr einen positiven Einfluß auf den Kaiser und eine Zurückdrängung des „reaktionären" Einflusses der Kreise um die Kaisermutter Erzherzogin Sophie. Nicht zuletzt erwartete man sich in Wien von der Präsenz der jungen und schönen Kaiserin nach der postrevolutionären „Eiszeit" eine Belebung des gesellschaftlichen Lebens und eine Steigerung der internationalen Anziehung Wiens.

Die politischen Zeichen, die der Kaiser anläßlich seiner Eheschließung am 24. April 1854 setzte, stimmten selbst politische Gegner optimistisch: Franz Joseph begnadigte über 200 „in Folge politischer Verbrechen der Freiheitsstrafe verfallene Festungssträflinge"[2] und erließ weiteren hundert die Hälfte der Strafe. Zudem erließ er eine allgemeine Amnestie für alle Täter, die wegen Majestätsbeleidigung und Vergehen gegen die öffentliche Ordnung oder wegen hochverräterischer Umtriebe anläßlich des in Galizien 1848 ausgebrochenen Aufstandes verurteilt worden waren. In Ungarn, der Lombardei und Venetien wurde ferner der Belagerungszustand aufgehoben. Zur Linderung des bestehenden Notstandes erhielten die einzelnen Länder, mit Ausnahme Ungarns und Oberitaliens, finanzielle Unterstützungen.[3]

Die großartige Inszenierung der Hochzeitsfeierlichkeiten zeigte auch die innenpolitisch erwünschte Wirkung: Die Begeisterung des Volkes war groß und ließ für einen Augenblick die politischen Gegensätze in den Hintergrund treten. Tschudi, der Schweizer Gesandte in Wien, schrieb, daß man eine derartig „außerordentliche Pracht" in der österreichischen Hauptstadt „mit Ausnahme des Kongresses noch niemals gesehen hat."[4]

In einigen Städten und Gemeinden wurden am Tag der Hochzeit mittellose Kinder eingekleidet, Arme gespeist, Brennholz und Brot verteilt. Und die österreichische Hymne erhielt eine zweite Strophe:

An des Kaisers Seite waltet,
Ihm verwandt durch Stamm und Sinn,
Reich an Reiz, der nie veraltet,
Unsre holde Kaiserin.
Was das Glück zuhöchst gepriesen,
Ström auf sie der Himmel aus!
Heil Franz Joseph, Heil Elisen,
Segen Habsburgs ganzem Haus!

1854 erschienen zahlreiche gedruckte Huldigungen und Festschriften zu Elisabeths Ehren. In vielen Veröffentlichungen beschrieb man die Schönheit der neuen Kaiserin. Die Österreicher waren stolz auf ihre junge und schöne Kaiserin und es wäre ihr ein leichtes gewesen, aus diesem Vorschuß an Wohlwollen Kapital zu schlagen.

Politik durch Repräsentation

Doch Elisabeth war, was man 1854 zunächst übersah, ein Mensch, dem die öffentliche Repräsentation eine schwere Bürde war. Diese Scheu vor der Öffentlichkeit, die Elisabeth von Anfang an den Tag legte, stand natürlich im direkten Gegensatz zu den hohen Erwartungen der Öffentlichkeit. Das österreichische Volk, insbesondere natürlich die Wiener, glaubten ein Recht darauf zu haben, Elisabeth so oft wie möglich sehen zu können. Der österreichische Patriotismus hatte durch das Bewußtsein, eine Feenkönigin zu besitzen, stark an Kraft gewonnen. Elisabeth aber konnte diesen Anforderungen nicht gerecht werden. Ihre angeborene Schüchternheit und

Menschenscheu verschwanden nicht angesichts der neuen Aufgaben, sondern nahmen eher noch zu. Die Wiener Öffentlichkeit und die Wiener Presse hatten für diese Haltung keinerlei Verständnis und ließen sich bald mit deutlicher Kritik vernehmen, was Elisabeth nur noch mehr verärgerte und zurückhaltender werden ließ.

Es ist allerdings bekannt, daß Elisabeth immer dann auf Dritte zuging und auch überaus hilfsbereit und großzügig sein konnte, wenn sie sich persönlich angesprochen fühlte. Diese Zuwendung vollzog sich jedoch nicht im Rahmen der höfischen Repräsentation, sondern hatte die Form der persönlichen Begegnung. Organisierte Wohlfahrt ohne menschliche Kontakte war ihr von Zuhause unbekannt und offenbar nicht ihre Sache. So versuchte sie auch in ihrer Stellung als Kaiserin bei ihren zumeist unangemeldeten Besuchen in Waisen-, Armen- und Krankenhäusern, zu den Patienten und Pflegenden persönlich vorzudringen, um sich so ein eigenes Bild machen zu können. Nur von einer Hofdame begleitet, erkundigte sie sich nach deren Pflege, Essen und Betreuung. Während Elisabeth mit diesem Verhalten häufig sowohl die Anstaltsleitung als auch die Hofverwaltung verärgerte und verunsicherte, genoß sie dagegen bei den betroffenen Kranken großes Ansehen. Gräfin Festetics, die Elisabeth bei diesen Besuchen begleitete, schrieb am 2. Februar 1883 in ihr Tagebuch: „... denn wie geht sie in die Spitäler? ... wie sie in Allem ist, nicht ostensible für das Publikum – nein! ganz still für den Kranken zu seinem Trost und zu seiner Hülfe. Sie spricht so richtig natürlich."[5]

Bei diesen Besuchen verzichtete Elisabeth auch häufig auf Vorsichtsmaßnahmen und geriet deshalb in akute Gefahr, sich anzustecken. „Kikeriki", eine satirische Zeitschrift, würdigte es, daß sich die Kaiserin sogar von Cholerakranken, die sie 1874 in einem Münchner Spital besuchte, nicht abschrecken ließ, und huldigte ihr in Gedichtform:

> Wahrlich, die Frau ist sonderbar,
> Die ohne Scheu vor der Gefahr,
> Von Menschenliebe nur bewegt,
> Trost in das Haus des Unglücks trägt.

Die, heiklich auf die Schönheit nicht,
Auch mit den Blatternkranken spricht,
Tränenden Blick's an Sterb'bett eilt,
Dort bei Verlassenen verweilt.

Ihr Patronessen, seht euch an,
Wie still man auch human sein kann,
Nicht bloß bei der Musik von Strauß –
Auch einsam in dem Krankenhaus.
Dort Tränen trocknen, wo der Tod
In allerlei Gestalten droht:
So edlen und humanen Sinn,
Lernt ihr von unsrer Kaiserin![6]

Auch wenn soziales Engagement im Hause Habsburg nicht ohne Tradition war, so stand diese Form der Begegnung mit den Untertanen doch im deutlichen Kontrast zum steifen Habsburger Hofzeremoniell.[7]

Elisabeths distanzierte Haltung zu Repräsentation und Zeremoniell darf man jedoch nicht, wie es schon einige Zeitgenossen taten, mit politischer Opposition gleichsetzen. Trotzdem geriet sie unabsichtlich und wohl auch gegen ihren Willen in ein entsprechend falsches Licht. Alle Gegner des neoabsolutistischen Systems betrachteten sie zunächst als ihre Bundesgenossin, doch es zeigte sich mehr und mehr, daß ihr Verhalten andere Ursachen hatte.

Im Laufe der Zeit entwickelte Elisabeth eine fast krankhafte Angst vor fremden Menschen und isolierte sich mehr und mehr. Endlos sind die Beispiele, die Elisabeths Versuche zeigen, unter verschiedenen Vorwänden ihren Verpflichtungen als Kaiserin zu entgehen: Im Jahr 1866, also einer politisch sehr unruhigen Zeit für Österreich, entschuldigte sich die Kaiserin beispielsweise anläßlich der am 1. Mai traditionell stattfindenden Praterfahrt, an der sich das Kaiserpaar den Wienern zuliebe stets beteiligte. Hierzu schrieb Elisabeth am 22. April 1866 an ihre Mutter: „Ich feiere den 1. Mai dieses Jahres nicht auf die gewöhnliche, langweilige Art, sondern bleibe, mich mit meinem Husten entschuldigend, ruhig hier, was ohne Vergleich angenehmer ist, als mit einer Erzherzogin im Schritt, angegafft von hunderten Menschen, die Allee auf und ab fahren ..."[8]

Deutlich wird hier die Bereitschaft Elisabeths, sich in Krankheit und Unwohlsein zu flüchten, um sich ihren Pflichten als Kaiserin zu entziehen, eine Bereitschaft, die in der Folgezeit stetig zunahm. Gegenüber Königin Elisabeth (Carmen Sylva) von Rumänien meinte sie einmal, daß sie die ganze Repräsentation als Spielerei betrachte: „Ich bin nicht schüchtern, es langweilt mich nur! Da hängt man mir schöne Kleider um und vielen Schmuck, und dann trete ich hinaus und sage den Leuten ein paar Worte, und dann eile ich in mein Zimmer, reiße das alles ab und ..."[9]

In ihrem späteren Lebensjahren entledigte sich Elisabeth ihrer Repräsentationspflichten durch Abwesenheit: Sie reiste und war ständig unterwegs, mit nur wenigen Zwischenaufenthalten in ihrer Residenzstadt Wien, die sie mehr und mehr verachtete: In einem ihrer Verse schrieb sie 1887 „ ... mein vielgeplagter Geist wird noch ärger ... belastet und mit Wiener Tratsch gespeist ..."[10]

Elisabeth flüchtete zu dieser Zeit nicht nur vor Volksmassen und Schaulustigen, sondern auch vor den Hofbeamten. Ihre Ablehnung gegen jede Art von Repräsentation und öffentlichem Auftreten steigerte sich immer mehr. Der höfischen Kritik begegnete sie nur noch mit Verachtung. In den 80er Jahren schrieb sie „An die Gaffer" folgendes Gedicht:

Ich wollt', die Leute liessen mich
In Ruh' und ungeschoren,
Ich bin ja doch nur sicherlich
Ein Mensch, wie sie geboren.

Es tritt die Galle mir fast aus,
Wenn sie mich so fixieren;
Ich kröch' gern in ein Schneckenhaus
Und könnt' vor Wut krepieren.

Gewah'r ich gar ein Opernglas
Tückisch auf mich gerichtet,
Am liebsten säh ich gleich das,
Sammt der Person vernichtet.

Zu toll wird endlich mir der Spass;
Und nichts mehr soll mich hindern;
ich dreh eine lange Nas'
Und zeig ihnen den H.....n.[11]

Mit dem Amt der Kaiserin von Österreich waren viele Verpflichtungen verbunden, die durch protokollarische Vorschriften und Tradition genauestens festgelegt waren. Aber Elisabeth wollte sich unter keinen Umständen durch das strenge Zeremoniell vereinnahmen lassen. In der Logik der Monarchie war die Verfügbarkeit für Repräsentation eine Selbstverständlichkeit, ein legitimer Anspruch. Diesem Anspruch kam Elisabeth von Anfang an nur halbherzig nach. Im Laufe der Zeit wurde ihr Nein zu dieser Rolle immer deutlicher.[12] Bei öffentlichen Empfängen und Diners schob sie häufig Unwohlsein vor und begann mehr und mehr ihre Individualität zu pflegen.[13] Allerdings gab es im Leben der Kaiserin auch Phasen, in denen sie sich „ins Geschirr" – so drückte sie sich aus – spannen ließ. Dies geschah jedoch zumeist widerwillig, was einem Gedicht des Jahres 1887 entnommen werden kann:

Doch der Chef der Ceremonien
Kündet jetzt: das Fest ist aus. –
All ihr Fürsten und Baronien,
Prinzen, Grafen geht nachhaus!

Mit dem Stab thut er es kunde
Das ihr euch nun fortbewegt;
Mit dem Schlag der zwölften Stunde
Sei der Unrat weggefegt.

Seufzend von dem müden Haupte
Nehm' die Krone ich herab;
Wie viel gute Stunden raubte
Heut' der Ceremonienstab!

Auf das funkelnde Geschmeide
Blick' ich lange sinnend noch;
Andern wär' es höchste Freude,
Mir ist's nur ein schweres Joch.[14]

Später führte Elisabeths ausgeprägter Schönheitskult, der mit zunehmendem Alter immer mehr Zeit in Anspruch nahm, dazu, daß die Vorbereitungen auf öffentliche Auftritte immer zeitaufwendiger und somit lästiger und mühsamer wurden. Schließlich kam es soweit, daß der Kaiser die meisten Repräsentationspflichten alleine übernehmen mußte. Dies brachte ihr endlose Kritik ein. Im Crenneville-Tagebuch ist am Gründonnerstag 1869 zu lesen: „Kirchendienst und Fusswaschung S. M. [Seine Majestät] allein, da die Königin!! in Ofen residiert.“[15]

Wie verhaßt Elisabeth die Repräsentation war, zeigen auch die Aufzeichnungen ihrer Schwiegertochter Stephanie: „Diese Sklaverei, diese Marter, wie sie die Pflichten ihrer Stellung nannte, sei ihr verhaßt ... Sie war der Ansicht, daß Freiheit jedes Menschen Recht sei.“[16]

Die Gründe von Elisabeths Flucht vor ihren Repräsentationspflichten sind mannigfaltig. Sich von ungeliebten Personen trennen zu wollen, unbequemen Situationen aus dem Weg zu gehen, ist ein verständliches Grundbedürfnis. Elisabeth hielt es insoweit mit dem englische Dichter D. H. Lawrence: „Die Welt ist herrlich, wenn man den Menschen meidet ...“[17] Doch es liegt in dieser Flucht Elisabeths aus dem höfischen Bereich von Anfang an auch ein Stück Rebellion.

Fromm und distanziert: Elisabeths Verhältnis zur Kirche

Eines der bedeutendsten innenpolitischen Ereignisse, das auch im Ausland großes Aufsehen erregte, war der Abschluß des Konkordats zwischen Papst Pius IX. und Kaiser Franz Joseph I. vom 18. August 1855.[18] Es wurde als Staatsgesetz am 5. November 1855 verkündet. Mit diesem Konkordat löste sich Österreich von der Tradition des Staatskirchentums, das vom Sohn Maria Theresias, Kaiser Joseph II., begründet worden war. Joseph II., der seit 1765 neben seiner Mutter regierte, hatte Ende des 18. Jahrhunderts die absolute Herrschaft des Staats über die Kirche zur Maxime erhoben. 1781 erließ er ein Toleranzpatent und 1782 ließ er alle Klöster auflösen, die sich nicht mit der Krankenpflege und Jugenderziehung beschäftigten. Mehr als 750 Klöster fielen der Aufhebung zum Opfer. Selbst als der Papst persönlich nach Wien kam, um den Kaiser zum Einlenken zu bewegen, setzte dieser seine kirchenpolitischen Maßnahmen unbeirrt fort.

Dieses josephinische Staatskirchensystem wurde nun durch das Konkordat von 1855 aufgehoben. Die Kirche hatte schon in der Zentralisationspolitik des 1852 verstorbenen Ministerpräsidenten Fürst Schwarzenberg eine bedeutsame Rolle gespielt, und nach langwierigen Verhandlungen erhielt nun die katholische Kirche ihre Freiheit wieder. Der Staat trat der Kirche die Ehegerichtskompetenz und Schulaufsicht ab. Die Kirche konnte nun über den Inhalt des Lehrstoffes und über die Person des Lehrers bestimmen. Alle Lehrer, selbst Turn- und Zeichenlehrer, mußten katholisch sein, was bis zum Sakramentenempfang nachgeprüft wurde, sonst erhielten sie keine Anstellung. De facto war das Konkordat eine Kampfansage an alle Nichtkatholiken, an die Liberalen, aber auch an Wissenschaftler, Künstler und Schriftsteller, die sich dadurch in ihrer Arbeit stark behindert fühlten. Die Liberalen sahen in diesem großzügigen Entgegenkommen des Kaisers der Kirche gegenüber ein schmähliches Zurückweichen des Staates vor der Kirche.[19]

Mit dem Abschluß des Konkordats hatte der politische Katholizismus in Österreich einen großen Sieg errungen. Der Vertragsabschluß war vor allem das Werk der Erzherzogin Sophie, die so ihre Vorstellung von einem katholischen Kaisertum durchsetzen konnte. Die Konkordatsgegner suchten nun als Verbündete Elisabeth, deren Gegnerschaft zu Erzherzogin Sophie offenkundig war. Als Zeichen ihrer Toleranz in religiösen Angelegenheiten wurde von der Öffentlichkeit folgender Vorgang gewertet: Der evangelischen Gemeinde Attersee wurde im Jahr 1856 die Genehmigung erteilt, einen Turm an ihrer Kirche zu errichten. Da man hierfür finanzielle Zuwendungen benötigte, wandte man sich an Kaiserin Elisabeth. Bei diesem Anlaß soll sie dem evangelischen Pfarrer, wie das liberale Wiener Tagblatt berichtete, folgendes gesagt haben:

> In meinen Vaterlande … genossen Ihre Glaubensgenossen schon … seit fünfzig Jahren diese Rechte. Mein seliger Großvater [König Maximilian I. von Bayern] ließ den Protestanten aus Staatsmitteln die schöne Kirche auf dem Karlsplatz in München bauen. Die Königin von Bayern [Marie, die Gattin Maximillians II.] ist auch eine Protestantin und auch meine Großmutter mütterlicherseits war evangelisch. Bayern ist ein erzkatholisches Land, aber die Protestanten haben sich bei uns gewiß nicht über Zurücksetzung oder Schmälerung zu beklagen.[20]

Diese Äußerung sowie die großzügige Spende zugunsten des Turmbaus machten die Kaiserin in klerikalen Kreisen zu einer Gegnerin des Konkordates; die Konkordatsgegner waren sich sicher, Elisabeth auf ihrer Seite zu haben.

Mit ihrer toleranten Haltung gehörte Elisabeth zur großen Zahl derjenigen, die Widerstand leisteten gegen die der Kirche 1855 eingeräumten Zuständigkeiten. Der Druck der Öffentlichkeit wurde so stark, daß schließlich auch der Kaiser, dem nun auch seine Mutter keine Ratschläge mehr geben konnte, die Gültigkeit des Konkordats in Frage stellte. Auslösend für den Kurswechsel des Kaisers waren zunächst die Diskussionen im Reichsrat, wo am 11. Juli 1867 von 71 Abgeordneten der Antrag gestellt wurde, die Regierung solle Gesetzentwürfe einbringen, durch welche das Eherecht des bürgerlichen Gesetzbuches wiederhergestellt und die Jurisdiktion in Ehesachen wieder den weltlichen Gerichten überlassen werde, die Emanzipation der Schule von der Kirche durchzuführen und die Gleichberechtigung der Konfessionen zu gewährleisten sei. Nach der ausweichenden Antwort des Ministers, der Verhandlungen mit der Kirche ankündigte, erklärte man im Abgeordnetenhaus fast einstimmig, daß man Verhandlungen mit Rom ablehne; unter allgemeinem Beifall des Hauses rief ein Redner: „Hilf dir selbst!" Wenig später, am 28. September 1867, wandten sich 25 österreichische Bischöfe unter Umgehung des Ministeriums mit einem umfangreichen Schreiben direkt an den Kaiser, in dem es hieß: „...Doch es gilt nicht der katholischen Religion allein, es gilt dem Christentume. Eure Majestät, die treugehorsamst Unterzeichneten haben dem Richter der Lebendigen und Toten für das Seelenheil von 17 Millionen Erlöster einst Rechnung zu legen und in einer Zeit, welche entscheidend werden kann, ist es für sie eine heilige Pflicht, der Wahrheit laut und ohne Rückhalt das Zeugnis zu geben. Außer Italien gibt es kein Land, wo die heiligsten Güter der Menschheit Angriffen von solcher Schamlosigkeit und Tragweite so schutzlos preisgegeben wären wie in Österreich; das Gesetz ist ohnmächtig geworden. Es hat eine schmerzliche Überraschung erregt, daß es am Weihnachtstage, an dem selbst der Gleichgültige einen Anhauch von oben fühlt, in der Hauptstadt des Reiches gestattet war, das Christentum öffentlich als ein Märchen zu verspotten ... Was also der Jammerschrei gegen das Concordat bedeute, kann niemandem mehr verborgen sein; er bedeutet: Wir wollen eine Ehe ohne Festigkeit und Heiligung; wir wollen eine Schule ohne Religion und sittlichen Ernst. Aber die, welche dies wollen, mögen noch so laut die Stimmen erheben, sie sind ein sehr kleiner Bruchteil der Bevölkerung ..."[21]

Als diese Adresse der Bischöfe bekannt wurde, brach im Lande ein Sturm der Entrüstung los. Im Reichsrat arbeitete man umgehend ein Schulgesetz aus, und man ging nun energisch daran, das Konkordat durch entsprechende Gesetze direkt außer Kraft zu setzen. Der Wiener Gemeinderat beschloß, eine Protestadresse an den Kaiser gegen die Adresse der Bischöfe zu richten. Am 16. Oktober 1867 sandte der Kaiser schließlich eine deutliche Abmahnung an den Erzbischof von Wien, Kardinal Rauscher, den „Vater" des Konkordats und Vertrauten der Erzherzogin Sophie. Franz Joseph hatte wohl gespürt, daß der moralisierende und besserwisserische Ton der bischöflichen Adresse auch ihm selber galt. Hatte nicht Kardinal Rauscher, als er Franz Joseph und Elisabeth 1854 traute, gefordert, der Kaiser möge ein Vorbild im christlichen Familienleben sein? „Ich muß beklagen", meinte nun der Kaiser in seiner Antwort, „daß die Bischöfe, anstatt nach Meinem Wunsche die ernsten Bestrebungen der Regierung in den einschlagenden wichtigen Fragen zu unterstützen und deren so dringende Lösung im Geiste der Versöhnung und des Entgegenkommens zu fördern, es vorzogen durch die Vorlage und Veröffentlichung einer die Gemüter tief erregenden Adresse ihre Aufgabe zu erschweren ..."[22]

Franz Joseph hatte die Geduld verloren. Am 25. Mai 1868 sanktionierte er die drei „konfessionellen" Gesetze, mit denen das Konkordat de facto außer Kraft gesetzt wurde. Den Protest des päpstlichen Nuntius beantwortete man mit einer Empfangsbescheinigung. Der Papst bezeichnet am 22. Juni die Staatsgrundgesetze von 1867 als „unselig", die österreichischen Konfessionsgesetze als „abscheulich" und erklärt diese Gesetze als „durchaus nichtig und immerdar ungültig" und heizte dadurch nur die papstfeindliche Stimmung in Österreich an. Der Reichskanzler Beust wies den päpstlichen Stuhl darauf hin, daß trotz dieser Gesetze die Kirche in Österreich Privilegien besitze wie in keinem anderen europäischen Land, daß aber nun bei der Bevölkerung und in politischen Kreisen wegen der unbedachten päpstlichen Äußerungen die feindselige Haltung gegen die katholische Kirche gewaltig zunehme.[23]

Trotz dieser Spannungen mit der Kurie machte sich Elisabeth im Jahre 1869 auf den Weg nach Rom. Anlaß für die Reise war zunächst die Tatsache, daß ihre Schwester Marie, Königin von Neapel, ein Kind erwartete. Das frohe Ereignis war für Dezember angekündigt. Elisabeth traf in Miramare mit dem aus Ägypten zurückkehrenden Kaiser zusammen und fuhr dann nach Rom weiter, wo sie im Palazzo Farnese als Gast des Königs von Neapel lebte.

Am 8. Dezember 1869 wurde in Rom das Vatikanische Konzil eröffnet und Elisabeth wohnte in der Peterskirche dem Ereignis in der für die Staatsgäste reservierten Loge bei: „Ein Heer von Bischofsmützen"[24] sei es gewesen, berichtete sie dem Kaiser. Sieben Stunden – so lange dauerte die Zeremonie – waren ihr zuviel. Sie blieb nur eine Stunde. Am nächsten Tag hatte sie Audienz beim Papst. Er redete „viel und freundlich", aber Italienisch, das Elisabeth nicht besonders gut beherrschte. Am 12. Dezember erwiderte der Papst den Besuch im Palazzo Farnese: „Das war wieder mit schrecklichen Zeremonien verbunden. Das ganze Haus war versammelt und wir erwarteten ihn kniend am Fuße der Treppe ... Da die Konversation italienisch war, brauchte ich mich nicht anzustrengen ..."[25], berichtete sie dem Kaiser. Bei ihrem Aufent-

Papst Pius IX. (1846–1878)

halt blieb Elisabeth ansonsten inkognito, betonte den privaten Charakter der Reise: Am 24. Dezember, an Weihnachten, am Geburtstag Elisabeths, wurde Königin Marie Mutter einer kleinen Tochter. Im Frühjahr 1870 verließ Elisabeth Rom wieder.

Das von Papst Pius IX. einberufene (erste) Vatikanische Konzil sollte bis Juli 1870 dauern. Es führte die Kontroversen zwischen den sogenannten „ultramontanen" und romtreuen und den liberal gesinnten Teilen der Bevölkerung auch in der österreichisch-ungarischen Monarchie auf den Höhepunkt. Die am Tage vor der französischen Kriegserklärung an Preußen auf dem Konzil erfolgte Bekanntgabe des päpstlichen Unfehlbarkeitsdogmas, vor dem auch viele Katholiken gewarnt hatten, gab dem Kaiser die Gelegenheit, das Konkordat auch formell zu kündigen, da sich die Voraussetzungen, unter denen es geschlossen worden war, grundlegend geändert hatten.

Die kaiserliche Haltung gegenüber der Kirche hatte sich also seit 1855 sehr gewandelt. Es war sicher vor allem der politische Druck, der diese Wandlung verursacht hat, aber man geht sicher nicht fehl, wenn man auch einen gewissen Einfluß Elisabeths in Rechnung stellt. Zumindest konnte der Kaiser sich der vollsten Zustimmung seiner Frau sicher sein, denn die skizzierte Entwicklung entsprach ganz ihren Vorstellungen und vor allem: War es nicht auch ein später Triumph über ihre ungeliebte Schwiegermutter und Tante Sophie, die große Freundin der katholischen Kirche, die Vertraute des Kardinals Rauscher und Befürworterin des Konkordats? Daß die Kaiserin in kirchenpolitischen Fragen ganz eindeutige Vorstellungen hat, wird im übrigen vom deutschen Gesandten in Rom bestätigt, der nach einem Gespräch mit der Kaiserin im Jahre 1890 in einem Bericht an Kaiser Wilhelm II. die Klarheit von Elisabeths Urteil rühmte, besonders was das Verhältnis der katholischen Kirche zum österreichisch-ungarischen Staate betreffe. Der Gesandte beklagte, daß sich Elisabeth in Wien nur dann äußere, wenn sie befragt werde, dann würde sie allerdings den Nagel auf den Kopf treffen. Kaiser Wilhelm II. notierte am Rande des Gesandtschaftsberichts, daß Elisabeth „eine der politisch am klarsten und objectivsten denkenden Fürstinnen des Jahrhunderts" sei.[26]

Wie stand es um die persönliche Frömmigkeit der Kaiserin? Auch wenn sie die für die Öffentlichkeit sichtbaren religiösen Pflichten wie Messen, Beichten, sowie Kommunionempfang zumindest in Wien praktizierte, hatte Elisabeth auch in praktischen Glaubensfragen individuelle Vorstellungen. Sie lebte ihren persönlichen Glauben ganz im Sinne des liberalen Zeitalters. Bezeichnenderweise bestellte Elisabeth am 20. August 1869 in der Ischler Pfarrkirche zum Namenstag des hl. Stephan, dem Nationalfeiertag der Magyaren, eine Messe. Gräfin Fürstenberg notierte sich dazu: „... dieser kleinen Demonstration wohnte niemand sonst von der Familie bei ...“[27] Die Ischler belustigte Elisabeths Verhalten, weil die Kaiserin normalerweise weder an Sonn- noch an Feiertagen in die Pfarrkirche zu gehen pflegte.

Pazifistin? Elisabeth und das Militär

Mit die erstaunlichste Beobachtung, die man bei dem Wiener Kaiserpaar machen konnte, war die völlig unterschiedliche Einstellung zum Militär. Während der Kaiser durch und durch bereits von Jugend an militärisch dachte und handelte und wegen seiner Generalsuniform vom Wiener Volkswitz als „rothosiger Leutnant“ verspottet wurde, waren Elisabeth die militärische Umgebung des Kaisers und das militärische Gehabe ganz zuwider. Diese kritische Haltung zum Militär war in Wien bekannt und brachte Elisabeth in den bürgerlichen Kreisen, die die zunehmende „Militarisierung“ des öffentlichen Lebens mit Argwohn betrachteten, zunächst Sympathien. Bei offiziellen Cercles in der Hofburg mied die Kaiserin die hohen Militärs, allen voran Erzherzog Albrecht, den sie nicht leiden konnte. Umgekehrt zogen sich die Generäle automatisch zurück, wenn die Kaiserin auftauchte. Die Teilnahme an Paraden, zu denen sie vielfach eingeladen wurde, lehnte sie grundsätzlich ab, was vom Kaiser offensichtlich ganz ohne Vorwurf aufgenommen wurde, da er der Meinung war, Frauen hätten bei militärischen Veranstaltungen jeglicher Art sowieso nichts zu suchen. Daher war er auch 1859 bei den kriegerischen Auseinandersetzungen in Italien, welche später noch eingehend behandelt werden, sehr bemüht, Elisabeth von ihrem Vorhaben abzubringen, ihn im Hauptquartier in Norditalien zu besuchen. Immerhin hat Elisabeth 1882, nachdem sie aus England zurückgekehrt war und ihre jahrelange Reitleidenschaft ein Ende gefunden hatte, in Wien hoch zu Roß einer Parade beigewohnt. Neben Kaiser, Kronprinz und Kronprinzessin saß sie auf einem Pferd, das provokanterweise, den Namen „Nihilist" trug. Wie wenig sie vom Militär hielt und wie sehr sie in ihrem Herzen Pazifistin war, zeigt ihr Gedicht „Hofball" von 1887, in dem sie die schwedische Politik pries:

... Schweden, o, da geht's schon besser!
Sieht man ordentlich mit Neid,
Wie, dort über dem Gewässer,
Glücklich sind die braven Leut',

Konnt' ihr Herrscher stolz gestehen,
Daß Millionen er erspart,
Freilich fehlen dort Armeen,
Und Kanonen aller Art ...[28]

Gleichzeitig macht sie sich über die Militärseligkeit ihres Mannes lustig, wenn sie ihn in ihrem Gedicht „Mein Traum" sagen läßt:

... Wo liegt der Hund begraben?
War doch, weiß Gott nicht faul.
Mußt man fürs Heer was haben,
nahm ich kein Blatt vors Maul.

Schließlich sind doch Soldaten
Allein des Staates Stütz',
Denn, wo sie die nicht hatten,
Ging alles in die Pfütz' ...[29]

Im Januar 1887, als dieses Gedicht entstand, drohte eine Auseinandersetzung mit Rußland, das wegen der bulgarischen Siege über Serbien und wegen der Vermittlungsrolle Österreichs eine immer drohendere Haltung einnahm. Elisabeth schob die Schuld an der sich abzeichnenden militärischen Konfrontation auf die kriegerischen Ambitionen der „Fürsten":

… Das arme Landvolk schwitzet,
Bebaut mühsam sein Feld.
Umsonst! Gleich wird stibitzet
Ihm wiederum das Geld.

Kanonen sind sehr teuer,
Wir brauchen deren viel,
Besonders aber heuer,
Wo Ernst wird aus dem Spiel.

Wer weiss! gäbs keine Fürsten,
Gäb' es auch keinen Krieg;
Aus wär' das teure Dürsten
Nach Schlachten und nach Sieg …[30]

Zugunsten von Kaiser Franz Joseph muß man freilich sagen, daß er im Vergleich mit anderen europäischen Monarchen keineswegs ein „Militarist" gewesen ist. Der Geist des Militarismus war seit den 50er Jahren so allgemein geworden, daß die militärischen Neigungen des österreichischen Kaisers nicht aus dem Rahmen fielen. Ganz im Gegenteil machte man sich in Europa eher über die mangelnde Reformbereitschaft der österreichischen Armee lustig. In Frankreich stützte Napoleon III. seine Herrschaft ausschließlich auf die Armee, in Preußen war für König Wilhelm I. allein das Heer und das Offizierskorps die Stütze des Staates, und in Rußland war seit der Großmachtpolitik Nikolaus' I. das Heer das entscheidende Mittel der Politik.

Bezeichnend für die ritterliche Grundhaltung Franz Josephs war es, daß er sich als Lieblingswaffengattung die militärisch etwas altmodische Kavallerie gewählt hatte, wo sich auch die Söhne der Adelsfamilien sammelten. Im Reitsport, den man aus England übernommen hatte, trafen sich die militärischen Interessen des Kaisers und die sportlichen Interessen Elisabeths und natürlich auch des Adels. Der Dienst bei der „Kavallerie" wurde zum historisch verklärten, „ritterlichen" Beruf, ein Beruf, zu dem sich natürlich besonders der ungarische Adel hingezogen fühlte. Die Bevorzugung der Kavallerie und der zunehmende Einfluß des Adels gaben der österreichischen Armee einen altmodischen Charakter, den sie bis zum 1. Weltkrieg beibehalten sollte. Die Vernachlässigung der technischen Entwicklung im militärischen Bereich sollte 1859 und 1866 verheerende Folgen haben.

Angesichts der militärisch orientierten Denkweise des Kaisers ist es erstaunlich, wie sich gerade in seiner engsten Umgebung pazifistisches und republikanisches Gedankengut entfalten konnte. Das gilt gleichermaßen für Elisabeth wie für den Kronprinzen Rudolf. Es ist bezeichnend, daß Elisabeth in vielen Punkten ihren Sohn als ihren geistigen Erben und Vollstrecker gesehen und angesprochen hat, wie etwa in dem Gedicht, das sie anläßlich der Einweihung des Maria-Theresia-Denkmals am 13. Mai 1888 zu Papier brachte:

> ... Ich rede nun zu Dir mein Sohn
> Und Nachfolger im Reiche,
> Der seit der frühsten Jugend schon
> Wie ich erstrebt das Gleiche,
>
> Der seit Decenien treu sich quält,
> Rastlos und ohne Zagen,
> Und dem doch stets der Glücksstern fehlt
> Seit seinen Jünglingstagen.
>
> Befehle deinem Militär
> Die Waffen abzulegen,
> Gib deinem Volke heut' die Ehr
> Gewiss es bringt dir Segen ...[31]

Die letzten Zeilen dieses Gedichtes erinnern sehr stark an den Titel des 1889 erschienen Romans „Die Waffen nieder" der österreichischen Pazifistin Bertha von Suttner (einer geborenen Gräfin Kinsky). Bertha von Suttner (1843–1914), die 1891 die Österreichische Gesellschaft der Friedensfreunde gründete, stand mit der Kaiserin in Verbindung. Elisabeth hat 1896 Suttners berühmten Roman mit großer Begeisterung gelesen.[32]

Elisabeth: Vorkämpferin der Frauenbewegung?

Elisabeths Jugend und Anfangsjahre als Kaiserin fielen in die Zeit der sogenannten Frauenbewegung, die sich zunächst als Befreiungsbewegung entwickelte mit dem Ziel, den Frauen freie Bildungsmöglichkeiten, freie Entfaltung der Persönlichkeit, Arbeit unter menschlicheren Bedingungen und schließlich politische Rechte zu verschaffen. Das erste politische Programm der Frauenbewegung entstand im Zuge der 1848er Ereignisse. Damals wurde die Erziehung der Frau zu selbständiger wirtschaftlicher und geistiger Tätigkeit im Dienste nationaler und sozialer Ideen gefordert. 1865 kam es zur Gründung des Allgemeinen Deutschen Frauenvereins in Leipzig, der über viele Jahre hindurch der Hauptträger der Frauenbewegung blieb.

Elisabeth hat ihre Freiheitsideologie zwar nicht formuliert oder gar politisch verstanden, sie entsprach aber ganz den grundlegenden Maximen der Frauenbewegung. Sie hat diese persönliche Befreiung nicht nur in der Praxis, sondern auch in ihren literarischen und sonstigen Äußerungen stilisiert, was natürlich die Frage nach Elisabeths Rolle im Rahmen der Frauenbewegung nahe legt. Bekannt ist, daß Elisabeth von der politischen Frauenbewegung, von den „Blaustrümpfen", nicht viel hielt. Mit Frauenrechtlerinnen, wie etwa der Wienerin Rosa Mayreder, der Gründerin des Allgemeinen Österreichischen Frauenverein (1893), hatte sie keine Kontakte, und was sie von allzu großer Bildung bei Frauen hielt, machte sie einmal gegenüber ihrem griechischen Vorleser Christomanos deutlich:

> Frei sollen die Frauen sein; sie sind oft würdiger, es zu sein, als die Männer. Als bestes Beispiel haben wir die George Sand. Aber was die sogenannte Bildung betrifft, so bin ich dagegen. Je weniger die Frauen lernen, desto wertvoller sind sie, dann wissen sie alles aus sich selbst heraus ... In jenen Ländern, wo die Frauen wenig lernen, sind sie viel tiefere Wesen als unsere Blaustrümpfe. Es ist eine Täuschung, wenn die Freunde der Emanzipation zugunsten der Bewegung vorbringen, daß gebildete Mütter geistig begabte Söhne der Menschheit schenken würden ... Die Frauen sollen nicht da sein um den Männern in ihren Geschäften zu helfen, indem sie ihnen Gedanken und Ratschläge soufflieren, sondern sie sollen durch ihre bloße Nähe Gedanken und Entschlüsse in den Männern wachrufen und reifen lassen, die diese dann selbst aus sich selbst zu schöpfen haben.[33]

Elisabeth schreibt also den Frauen eine sichere Urkraft zu, aus der sie unverbildet schöpfen sollen. Diese wertvolle Kraft entfaltet sich nach ihrer Meinung vor allem in der Freiheit. In dieser Forderung nach Freiheit stimmte Elisabeth ganz mit den grundsätzlichen Zielen der Frauenbewegung überein. Während sie aber einerseits die Freiheit als Voraussetzung für ein würdiges Frauendasein forderte, lehnte sie andererseits eine allzu forcierte Frauenbildung ab. Bildung verbildet die Frauen. Diese Einstellung ist möglicherweise die Essenz ihrer eigenen Erfahrung, denn sie widersprach natürlich weitgehend ihrer eigenen Lebensführung. Vielleicht spürte sie, wie ihr eigener Lern- und Lesehunger sie zunehmend nur unzufriedener und leerer machte.

Deutlich ergibt sich aus den zitierten Bemerkungen jedenfalls, daß Elisabeth die indirekte Einflußnahme auf die Männer für weit wirksamer hielt als die direkte „Einflüsterung". Man meint, ein Handbuch für erfolgreiche Management- oder Verkaufsmethoden zu lesen, wenn sie den Frauen rät, allein durch ihre „Nähe" die Entschlüsse der Männer zu beeinflussen. Entschlüsse, von denen die Männer meinen, es wären ihre eigenen. Elisabeth plädierte als Frau für ein intuitives Handeln, das den Frauen angeboren und weit entscheidungssicherer sei als ein intellektuell gesteuertes, planendes Handeln.

Tatsächlich ist die von Elisabeth gesetzte Wertung: „Freiheit vor Bildung" weit bedeutender für die Emanzipation der Frau gewesen, als wir bisher angenommen haben. Neueste Forschungen zur Geschichte der Frauenemanzipation betonen, daß es nicht eine verbesserte Ausbildung war, die den Frauen in der 2. Hälfte des 19. Jahrhunderts zu einer zunehmenden Emanzipation verhalf, sondern die verbesserten Bewegungsmöglichkeiten, also die „Freiheit im Raum".[34] Dazu gehörte vor allem das Spazierengehen, der Sport (etwa das Schwimmen) und das Reiten. Das Ausschreiten bedeutete für die Frauen Freiheit, was auch in einem Wandel der Frauenkleider deutlich wurde. Als Turnerin, Reiterin und unermüdliche Wanderin hat Elisabeth schon viel praktiziert, was von den Reformern dann um die Jahrhundertwende gefordert wurde: „Möge die so berechtigte Frauenbewegung der Frau Bewegung schaffen lernen ..." meinte 1903 der „Lebensreformer" Heinrich Pudor.[35] Mit dem Titel „Freiheit durch Bewegung" könnte man auch die Grundeinstellungen der Kaiserin in ihren letzten Jahrzehnten des unruhigen Wanderns überschreiben.

Die Freiheit im Raum, die Freiheit der Bewegung, die Emanzipation von den gesellschaftlichen und körperlichen Zwängen zeigte sich bei Elisabeth nirgends deutlicher, als wenn sie Sport trieb. Hier war sie ihren fürstlichen und adeligen Zeitgenossinnen weit voraus. Sie betrieb das Reiten, Turnen, Fechten und Schwimmen mit einer teilweise professionellen Intensität. Erst wegen ihrer starken Gicht mußte Elisabeth dann Mitte der 80er Jahre auf den Fecht- und Reitsport verzichten.[36]

Besonders aufsehenerregend war Elisabeths Turnleidenschaft. Alle länger von ihr bewohnten Schlösser, Villen und Hotels erhielten früher oder später Turnzimmer. Das Turnen hat ja bekanntlich zu Beginn des 19. Jahrhundert eine außerordentlich politische Bedeutung gehabt. In den damals entstehenden Turnvereinen sammelten sich die nationalen und liberalen Kräfte. Ihr Symbol wurde der Turnvater Jahn: 1819 verhängte man in vielen Ländern des Deutschen Bundes auf Veranlassung Metternichs wegen des politischen Engagements der Jahnschen Turnvereine eine „Turnsperre“, die erst 1842 wieder aufgehoben wurde. Erst Mitte des 19. Jahrhunderts hat man das Schulturnen propagiert, Ende des 19. Jahrhunderts wurde es dann als Pflichtunterricht eingeführt. Mit dem Vereinsgesetz 1861 in Österreich entwickelte sich das Turnen zu einer leistungsorientierten Massenbewegung. Freilich fanden sich in den Turnvereinen immer auch Bestrebungen zur Ideologisierung der Vereinsarbeit im deutschnationalen und slawischnationalen Sinn.

Völlig unterentwickelt allerdings war sowohl in Deutschland wie in Österreich noch gegen Ende des 19. Jahrhunderts das Frauenturnen. In den Kreisen des Bürgertums war ein weibliches Wesen, das durch Feld und Wald streifte, auf Bäume kletterte und sich auf grüner Wiese herumtummelte, eine Unmöglichkeit und ein Greuel. Man vertrat die Meinung, daß das Mädchen ins Haus, in seine Stille und Abgeschlossenheit gehört. Um so erstaunter waren die Reaktionen auf die entsprechenden sportlichen Aktivitäten einer Kaiserin von Österreich. Elisabeth hatte ihre Liebe zur Gymnastik und zum Ballett von zu Hause mitgebracht. Sie berichtete stolz, daß es ihr

Vater Max war, der ihr und ihren Schwestern das ausdauernde Gehen und Springen beigebracht habe: „Man muß auch gehen lernen, sagte er uns immer und hielt uns einen berühmten Lehrmeister dafür. Aber unser Lehrer ... schärfte uns jedesmal ein: Man muß bei jedem Schritt, den man tut, von dem früheren sich ausruhen können, so wenig wie möglich sich über die Erde schleifen ..."[37]

Nach ihrer Eheschließung behielt Elisabeth ihre Neigung zur Gymnastik bei, und in den 60er Jahren wurden sogar in der Hofburg Turnräume eingerichtet. Die Journalisten, die von diesen Aktivitäten erfuhren, brachten die neue Turnmode, sehr zum Ärger des Kaisers, mit dem männlichen Teil der kaiserlichen Familie in Zusammenhang. Am 8. Dezember 1864 berichtete das Wiener Fremdenblatt: „Es dürfte gewiß von großem Interesse sein zu vernehmen, daß der Rittersaal in der kaiserlichen Hofburg zu einem Turnplatze eingerichtet ist. Es befinden sich dort alle Turngeräte: die Schwingel (= Turnpferd), Recke, Barren, Klettergerüste etc. Es turnen daselbst, beinahe täglich durch 2 Stunden, Se. Majestät der Kaiser und die Herren Erzherzöge, vom Hofstaate unter anderen selbst der greise Feldmarschall Heß, sämtliche im Turnkleide ..."[38]

Das Turnen gehörte zum täglichen Tagesablauf Elisabeths. Bis ins hohe Alter hinein hielt sie eisern daran fest. Elisabeth turnte jedoch nicht nur im Turngewand, sondern sie nutzte auch sonst die kleinste Wartezeit, um sich gymnastisch zu schulen. Am Neujahrstag 1892 notierte ihr griechischer Vorleser Christomanos in sein Tagebuch: „Sie ließ mich heut vor dem Ausfahren nochmals in den Salon rufen. An der offenen Türe zwischen dem Salon und ihrem Boudoir waren Seile, Turn- und Hängeapparate angebracht. Ich traf sie gerade, wie sie sich an den Handringen erhob. Sie trug ein schwarzes Seidenkleid mit langer Schleppe und von herrlichen schwarzen Straußenfedern umsäumt. Ich hatte sie noch nie so pompös gesehen. Auf den Stricken hängend, machte sie einen phantastischen Eindruck, wie ein Wesen zwischen Schlange und Vogel. Um sich niederzulassen, musste sie über ein niedrig gespanntes Seil hinwegspringen. Dieses Seil sagte sie, ist dazu da, daß ich das Springen nicht verlerne. Mein Vater war ein großer Jäger vor dem Herrn, und er wollte, daß wir wie die Gemsen springen lernen."[39]

Besonders bemerkenswert – auch wegen der damit verbundenen politischen Aussage – erscheint Elisabeths Vorliebe für den Fechtsport. Das Fechten, ursprünglich ein aristokratischer Sport, ist durch die burschenschaftliche Bewegung zu Beginn des 19. Jahrhunderts zu einem Merkmal der aus den Freiheitskriegen entstandenen, von den Studenten getragenen nationalen Einigungsbewegung geworden, die teilweise antimonarchische Züge trug. Einen ersten tiefen Einblick in die Studentenbewegung scheint Elisabeth im „romantischen" Heidelberg gewonnen zu haben, das sie anläßlich eines Kuraufenthalts in Baden-Baden im Frühjahr 1883 zum ersten Male und dann die nächsten Jahre noch mehrmals besuchte. Während ihrer Aufenthalte in Heidelberg fand sie am Treiben der Studentenverbindungen einen solchen Gefallen, daß sie auch beim Universitätsfechtmeister Schultze Fechtunterricht nahm. Aus gesundheitlichen Gründen mußte sie jedoch schon wenige Jahre später ihre Fechtübungen wieder aufgeben. Im September 1887, als sie in ihrem Schrank in Ischl Stoßflorett, Säbel und Schläger stehen sah, erinnerte sie sich wehmütig an ihre „Burschenzeit", an ihre Fechtzeit.

Was lehnt ihr traurig in dem Schrank
Ihr Freunde meiner Burschenzeit,
Wie wart ihr einst so hell und blank,
und wie verrostet seid ihr heut!

Du zierlich schlankes Stoss-Fleuret,
Gar oft, wenn du auf mich gewandt,
Dacht ich: Wenn's jetzt den Knopf nicht hätt'
Wär's mir fatal in Schultzes Hand.

Die Quart pariert ich hie und da,
Doch jedesmal sass seine Terz;
Und kam ich ihm auch manchmal nah'
Traf ihn doch nie, das war mein Schmerz.

Oft stiessen wir so hitzig drein,
Dass klirrend eine Klinge sprang;
Flink zog er eine andre ein;
Der Waffenstillstand währt' nie lang.

Dann kamst du, Säbel, an die Reih'
Mit deiner schartdurchwetzten Schneid'
Und schwer warst du, bei meiner Treu,
Mir deucht, mein Arm zeigt es noch heut'.

Die untern Hiebe, mein Malheur,
Die bracht ich nimmermehr zustand;
Sie kamen stets zu plump und schwer
Aus meiner ungelenken Hand.

Und wenn der Ansatz auch versprach
Mir gutes in der hohen Quart,
So fiel mein Hieb doch schliesslich flach;
Dies zu ertragen, war oft hart.

Zum Schlusse aber kamst stets du,
Mein wackrer Schläger, grad und fest;
Die Hiebe flogen dann im Nu,
Von Süd und Nord, von Ost und West.

Mein Gott, war's mir doch oftmals fast
Als bräch' den Arm vor Müdigkeit
Des schweren Stulpenhandschuhes Last,
Der hohen Auslag' Schwierigkeit.

Wenn Schultze den Hallenser schlug,
(Mit tödlicher Gewissheit sass
Der Hieb, der jedem dann genug,)
Ich glaube gar, ich wurde blass.

Und nun ist's aus. Mein Arsenal
Verlassen steht's, vergessen hier;
Es rosten friedlich Stahl an Stahl
Fleurets und Säbel und Rapier ...[40]

Trotz ihres relativ schmalen Körperbaus, vollbrachte Elisabeth beim Wandern und Bergsteigen wahre Höchstleistungen. Die Kunst des Wanderns hatte sie bereits in ihrer Jugend gelernt, und sie kultivierte diese bis ins hohe Alter. Wegen ihrer Gewaltmärsche mußten ihr auf den Straßen häufig die Wagen nachfahren, da die begleitenden Hofdamen den Strapazen nicht gewachsen waren. Aber auch viele Männer konnten mit der Kaiserin nicht mithalten. Dabei war sie selbst durch schlechtes Wetter nicht zu beeindrucken, im Gegenteil: Christomanos, unser Hauptgewährsmann für Elisabeths Wanderneigung in den 90er Jahren, berichtet über ein Zusammentreffen mit der Kaiserin in Schönbrunn: „Es regnete nassen Schnee, und der Wind peitschte uns eiskalte Tropfen ins Gesicht. Wir mußten über große Wasserlachen springen. Wie Frösche jagen wir in den Tümpeln, sagte die Kaiserin ... Mir ist so ein Wetter am liebsten. Denn es ist nicht für die anderen Menschen. Ich darf es ganz allein genießen. Es ist eigentlich nur für mich da ...“[41]

Auch der Alpinismus könnte Elisabeth als eine Vorkämpferin des Frauenbergsteigens in Anspruch nehmen, wenn da nicht bei ihr dieser unkommunikative Zug zum einsamen Wandern, zur einsamen bergsteigerischen Höchstleistung gewesen wäre. Eine allein wandernde Frau aber ist im 19. Jahrhundert eine Absurdität. Und doch war Elisabeth immer wieder ohne Begleitung unterwegs. Besonders in Ischl, wo sie auf ihren „Zauberberg“, den Jainzen, nicht nur hinaufging, sondern mehrmals täglich hinauflief. Wegen Elisabeths Neigung, immer an den äußersten Punkt der Leistungsfähigkeit zu gehen, hat es auch Franz Joseph unterlassen, das Wandern mit seiner Frau vor einem breiteren Publikum zu „zelebrieren“, um auf diese Weise ein vereinigendes Band um seine Völker und seine Familie zu schlingen. Ein solch publikumswirksames Mittel zur Hebung des Staatspatriotismus hätte er sich in der Regel nicht entgehen lassen.

Nur einmal wurde das Bergwandern des Kaiserpaars zum dynastischen Ereignis hochstilisiert, als 1856 das Kaiserpaar das Glocknergebiet besuchte. Elisabeth durfte damals aus Schicklichkeitsgründen nicht so weit aufsteigen wie ihr Gemahl, der es „huldvoll“ bis zur heutigen Franz-Joseph-Höhe schaffte. Schon damals war deutlich, daß die Kondition der Kaiserin der ihres Gemahls offensichtlich überlegen war. Vielleicht hat es der Kaiser aus diesem eher peinlichen Grund vermieden, allzu ausgedehnte Wanderungen mit seiner Gemahlin zu unternehmen, obwohl solche gemeinsame Familienaktivitäten mit Heimatbezug der Hebung des allgemeinen Staatspatriotismus dienlich gewesen wären.

Doch auch die kaiserfreundliche Presse hat sich nie darum bemüht, die Wanderungen der Kaiserin in den Bergen um Ischl patriotisch zu verwerten und als vorbildhaft anzupreisen. Für den allgemeinen Geschmack waren diese Wanderungen zu extrem, wie etwa die zehnstündige Überquerung des Toten Gebirges am 21. Juni 1888 von Offensee nach Elmgrub.

Elisabeth: Eine Republikanerin?

Mit den Idealen des Gottesgnadentums hatte sich Elisabeth nie anfreunden können, auch wenn ihre Stellung als Kaiserin de facto darauf beruhte. Für die realistisch denkende Elisabeth hing die Stellung des Herrschers weniger von Gottes Gnaden als vielmehr vom Willen des Volkes ab. Ihre diesbezügliche Gesinnung läßt sich auch aus ihren Gedichten ablesen, in denen sie das Volk zum wahren Herrscher erklärte. Eine äußerst revolutionäre Einstellung, die im Grunde mit ihrer republikanischen Gesinnung in Einklang stand. Im Januar 1887 schrieb sie:

> Ihr lieben Völker im weiten Reich,
> So ganz im geheimen bewundere ich euch.
> Da nährt ihr mit eurem Schweiße und Blut
> gutmütig diese verkommene Brut![42]

und noch im Mai 1888:

> Ihr Habsburgs Sprossen! tretet vor
> Aus eures Zeltes Schatten,
> Seid heute selber Dienerchor
> Dem Volk von Gottes Gnaden ...[43]

Aus diesen und vielen anderen Äußerungen läßt sich ein eindeutiges Bekenntnis zur Republik herauslesen. Allerdings zeigt sich bei näherer Betrachtung eine gewisse Ambivalenz: Elisabeth hatte aus derzeitigen Entwicklungsprozessen abgeleitet, daß staatliche Modernisierungsprozesse nicht aufzuhalten waren. Das heißt, ihre Bekenntnisse zur republikanischen Staatsform stellten vielfach nur eine Resignation vor der politischen Entwicklung dar. Andererseits zeigt Elisabeths Korrespondenz mit ihrem Mann, daß sie für den Fortbestand der Monarchie zugunsten ihres Sohnes Rudolf eintrat. Die Gründe dafür sind offensichtlich; ein prinzipielles Bekenntnis zur

Monarchie kann darin aber nicht gesehen werden, denn grundsätzlich war Elisabeth davon überzeugt, daß die Auflösungsprozesse in der Habsburgischen Monarchie langfristig nicht mehr aufzuhalten waren.

Auch andere Äußerungen und Aufzeichnungen weisen darauf hin, daß für Elisabeth die Monarchie nicht mehr zeitgemäß war. In einem Gedicht des Jahres 1887 bezeichnet sie die „altehrwürdige Monarchie" als „vergangner Pracht Skelett" und als einen Eichbaum der fallen müsse, weil er „sich überlebt" habe.[44] Antimonarchisch und prorepublikanisch äußerte sich Elisabeth zudem in Gegenwart ihrer Nichte Marie Wallersee, wie diese uns in ihrem Buch „Kaiserin Elisabeth und ich" überliefert:

Die schöne Phrase von König oder Kaiser und seinem Volk! Ich habe ein merkwürdiges Gefühl. Warum soll das Volk, ich meine das arme, niedrige Volk uns lieben, uns, die wir im Überfluß, im Glanz leben, während die anderen bei schwerer Arbeit kaum das tägliche Brot haben und darben? Unsere Kinder in Samt und Seide – die ihrigen oft in Lumpen! Sicherlich kann man nicht allen helfen, mag noch so viel geschehen, um Not zu lindern. Dennoch bleibt die Kluft! Unser gnädiges Lächeln kann sie nicht überbrücken. Mich erfüllt ein Gruseln beim Anblick des Volkes. Jedem einzelnen möchte ich helfen, ja, oft möchte ich tauschen mit der ärmsten Frau. Aber das Volk als Masse fürchte ich. Warum? Ich weiß es nicht. Und unsere Sippe! Die verachte ich mit all dem Firlefanz um uns herum. Gern möchte ich zum Kaiser sagen:

Das beste wäre, Du bliebst zu Haus,
Hier im alten Kyffhäuser.
Bedenk ich die Sache ganz genau,
So brauchen wir keinen Kaiser![45]

Dies ist natürlich eine höchst brisante Aussage.

In einem ihrer Gedichte, verfaßt im Januar 1887, erklärte sich die Kaiserin auch persönlich bereit, die republikanische Staatsform anzuerkennen (und nicht nur zu dulden), wenn diese das Glück der Völker gewährleistet:

Drum aus den Republiken
Der grossen, weiten Welt
Die Schädel all, die dicken,
Hab' ich mir herbestellt.

Die müssen conferieren
Von Früh bis in die Nacht
Und mir dann referieren,
Was Völker glücklich macht.

Und sollten sie entscheiden,
Die Republik muss sein,
So willige mit Freuden
In ihren Wunsch ich ein.[46]

Elisabeth war also ein freier, liberaler Geist, der gegen ein festes, konservatives System kämpfte. Sie zweifelte – meist gedanklich, zuweilen aber auch verbal – sogar im Kreise Vertrauter an der Berechtigung der Monarchie als Regierungsform. Diese war für sie überholt und dem Untergang geweiht. Ein Beweis für Elisabeths mangelndes Vertrauen in die Stabilität der Monarchie war zudem, daß sie ohne Wissen des Kaisers in der Schweiz ein beachtliches Vermögen hinterlegte, um im Exilfall abgesichert zu sein. Auch ihr „Poetisches Tagebuch" wußte sie in diesem Land, das Elisabeth wegen seiner republikanischen Staatsform in mehreren Gedichten als „Hort der Freiheit" pries, besser verwahrt als anderswo.

Wie macht man aus dem Thronfolger einen Liberalen? Die Erziehung des Kronprinzen Rudolf

Elisabeths politische Gesinnung und liberale Einstellung hat bei ihren Kindern eine nachhaltige Wirkung hinterlassen. Besonders bei ihrem Sohn Rudolf, aber auch bei ihrer jüngsten Tochter Marie Valerie kam der liberale mütterliche Einfluß zum Tragen. Beide waren der Meinung, daß die „Republik die beste Staatsform sei", dabei beriefen sie sich stets auf ihre Mutter. Diese politische Grundhaltung wird auch bei der Wahl von Rudolfs Erziehern deutlich: Gegen den Willen des Hofes und trotz zahlreicher Intrigen wurde Graf Latour von Thurmburg, der das persönliche Vertrauen der Kaiserin genoß, für Rudolfs Erziehung eingesetzt. Obwohl Latour für seine liberale Gesinnung bekannt war, durfte er die weiteren Lehrer des Kronprinzen auswählen. Einige davon waren engagierte Schulreformer, was am Wiener Hof einer Revolution gleich kam. Für diese „Mißstände" wurde Elisabeth allein verantwortlich gemacht.[47] Immerhin hatte im Jahre 1865, als Latour sein Amt antrat, noch die Kirche die Oberaufsicht über das Schulwesen, und noch war das Konkordat von 1855 in Kraft. Latour wählte für die Ausbildung des Kronprinzen liberale Gelehrte und zwar vorzugsweise solche, die kein offizielles Amt bekleideten. Ihre Zugehörigkeit zu verschiedenen Nationalitäten war Teil des Erziehungsprogramms.

Auch bei Rudolf nahmen – wie bei Elisabeth – Geschichtslehrer eine beherrschende Stelle ein. Sie waren es vor allem, die Rudolfs politische Meinung prägten. Ohne Rücksicht auf den Hof hatte sich Elisabeth unter anderem für die Ernennung des Freimaurers und Titularbischofs Hyazinth Ronáy zum Geschichts-Lehrer für den Kronprinzen eingesetzt. Ronáy war ihr anscheinend von Graf Andrássy empfohlen worden. Ein weiterer einflußreicher Geschichtslehrer war der Deutsch-Tscheche Anton Gindely. Für Rudolfs liberale Grundeinstellung wird man aber vor allem seinen Lehrer in der Volkswirtschaft, Karl Menger, verantwortlich machen können. Karl Menger (1840–1921) hatte das bahnbrechende Werk „Grundsätze der Volkswirtschaftslehre" (1871) verfaßt, ehe er als Lehrer des Kronprinzen verpflichtet wurde. Menger, der das monarchische Prinzip grundsätzlich nicht in Frage stellte, brachte dem Kronprinzen vor allem die Wechselwirkung von Wirtschaft und Politik nahe. Nach zwei Jahren Unterrichtstätigkeit konnte Menger feststellen, Rudolf sei „vielleicht der erste Kronprinz in Europa, welcher eine vollständige wirtschaftliche Ausbildung erhalten hat … Dieser

Kronprinz Rudolf (1858–1889)

Unterricht war nicht blos eine Tändelei, welche so oft bei den Söhnen der Fürsten angewendet wird, um sie mit einer äußeren Fertigkeit auszustatten."

Dank dieser Erziehung, die vielfach im Widerspruch zu den am Wiener Hof üblichen Grundanschauungen stand und auch nur sehr beschränkt die künftige Stellung des Kronprinzen als Kaiser berücksichtigte, entwickelte sich der Kronprinz zu einem modern denkenden Menschen.[48] Er konnte sich den Erhalt des Kaiserhauses ohne tiefgreifende Reformen im Geiste des Liberalismus überhaupt nicht vorstellen. Hätte man Rudolf gewähren lassen, so hätte er den Staat, wo sich „Pfaffen und hohe Trotteln im Dreck der Dummheit herumwälzen", umgehend reformiert. Wie distanziert Rudolf etwa dem österreichischen Adel gegenüberstand, zeigt sich in seinem zusammen mit seinem Lehrer Karl Menger auf der Englandreise 1877 verfaßten und 1878 anonym in München publizierten Pamphlet „Der österreichische Adel und sein constitutioneller Beruf", in dem er schreibt: „Wir sehen den begüterten Adel weder in der Civilverwaltung, noch im Heere dem Staate seine Dienste in jenem Umfange entgegenbringen, in welchem dies in andern Ländern, die eine Aristokratie haben, der Fall ist; wir sehen den Adel weder seiner parlamentarischen Aufgabe vollends genügen, noch auch den sonstigen ihm zufallenden socialen Pflichten irgendwie in hervorragender Weise gerecht werden. Der österreichische Adel füllt den ihm durch seine sociale Stellung und die Verfassung zugewiesenen Platz in unserem verjüngten Staatswesen nicht in dem Maase aus, als dies in seinem und im allgemeinen Interesse gewünscht werden muss." Die Broschüre des Kronprinzen löste in Wien einen Skandal aus, doch blieb seine Urheberschaft bis 1923 unbekannt.[49]

Die Anfänge im Repräsentationsgeschäft: Böhmen und Mähren Juni 1854

Die erste offizielle Reise des jungen Kaiserpaares war der Staatsbesuch in Böhmen und Mähren Anfang Juni 1854. Dabei benutzte man eine der ersten Eisenbahnstrecken der Monarchie, die Strecke Wien–Brünn–Prag, die sogenannte Nordbahn. Das Kaiserpaar fuhr zunächst in die mährische Hauptstadt Brünn, wo man es mit den obligaten Reden von Honoratioren in deutsch und tschechisch begrüßte. Die Stadt war festlich beleuchtet und geschmückt, im Theater gab man Festvorstellungen. Hier in Brünn mußte Elisabeth zum ersten Mal als Kaiserin repräsentieren. Sie besuchte Krankenhäuser, Waisenhäuser, Schulen und andere staatliche Einrichtungen. Die Wiener Zeitung wußte zu berichten, daß die Kaiserin „überall durch die huldvolle Herablassung und Milde den beglückendsten Eindruck" hinterließ. Tatsächlich machte ihre schlichte und natürliche Art, mit der sie auch auf einfache Leute zuging, großen Eindruck. Man war auch gleich mit politischen Schlußfolgerungen zur Hand: Eine solche Kaiserin, so hoffte man, würde sich sicher auch der sozialen Probleme der Monarchie annehmen.[50]

In Prag angekommen, wohnte das Kaiserpaar im Hradschin, dem alten Sitz der böhmischen Könige. Hier nahmen sie die Huldigungen des Adels, der Stadt, der Universität, der Militärs und der ländlichen Deputationen entgegen. Ferner wurden der jungen Kaiserin die „hoffähigen Damen" – Damen, die 16 hocharistokratische Ahnen nachweisen konnten – vorgestellt.

Prag, Blick auf den Hradschin

Im Prager Hradschin standen Empfänge und offizielle Diners auf dem Programm. Der offizielle Stundenplan, der in den Zeitungen abgedruckt war, ließ dem Kaiserpaar kaum Zeit zur Muße. Franz Joseph nahm Elisabeth hart in die Pflicht. Sie hatte zahlreiche Delegationen und Hilfesuchende zu empfangen und lernte auch bei dieser Gelegenheit die sozialen Probleme des Landes kennen, z. B. als sie von einer Delegation aus dem Erzgebirge besucht wurde, was die „Wiener Zeitung" zu einem besonderen Bericht veranlaßte: „Als aber der Herr Präsident in ergreifenden Worten die Armuth der Gebirgsbewohner schilderte, da füllten die schönen Augen der lieblichen Landesmutter sich mit Thränen, und kaum vermochte Ihre Majestät die innere Bewegung zu bewältigen. Welch erschütternden Eindruck dieser neue Beweis von Engelsmilde unserer Allergnädigsten Kaiserin auf die Anwesenden ausübte, läßt sich nicht wiedergeben, es war ein feierlicher Augenblick."[51]

Auch wenn sich das Kaiserpaar eifrig im Volk zeigte, so war doch der vorrangige Zweck dieses „Antrittsbesuchs" die Begegnung mit den führenden böhmischen Adelsfamilien. Am Wiener Hof galt der böhmische Adel als ein zuverlässiger Partner der Krone, den man bei Laune halten mußte. In seinen Ansprachen hob Franz Joseph auch ausdrücklich dessen Bedeutung hervor: „Ich bin überzeugt, daß der böhmische Adel auch künftighin eine Stütze Meines Thrones und Reiches bleiben wird."[52]

Anläßlich dieses Besuches in Prag haben die ersten Familien Böhmens weder Aufwand noch Kosten gescheut, um dem Kaiserpaar eine der aufwendigsten Veranstaltungen Altösterreichs zu bieten. Elisabeth hat sich jedoch durch diesen Empfang nicht beeindrucken lassen. Sie wußte, daß dieser „Antrittsbesuch" vor allem der Initiative der ungeliebten Schwiegermutter Sophie zu verdanken war, und sie wußte vor allem auch, daß der stolze böhmische Adel hinter vorgehaltener Hand über sie tuschelte – in Wien wie in Prag. Elisabeth bewahrte sich, wohl veranlaßt durch diese ersten Eindrücke, zeitlebens eine Abneigung gegen die böhmische Aristokratie. Ob diese durch den ersten Pragbesuch ausgelöst oder nur verstärkt worden ist oder ob sie nur ein Ergebnis der Opposition zu ihrer Schwiegermutter Erzherzogin Sophie war, die zeit ihres Lebens den böhmischen Adel bevorzugte, sei dahingestellt. Elisabeth hat auf jeden Fall den Kaiser nie mehr nach Prag begleitet, was ihr sehr viel Kritik einbrachte, denn der böhmische Adel – insbesondere die Auersperg, Clam-Martinitz, Khevenhüller, Kaunitz, Kinsky, Lobkowitz, Liechtenstein, Mittrowsky, Nostitz, Schwarzenberg und Waldstein – gab auch am Wiener Hof den Ton an.

Selbst wenn Elisabeth dem böhmischen Adel bzw. einigen Adelsfamilien reserviert gegenüberstand, so reagierte sie doch gegenüber den Anliegen der tschechischen Nation aufgeschlossen oder zumindest verständnisvoll. Zu Gräfin Larisch äußerte sie:

> Ich nehme es den Tschechen gar nicht übel, wenn sie sich gegen die österreichische Herrschaft auflehnen; Slawen gehören zu Slawen! Eines Tages, wohl erst nach vielen Jahrzehnten, wird Böhmen doch seinen Willen durchsetzen. Aber schon jetzt sitzen wir auf einem Pulverfaß.[53]

Ein Land, das nicht geliebt sein will: Italienreise November 1856

Zu den bedeutendsten und schönsten Teilen der österreichischen Monarchie gehörten die italienischen Besitzungen, vor allem das Köngreich Lombardo-Venetien. Anders als Böhmen und Ungarn, die im 16. Jahrhundert an Österreich gefallen waren, stellten Venedig und die Lombardei (mit der Hauptstadt Mailand) vergleichsweise junge Erwerbungen dar. Die stolze „Serenissima", die Lagunenrepublik Venedig, war bis zu ihrer Besetzung durch Napoleon im Jahre 1797 eine der mächtigsten Staaten des Mittelmeerraums gewesen mit einer Einwohnerschaft und einem Adel, die Österreich und die Habsburger als „Erbfeind" betrachteten: Bis 1797 verlief die Grenze zwischen Österreich und der Republik Venedig südlich von Rovereto im Tal der Etsch! Von größter Bedeutung war dann die Zugehörigkeit dieser norditalienischen Gebiete zum napoleonischen Königreich Italien. 1805 setzte sich Napoleon in

Mailand die eiserne Krone der langobardischen Könige aufs Haupt. Das junge Königreich mit der Hauptstadt Mailand, die auch das kulturelle Zentrum wurde, erhielt eine moderne Verwaltung und fortschrittliche Gesetze. Napoleon führte in Italien alle Neuerungen der Revolution ein, er gewährleistete die rechtliche Gleichheit aller Bürger, die Freiheit der Religion, garantierte das Eigentum und förderte so entscheidend die Entwicklung des Besitzbürgertums, dessen Träume von einer geeinten italienischen Nation nun ihre teilweise Erfüllung fanden. Um so schmerzlicher mußten viele dann die auf dem Wiener Kongreß beschlossene Neuordnung der Verhältnisse in Italien empfinden, wo der österreichische Staatskanzler Metternich seine Konzeption der „Restauration" durchsetzte. Österreich erhielt nicht nur die im 18. Jahrhundert erworbene Lombardei zurück, sondern erwarb auch das gesamte Territorium der früheren Republik Venedig: Beide Regionen wurden zum neuen „Königreich Lombardo-Venetien" zusammengefaßt.

Die italienischen Besitzungen waren auch deswegen eine kritische Erwerbung für die Monarchie, weil sich in den italienischen Staaten bereits ein starker Wille zur nationalen Einigung regte. Der Wille, die Habsburger Fremdherrschaft abzuschütteln, wurde durch das Königreich Piemont–Sardinien gefördert, so daß Österreich es in Italien nicht nur mit einer latent unzufriedenen Bevölkerung zu tun hatte, sondern mehr noch mit einem feindlich gesinnten Nachbarstaat. Innerhalb der italienischen Bevölkerung hatte Österreich keinerlei Rückhalt. Bereits 1820 gab der Gouverneur Graf Strasoldo in einem Bericht an Metternich zu, daß Österreich sich auf keine der repräsentativen Schichten der Lombardei verlassen könne. Selbst der lombardische Adel, der noch im 18. Jahrhundert in Wien zahlreich vertreten war, hatte sich seit 1815 völlig vom Hof der Habsburger zurückgezogen und betrieb nun auf seinen italienischen Besitzungen passiven Widerstand.

Nachdem es in den 20er Jahren in den italienischen Staaten zu ersten Aufständen gegen das vom Wiener Kongreß auf der Halbinsel aufgerichtete System kam und die Revolutionäre in Piemont in völliger Überschätzung ihrer Möglichkeiten den

Österreichern sogar den Krieg erklärten, warfen österreichische Truppen die Aufstände nieder. Der Kongreß von Verona 1822 bestätigte Österreichs Stellung als Ordnungsmacht in Italien. Von 1821 bis 1824 kam es im Königreich Lombardo-Venetien zu Prozessen gegen Oppositionelle wegen Unterstützung der Revolution. Unter den Hauptangeklagten waren Graf Frederico Confalionieri, Marchese Giorgio Pallavicino und der romantische Dichter Silvio Pellico. Die bis 1824 ausgesprochenen 19 Todesurteile wurden zwar alle in Haftstrafen umgewandelt, aber die Haft der 40 Verurteilten auf der Festung Spielberg über Brünn, die etwa Pellico in seinem berühmten Roman „Le mie prigioni" (Meine Gefängnisse) schilderte, lädierten den Ruf Österreichs und Metternichs in der liberalen Öffentlichkeit Europas beträchtlich. Aus den österreichischen Gebieten Italiens flohen viele Aufständische ins Ausland, wo sie sich dann als politische Emigranten und als Mitglieder von Geheimbünden („Carbonari") politisch betätigten und die regionalen Freiheitsbewegungen, z. B. in Polen und Ungarn, unterstützten. Italienische Revolutionäre stellten so für die Habsburger Monarchie eine stete Quelle der Unruhe dar.[54]

Gefährlich wurde für Metternich die Situation in Italien erst dann, als sich das Königreich Piemont-Sardinien mit den liberalen italienischen Einigungsbewegungen verband und auch Papst Pius IX. die Ordnungspolitik Österreichs auf der Halbinsel nicht mehr unterstützte. Als nach der Februarrevolution in Paris 1848 am 14. März Metternich zurücktrat, brachen auch in Venedig und Mailand Aufstände los. Die Österreicher mußten sich zurückziehen. König Karl Albrecht von Piemont-Sizilien nutzte die Gelegenheit und erklärte den Österreichern den Krieg. Im Juni konnte General Radetzky Venetien und die Lombardei wieder in österreichische Gewalt bringen. Die piemontesischen Truppen wurden am 25. Juli 1848 bei Custoza und endgültig am 22. März 1849 bei Novara geschlagen. Im August 1849 mußten in Venedig Daniele Manin und seine von ihm dort errichtete Republik vor den österreichischen Belagerern kapitulieren.

Die Lage in Italien bedurfte nicht zuletzt auch deswegen der weiteren Aufmerksamkeit Wiens, weil Lombardo-Venetien nach den Aufständen und Kämpfen von 1848 unter Militärverwaltung gehalten wurde, die nicht nur die Bevölkerung verbitterte, sondern die Österreich mehr kostete, als die Provinzen an Steuern einbrachten. Für Franz Joseph war es daher mehr als notwendig, das seit 1848 gestörte Verhältnis zum Lombardo-Venezianischen Königreich wieder zu verbessern. Dort war angesichts der Propaganda Camillo Cavours in allen

Graf Camillo Cavour (1810–1861)

Kreisen der Wille zum Anschluß an das Königreich Piemont-Sardinien stark gestiegen. Der bayerische Gesandte in Wien, Graf Lerchenfeld, schrieb am 19. November 1856 an seinen König: „Die Italiener würden in ihrem planmäßigen Widerstreben und ohnmächtigen Haß gegen die österreichische Herrschaft verharren."[55]

Österreich konnte sich in Italien nur noch mit repressiven Methoden halten. Im Königreich Lombardo-Venetien regierte Radetzky mit dem Belagerungszustand. Aufstandversuche, etwa 1853 in Mailand, hatten unter der österreichischen Garnison Tote gefordert und führten nur zu weiterer blutiger Unterdrückung, zu Hochverratsprozessen, Todesurteilen und

Konfiskationen. Als im Frühjahr 1857 der Krimkrieg zu Ende ging, in dem auch ein piemontesisches Korps erfolgreich auf seiten der Engländer und Franzosen gekämpft hatte, gelang es dem nun politisch aufgewerteten Königreich Sardinien-Piemont unter Cavours Führung, auf dem Pariser Friedenskongreß Österreich wegen seiner italienischen Politik anzuschwärzen.

Kaiser Franz Joseph, außenpolitisch nun weitgehend isoliert, mußte handeln. Innenminister Alexander Bach schlug deshalb einen längeren Besuch des Kaisers in Italien vor, nachdem die bisherigen Rundreisen des Kaiserpaars in Österreich und in Böhmen gezeigt hatten, welche Wirkung die Schönheit der Kaiserin auf die Bevölkerung hatte. Der Charme der Königin könnte das bewirken, was die Bajonette des greisen Feldmarschalls Radetzky nicht vermochten, meinte Bach. Möglicherweise könnte auch der trotzige italienische Adel, der sich in Wien nicht mehr zeigte, durch gesellschaftliche Veranstaltungen gewonnen werden. Elisabeth und Franz Joseph griffen den Gedanken ihres Innenministers sofort auf, während die ängstliche Erzherzogin Sophie ihren Sohn lieber nicht in das Land der Verräter und Attentäter reisen lassen wollte. Doch vergebens. Hier zeigte sich nun einerseits die persönliche Tapferkeit des Kaisers und seiner Frau und andererseits der schwindende Einfluß der Schwiegermutter. Elisabeth setzte es sogar durch, daß sie ihre am 5. März 1855 geborene Tochter Sophie mitnehmen durfte. Freilich behaupteten bösartige Stimmen später, dies sei nur geschehen, um die Attentatslust der kinderliebenden Italiener zu dämpfen.[56]

Die logistische und militärische Vorbereitung für den Besuch traf der Bruder des Kaisers, Erzherzog Ferdinand Maximilian, der seit 1854 als Marineoberkommandant in Triest saß und später als Statthalter in Mailand vorgesehen war, um den alten Radetzky abzulösen.

Trotz schlechter Nachrichten aus Italien reiste das Kaiserpaar am 17. November 1856 nach Italien. Vier Monate hielt es sich in Oberitalien auf, residierte in den königlichen Palästen von Venedig und Mailand. Auf dieser Reise fühlte sich Elisabeth zwar erstmals frei von den Zwängen des kaiserlichen Hofes in Wien und von den Bevormundungen der Schwiegermutter und ging zwangloser als bisher auf die Leute zu. Andererseits wurde Elisabeth nun auch in aller Schärfe mit den Problemen der österreichischen Politik konfrontiert. Während bei den bisherigen Reisen die Bevölkerung das Kaiserpaar enthusiastisch oder zumindest freundlich distanziert empfangen hatte, schlug ihm in Italien offene Ablehnung entgegen. Das war für Elisabeth eine neue Erfahrung.

Schon in Triest kam es zu ersten Zwischenfällen: Im Rathaus brach ein Feuer aus. Man sprach von Brandstiftung. Dabei war Triest eine uralte habsburgische Besitzung, eine Stadt, die von der österreichischen Regierung bevorzugt gefördert wurde und die im stürmischen Wachstum begriffen war. Sie zählte bereits 100000 italienische, slawische, deutsche und viele jüdische Einwohner und hatte als Hafen für Oberitalien größte Bedeutung. In Triest zeigte sich nicht nur die Multinationalität des Kaiserstaates in seiner besten Ausprägung, sondern auch die Fortschrittlichkeit dieser gern als zurückgeblieben verketzerten Monarchie. Hier wurde die Schiffsschraube, die Erfindung des Österreichers Ressel, 1829 erstmals erprobt, hier wurde 1836 der österreichische Lloyd gegründet und 1831 eine der größten Versicherungen der Welt, die „Assicurazioni Generali", ins Leben gerufen.

Trotzdem, der italienische Nationalismus hatte hier bereits seine Wurzeln geschlagen, und auch im weiteren Verlauf der Reise sollte das Kaiserpaar die seit 1815 angesammelte Unzufriedenheit der italienischen Provinzen zu spüren bekommen. Die österreichischen Militärbehörden hatten zwar die Empfänge für das Kaiserpaar gut vorbereitet und vor allem abgesichert, provozierten aber durch diese Machtdemonstration die Italiener nur noch mehr. So standen die österreichischen Militärs in höchster Alarmbereitschaft. Kaiser und Kaiserin ignorierten Sabotageakte und Unfreundlichkeiten der Bevölkerung. Während sich die Kaiserin in Wien nicht selten offiziellen Empfängen entzog, hielt sie jetzt in Oberitalien ihr Programm konsequent durch. Den Kaiser ließ sie nur bei militärischen Inspektionen allein.

Der Besuch begann in Venedig. Als das Kaiserpaar mit der kleinen Erzherzogin Sophie am Arm über den Markusplatz zur

Markuskirche ging, hüllten sich die dort versammelten Massen in Schweigen. „Hoch" und „Hurra" riefen nur die österreichischen Beamten und Offiziere, die Italiener schwiegen demonstrativ. Der englische Generalkonsul Harris berichtete nach London: „Das einzige Gefühl des Volkes war nur Neugierde, die Kaiserin zu sehen, deren Ruf, wunderbar schön zu sein, natürlich auch bis hierher gedrungen ist."[57]

Am 29. November gab das Kaiserpaar einen Empfang, dem der venezianische Adel jedoch provokativ größtenteils fern blieb. Diejenigen, die trotz des Boykotts kamen, wurden auf dem Weg zum Palast beschimpft. Im Teatro Fenice blieben die Logen der vornehmsten Adelsfamilien leer. Im Laufe des kaiserlichen Aufenthaltes verbesserte sich die Stimmung allerdings. Nicht zuletzt durch den Erlaß von Amnestiedekreten für politische Häftlinge und durch die Freigabe von Gütern politischer Flüchtlinge. Auch wirtschaftlich versuchte man, das Leben in der Dogenstadt zu fördern.

Der Kaiser lobte die Auftritte seiner Gattin. Aus Venedig schrieb er am 4. Dezember 1856 an seine Mutter: „Die Bevölkerung war sehr anständig, ohne besonderen Enthusiasmus zu zeigen. Seitdem hat sich die Stimmung aus verschiedenen Ursachen sehr gehoben, besonders durch den guten Eindruck, den Sisi gemacht hat."[58] Tatsächlich scheint sich die Stimmung im Laufe des Aufenthalts gebessert zu haben. Für das venezianische Umfeld war es wichtig, daß das Kaiserpaar viel spazierenging, eine Neigung, die beiden gemeinsam war, auch wenn Franz Joseph selbst weniger als Elisabeth an kunsthistorischen Merkwürdigkeiten interessiert war. In Venedig lernte sie erstmals auch das Meer etwas besser kennen. Vor allem den Strand des Lidos begann sie zu schätzen. Man fuhr mit dem Dampfboot „Elisabeth" auch nach Istrien hinüber in den Kriegshafen Pula.

In Wien wurde nach der Reise verbreitet, daß Elisabeths Schönheit das kaiserliche „Italien besser eroberte, als es österreichische Soldaten und Kanonen hätten tun können."[59] Eine Besserung der Stimmung bemerkte auch der englische Generalkonsul Harris, schränkte seine Meldung allerdings ein: „aber es bleibt doch alles unabhängig von der Politik."[60]

Kleine Ereignisse während der Italienreise zeigen den durchaus praktischen und menschlichen Sinn der Kaiserin. Als bei einem Spaziergang ein Venezianer sich dem Kaiserpaar mit einer Bittschrift näherte, sagt ihm der Kaiser: „Geben Sie das im Palais ab!" Darauf erwiderte der Bittsteller, ein ehemaliger Offizier, der wegen seiner Teilnahme an der Revolution 1848 seine Pension verloren hatte: „Ich habe das schon einmal versucht, Majestät, bin aber zurückgewiesen worden", worauf ihm der Kaiser das Angebot machte, zu einer Audienz zu ihm ins Schloß zu kommen. „Da wird man mich wieder nicht hineinlassen", meinte der Offizier, und als der Kaiser daraufhin weitergehen wollte, bat ihn Elisabeth: „Gib dem Mann doch einen deiner Handschuhe, dann werden wir Befehl geben, dessen Besitzer hereinzulassen!" So geschah es auch, der Major erhielt seine Pension wieder, und die Angelegenheit brachte Elisabeth weitere Pluspunkte bei den Venezianern ein. Schließlich verbreitete man sogar die Nachricht, Elisabeth sympathisiere mit den italienischen Nationalisten. Ihr seien zudem die vom Kaiser ausgesprochenen Begnadigungen und Rückgaben von konfisziertem Vermögen zu verdanken.[61]

Trotz der vielen Spaziergänge des Kaiserpaars oder auch Elisabeths allein, kommt es nicht zu peinlichen Situationen, Beschimpfungen oder Angriffen. Elisabeth hatte offensichtlich, obwohl sie über ihre mangelnde Bewegungsfreiheit klagt, Gefallen an der Lagunenstadt gefunden. Denn als sie fünf Jahre später von Madeira zurückkam, nahm sie in Venedig von Oktober 1861 bis Mai 1862 Aufenthalt. Eine Entscheidung, die um so bedeutender und mutiger war, als 1859 die Lombardei verlorengegangen und der Oppositionsgeist der Italiener nicht geringer geworden war. Obwohl Elisabeth also sehr lange als „Botschafterin des guten Willens" in Venedig und Italien gewesen ist, hat sie keine tieferen Beziehungen zu italienischen Familien geknüpft. Der Adel blieb bis zuletzt feindselig, und auch als der Kaiser nach dem Verlust Venetiens 1866 die Beziehungen zu Italien wieder normalisierte und mit seiner Frau Venedig besuchte, blieb das Mißtrauen gegenüber den führenden Familien und gegenüber der italienischen Politik groß. Was Elisabeth an Italien vor allem liebte, war die Landschaft und die Kunst. Anders als in Ungarn fand sie zu den Menschen keinen Zugang. Daher hat Elisabeth auch nie ausreichende italienische Sprachkenntnisse erworben.

Zurück zur ersten Italienreise des Jahres 1856: Auch in Vicenza, Verona, Brescia und besonders in Mailand blieben die Empfänge kühl und distanziert. „Es ist unglaublich, wie von Piemont aus alles organisiert und gehetzt wird, um unseren Empfang in Mailand zu verderben. Alle Fäden dieser Machinationen führen bis zum Ministerium Cavour", äußerte Franz Joseph, womit er recht hatte, denn es war im Interesse Cavours, den Besuch zu einem Fiasko werden zu lassen. In Mailand mußte man die Landbevölkerung sogar bezahlen, damit sie dem Kaiserpaar Spalier stand. Unerbittlich blieb der lombardische Adel. Bei den kaiserlichen Empfängen kam nur etwa ein Fünftel der hoffähigen Adeligen. Bei der Festvorstellung in der Scala schickte die Mailänder aristokratische Gesellschaft ihre Dienstboten in die Logen.

Das Kaiserpaar wollte sich in Venedig wie in Mailand vor allem im Theater und in der Oper der Bevölkerung zeigen und damit gleichzeitig das Interesse an der italienischen Kultur demonstrieren. Ein riskantes Unterfangen, da doch gerade seit den 48er Jahren in Italien Theater und Oper wegen der Versammlungs- und Vereinsverbote zu Schauplätzen der politischen Demonstration geworden waren. Das Kaiserpaar scheute jedoch nicht die Höhle des Löwen und siegte schließlich durch Beharrlichkeit, Geduld und durch die Kunst, nicht nachtragend zu sein.[62]

Aufgrund seines hohen Alters wurde Feldmarschall Radetzky, der das Regiment in Oberitalien führte, verabschiedet, auch weil er Franz Joseph „entsetzlich verändert und verkindert"[63] erschien. In den italienischen Provinzen wurden nun erstmals nach 1848 wieder getrennte militärische und zivile Verwaltungen eingerichtet. Erzherzog Ferdinand Maximilian, der jüngere Bruder des Kaisers, erhielt die Aufgabe, als Zivilgouverneur nach Mailand zu gehen; militärischer Kommandant der in Italien stehenden österreichischen Truppen wurde Graf Gyulai, ein alter Vertrauter des Kaisers aus den ersten Regierungsjahren. Der Kaiser schrieb an seine Mutter, Erzherzogin Sophie: „Unser Herrgott wird helfen und die Zeit nebst Maxens Takt viel machen.“[64] Wie weit Elisabeth an dieser Politik der Entspannung aktiv beteiligt war, wissen wir nicht. Fest steht jedenfalls, daß ihr Rat von Franz Joseph mehr gehört wurde, seit der Einfluß seiner Mutter schwand. Bedauerlicherweise sind uns aus jener Zeit keine Briefe der Kaiserin überliefert, aus denen wir ihre konkreten Ansichten zu den italienischen Zuständen entnehmen könnten. Von ihrem Bruder, dem Augenarzt Herzog Carl Theodor, wissen wir jedoch, daß Elisabeth die Zukunft der österreichischen Besitzungen in Italien weit weniger optimistisch beurteilte als der Kaiser.[65]

Diese Sichtweise teilten auch die meisten ausländischen Beobachter. Typisch ist insoweit der Bericht des bayerischen Generalkonsuls aus Venedig, der das Verhältnis der Italiener zu den Österreichern wie folgt schilderte: „Österreich hat in seiner südlichen Provinz ein paar Millionen italienisch sprechende und Steuer entrichtende Untertanen, aber Anhänger des Kaiserstaates gibt es nicht ... Hierzulande ist alles und sind alle Österreich abgeneigt, man duldet dessen Herrschaft, weil man eben muß, ... aber nur bis auf bessere Zeiten, die die erwünschte Verbindung mit dem Königreich Italien herbeiführen werden. Der Markusplatz ist nach wie vor der Sammelplatz von hoch und nieder, von arm und reich, von Einheimischen und Fremden, nur mit dem Unterschied, daß Italien von Österreich stark gesondert ist, gesondert promeniert, gesondert ißt und trinkt und gesondert tanzt und musiziert.“[66]

Auf dieser Italienreise hatte Elisabeth vier Monate die österreichische Machtpolitik erlebt und deren Auswirkungen in Oberitalien. Angesichts ihrer pazifistischen Grundhaltung dürfte sie die teure militärische Machtentfaltung Österreichs eher abgeschreckt haben. Auch Kaiser Franz Joseph soll nach seiner Heimkehr im vertrauten Kreise geäußert haben, „man habe Italien die Zustände der Jahre 1848–1849 zu lange fühlen lassen“. Man weiß ebenfalls, daß er keinen guten Eindruck von der Beamtenschaft in Mailand und Verona mit nach Hause nahm. Für Elisabeth brachte die lange und strapaziöse Reise, auf der sie als aufmerksame Beobachterin und Vermittlerin hinter den Kulissen ihre Erfahrungen sammelte, die Erkenntnis, daß sich Politik sehr wohl auch im „atmosphärischen" Raum abspielt und daß Volksmeinungen und Volksstimmungen leicht zu beeinflussen sind, aber auch ganz unberechenbar umschlagen können. Die ihr gestellte Aufgabe, mit einer „Politik des Liebreizes"[67] Vertrauen zu schaffen und die Lage zu entspannen, hat sie in den Augen des Kaisers glänzend erfüllt. Angesichts der eisernen Zwänge der Politik reichte dies natürlich nicht aus, um die Geschicke der italienischen Provinzen entscheidend zu beeinflussen.

Das Reich zerbröckelt: Die Schlacht von Solferino und der Verlust der Lombardei 1859

Die unermüdliche Arbeit des seit 1852 als Ministerpräsident des Königreichs Piemont-Sardinien amtierenden Camillo Cavour sowie der Ehrgeiz Kaiser Napoleons III. brachten für Franz Joseph die erste militärische Katastrophe seiner Regierungszeit. Seit dem Ende des Krimkriegs wurde Österreich in der Italienfrage immer mehr isoliert. Die von Cavour provozierten Debatten über eine österreichische „Interventionspolitik in Italien" auf den Pariser Friedensverhandlungen waren für Österreich bedrohliche Anzeichen einer kommenden Auseinandersetzung in Italien, auf die das Königreich Sardinien-Piemont mit aller Macht zusteuerte. Entscheidend war aber schließlich die immer stärker werdende Abkühlung der Beziehungen zwischen Kaiser Napoleon III. und Franz Joseph und die zunehmende Einflußnahme Cavours auf die Verhältnisse in Italien.

Im Jahre 1858 verübte der Italiener Orsini ein Bombenattentat auf Kaiser Napoleon III. Der Attentäter wollte Napoleon als Eidbrüchigen bestrafen, weil er einstmals, vor Beginn seiner Karriere, dem für die italienische Einheit kämpfenden Geheimbund der Carbonari Treue gelobt hatte. Der Kaiser begriff die Lektion: Im Vogesenort Plombières einigte sich Cavour mit dem französischen Kaiser im Juli 1858 auf einen militärischen Beistandspakt und eine Befreiung Italiens „vom Meer bis zu den Alpen": Das Königreich Lombardo-Venetien sollte an Piemont fallen, während die von Habsburger Nebenlinien

Napoleon III. (1809–1873), Kaiser der Franzosen 1852–1870

und den Bourbonen beherrschten Länder in Mittel- und Süditalien der Dynastie Napoleon versprochen wurden. Die brisanten Passagen der Vereinbarung blieben zunächst geheim, doch die Zeichen, die der französische Kaiser setzte, waren deutlich. Prinz Jérôme Napoleon heiratete die Tochter des Königs Viktor Emanuel, und Napoleon kündigte die Neuordnung Europas auf der Grundlage des Nationalitätenprinzips an. Eine erste Kostprobe dieses neuen Prinzips lieferte er durch die gegen den Widerstand Österreichs erfolgte Zusammenführung der Donaufürstentümer zu einem Nationalstaat Rumänien. In Österreich, Piemont und Frankreich wurde aufgerüstet. Die österreichischen Kriegsvorbereitungen in Italien wurden dadurch behindert, daß die Eisenbahnen in den italienischen Besitzungen aus Geldnot an eine französische Gesellschaft verpachtet waren.

Im völlig unbegründeten Vertrauen auf eine Hilfe Preußens und Englands glaubte Franz Joseph, unter Betonung des Rechtsstandpunktes auftrumpfen zu müssen. Damit spielte er Cavour voll in die Hände, der ja für das Eintreten des 1858 vereinbarten Bündnisfalles einen Angreifer brauchte. Franz Joseph stellte am 19. April 1859 Piemont ein Ultimatum zur Demobilisierung seiner an den österreichischen Grenzen zusammengezogenen Truppen. Cavour konnte das Ultimatum in aller Ruhe ablehnen. Ohne Generalmobilmachung und in der trügerischen Hoffnung auf preußischen Beistand sah sich Franz Joseph plötzlich politisch isoliert und militärisch in Verzug. Preußen war erbost über das eigenmächtige Vorgehen des Kaisers, der glaubte, durch die Entlassung des Ministers Graf Buol die verfahrene Situation retten zu können. Unglücklicherweise kam auch noch ein völliges Versagen der militärischen Seite dazu. Schon allein die Berichterstattung von Oberitalien nach Wien war völlig ungenügend. Zornig rief der Kaiser dem Polizeiminister General Kempen zu, als dieser sich über die Berichterstattung äußerte: „Ja weiß denn ich mehr?“ Am 29. Mai verließ Franz Joseph Wien und begab sich nach Verona, wo sich das Hauptquartier befand. Dort saß General Graf Gyulay, der gegen seinen Willen von Franz Joseph zum Oberbefehlshaber ernannt worden war und der es zum größten Unverständnis aller Beteiligten zuließ, daß sich die piemontesischen und französischen Truppen vereinigen konnten. Am 4. Juni 1859 wurden die österreichischen Truppen bei Magenta geschlagen. Franzosen und Piemontesen zogen in Mailand ein, und die Herrschaft der Habsburger Nebenlinien in der Toskana und Modena brach zusammen. In dieser Lage glaubte Franz Joseph, das Steuer nur noch durch seinen persönlichen Einsatz herumreißen zu können: Er setzte Gyulay ab und übernahm selbst den Oberbefehl.

Die Ereignisse auf dem italienischen Kriegsschauplatz erläuterte der Kaiser seiner in Wien gebliebenen Frau mit großer Detailgenauigkeit. Elisabeth war damals in Wien sicher eine der bestinformierten Personen. Dem unbefangenen Leser drängt sich angesichts der kaiserlichen Berichterstattung der Eindruck auf, daß in dieser Zeit der Kaiser seine Frau als informelle Regentin und Statthalterin und als höchstrangige Vertreterin des kaiserlichen Interesses in Wien betrachtete.

Schon vor der Katastrophe von Magenta konnte sich Elisabeth aufgrund der Schilderungen des Kaisers einen Eindruck vom schwerfälligen und zögerlichen Aufmarsch der österreichischen Truppen in Norditalien machen. Am 31. Mai 1859 berichtete ihr der Kaiser aus Verona die Vorgänge in allen Einzelheiten:

In Treviso, Mestre, Vicenza und hier waren Compagnien aufgestellt, ... Gestern wurden die Vorposten des 7t. Corps von Vercelli aus angegriffen, über das Weitere ist noch keine Meldung da. Garibaldi ist in Lecco am Comersee und die ganze dortige Gegend ist im Aufruhre. Urban, der über 100 Mann im Ganzen verloren hat, sollte gestern mit 11000 Mann wieder von Monza aus vorrücken, ich habe aber noch keine Meldung über das Geschehene. Eben erhalte ich Meldung von Gyulay, daß nach dem gestrigen Angriffe auf unsere Vorposten, die Division Lila in Kobbio vereinigt ist und dadurch das 2t. Corps verstärkt wird ... Nando geht heute Morgen nach Modena, um sich mit dem Herzog zu besprechen, da er sich einbildet, durch Aufrufe an die Toskanischen Truppen, dieselben zur Rückkehr zu ihrer Pflicht zu bewegen ...

Und am Ende des Briefes schreibt er noch: „Ich habe vergessen, Dir zu sagen, daß von dem, über München gekommenen 1t. Corps, die erste Brigade schon hier durch ist und theils bei Urban, theils in Mailand und Bergamo steht ...[68]

Elisabeths Interesse an den Ereignissen war immerhin so groß, daß sie den Kaiser in seinem Hauptquartier in Verona aufsuchen wollte. Am 2. Juni 1859 schrieb Franz Joseph aus Verona, bedankte sich bei Elisabeth für ihre Briefe vom 29. und 30. Mai und lehnte ihre Bitte ab: „Ich kann leider Deinem Wunsche für jetzt nicht entsprechen, so unendlich gerne ich es thäte. In das bewegte Hauptquartiersleben passen keine Frauen, ich kann meiner Armee nicht mit schlechtem Beispiel voran gehen ..." Auf einem gesondertem Blatt beschrieb er dann die weiteren Ereignisse:

Vorgestern war ich beim blessierten General Braum, der auf ist und sich schon recht wohl befindet ... Am Abend kam Clamm hier an, ich besprach mich mit ihm und schickte ihn dann nach Mailand, wo sich sein Corps sammelte, ... Vorgestern war ein sehr hitziges Gefecht an unserem rechten Flügel. Der Feind hatte von Vercelli vorrückend, Palestro besetzt. FML [Feldmarschall-Lieutnant] Zobel griff ihn mit der Division Lila an, konnte aber Palestro nicht nehmen, da der Feind zu stark war. Er wollte einen zweiten Angriff versuchen, welchen aber Gyulay einstellte, um gestern mit starken Kräften anzugreifen ...[69]

Die kritische Phase vor der Schlacht von Magenta schildert der Kaiser am 4. Juni 1859, wobei er – die Ereignisse sollten ihm Recht geben – vor allem den Rückzug der österreichischen Truppen über den Ticino kritisierte:

Unsere Armee ist leider vorgestern und gestern über den Ticino zurückgegangen, da der Feind unseren rechten Flügel umgehen will und in großer Stärke über Novara gegen den Ticino vorgerückt ist. Ich bedauere diese rückgängige Bewegung sehr, da ich sie für unnötig halte. Ich habe FZM [Feldzeugmeisters] Heß vorgestern Abend zur Armee geschickt, wo er gestern früh angekommen ist, und nach seiner letzten Meldung nimmt die Armee heute eine sehr gute Stellung diesseits des Ticino ein, um den Feind, der bei Turbigo, oberhalb von Magenta ziemlich stark über den Ticino gegangen ist, anzugreifen. Gott gebe uns den Sieg ...[70]

Die Schlacht von Magenta, über die der Kaiser am 7. Juni 1859 seiner Frau berichtete, wird von ihm zwar mit allen Verlusten geschildert, aber nicht als entscheidende Niederlage bewertet:

Vorgestern ist unser 2tes und halbes gerade über Deutschland angekommenes 1. Corps unter Clamm bei Magenta von den über den Ticino gekommenen Franzosen sehr stark angegriffen worden. Unsere Truppen, die später noch durch die Division Reischach des 7. und durch das 3. Corps unterstützt wurden, haben wie die Helden gekämpft, mußten aber am späten Abend vor der feindlichen Übermacht weichend Magenta räumen. Den folgenden Morgen ist der Feind von der Brigade Hartung wieder zurückgedrängt worden ... Die Franzosen haben ungeheuer viel verloren, aber auch wir leider ...

Angesichts der schwierigen Lage bat der Kaiser seine Frau in Wien zu bleiben und sich dort auch zu zeigen:

Du mußt auf Deinem Posten ausharren, wo Du mir durch Deine Gegenwart mit den Kindern in dieser so schweren Zeit so viel helfen kannst. Ich bitte Dich, um der Liebe willen, die Du mir geweiht hast, nehme Dich zusammen, zeige Dich manchmal in der Stadt, besuche Anstalten. Du weißt garnicht, wie Du mir dadurch helfen kannst. Das wird die Leute in Wien aufrichten und den guten Geist erhalten, den ich so dringend brauche ...[71]

Am 11. Juni 1859 teilte Franz Joseph dann indirekt seine Absicht mit, Gyulay abzulösen und den Oberbefehl über die Truppen selbst zu übernehmen: „Die Armee ist leider nicht gut geführt worden und Gyulay hat meinen Erwartungen nicht entsprochen. Der Rückzug über den Ticino war unnötig und wäre statt dessen ein Angriff besser gewesen."[72]

Die Übernahme des Oberbefehls durch den Kaiser, der wie sein Gegenspieler Napoleon III. die romantische Absicht hatte, an der Spitze seiner Truppen zu „fechten" und nötigenfalls auch zu sterben, sollte in dieser kritischen Situation die Entschlossenheit signalisieren, den Kampf fortzusetzen. Die Übernahme des Oberbefehls durch den Kaiser erwies sich jedoch als ein schwerer Fehler. Die zur Leitung einer so großen Armee notwendigen theoretischen Kenntnisse und praktischen Erfahrungen fehlten ihm völlig. Insbesondere gab es bei der Befehlsgebung größte Schwierigkeiten. Bis zuletzt ging der Kaiser immer noch von der Unterstützung durch Preußen aus; er vertraute allzusehr auf die markigen Parolen der Presse und des Hofes: „Die Lombardei wird am Rhein verteidigt." Aber die Voraussetzung dazu, nämlich die Übertragung des militärischen Oberbefehls an den Kronprinzen Wilhelm von Preußen, wollte er nicht erfüllen. Noch am 13. Juni 1859 schrieb er an Elisabeth: „Ich habe ziemlich gewisse Nachricht, daß die Preußen endlich am Rhein 200000 Mann aufstellen werden. Kommt etwas spät, ist aber immer gut ..."

Die Mitteilung, daß er sein Hauptquartier in Villafranca aufschlagen will und daß die 2. Armee in Zukunft von Franz Graf Schlick an Stelle von Gyulay geführt werden wird, begleitete er mit dem Hinweis an Elisabeth: „Das alles kannst Du erzählen, denn es wird einen guten Eindruck machen ..."[73] Am 15. Juni 1859 lobte der Kaiser Elisabeths Engagement in Wien: „Auch danke ich Dir innigst für den Eifer, den Du in dem Hilfsvereine für uns entwickelst ..."[74]; und wenig später am 17. Juni 1859:

> Du tust auch so viel Gutes und erfüllst alle meine Wünsche, Gott lohne es Dir. Ich habe schon Nachrichten von Wien, über den vortrefflichen Eindruck, den Dein öfteres Erscheinen macht und wie Du alle Leute ermutigst und stärkest. Fahre, mir zu lieb, so fort, Du hilfst mir dadurch ungeheuer ...[75]

Auch über den Verlauf und die Hintergründe der für Österreich so verhängnisvollen Schlacht von Solferino unterrichtete Franz Joseph Elisabeth sehr genau. Am 24. Juni waren die auf kaiserlichen Befehl über den Mincio vorrückenden österreichischen Truppen unerwartet von der Hauptmacht der bereits formierten französischen Truppen angegriffen worden. Solferino, das vom 5. österreichischen Corps verteidigt wurde, war dabei das Hauptziel der französischen Angriffe. Die piemontesischen Truppen griffen gleichzeitig den rechten Flügel der Österreicher bei S. Martino an:

Gegen 3 Uhr erhielt ich die Meldung von Wimpfen, daß er in seiner linken Flanke immer mehr von feindlicher Übermacht bedroht sei und nicht mehr halten könne. Auch sah ich noch große französische Massen in Reserve stehen, während bei uns schon alle Truppen lange im Feuer waren und viel gelitten hatten. So mußte ich den Befehl zum Rückzuge geben, der bei einem Verluste von 500 Offizieren, die wie die Helden gekämpft hatten, bei einigen Truppen, die ohne Führer waren, ziemlich aufgelöst war ... Das ist die traurige Geschichte eines entsetzlichen Tages, an dem viel geleistet worden ist, aber das Glück uns nicht gelächelt hat. Ich bin um viele Erfahrungen reicher geworden und habe das Gefühl eines geschlagenen Generals kennen gelernt. Die schweren Folgen unseres Unglücks werden noch kommen, aber ich vertraue auf Gott und bin mir keiner Schuld, auch keines Dispositionsfehlers bewußt ...[76]

Man weiß inzwischen, daß nicht nur der überhastete Vormarsch über den Mincio auf die mangelhafte Befehlsgebung des Kaisers, sondern auch der allzu schnelle Rückzug auf seine Empfindlichkeit und Sprunghaftigkeit zurückzuführen sind. „Die furchtbaren Eindrücke, die der Kaiser persönlich auf dem Schlachtfelde empfing und sein mangelhaftes strategisches Urteil, verbunden mit seiner Hinneigung zu überhasteten Entschlüssen, bewogen ihn dazu, vorzeitig den Befehl zum Rückzug zu geben." Franz Joseph hatte die Nerven verloren, dabei hätte er, wie auch Kaiser Napoleon III. später zugab, durch die Heranführung der bereitstehenden Reserven, die Schlüsselstellung von Solferino ohne weiteres erobern können. Die österreichischen Truppen fochten außerordentlich tapfer, doch die kaiserliche Oberleitung und die Fehler der Kommandanten verdarben alles. „Löwen von Eseln geführt" war das Schlagwort, mit dem in Deutschland und Österreich die Schlacht von Solferino kommentiert wurde.[77]

Wie wenig seine Truppen auf die Schlacht vorbereitet waren, gab Franz Joseph der genauer nachfragenden Elisabeth drei Tage nach Solferino zu:

Du irrst, wenn Du glaubst, daß wir am Freitag über den Mincio sind, denn es war Donnerstag, nur die Schlacht war am Freitag, allein wir hatten uns an diesem Tage kein größeres Gefecht erwartet, da wir nach unseren Nachrichten nur die feindliche Avantgarde zu finden glaubten, während der Feind, der in diesem schlechten Lande alles erfährt, schon seine ganze Armee beisammen hatte ...[78]

Elisabeth war in diesem Augenblick wohl realistischer als ihr Gemahl, der noch immer auf eine Wende durch das Eingreifen der preußischen Truppen am Rhein hoffte. Offensichtlich riet Elisabeth in Briefen vom 27. und 28. Juni 1859 dem in Verona weilenden Franz Joseph zu Verhandlungen mit Frankreich, denn dieser antwortete ihr:

Dein politischer Plan enthält sehr gute Ideen, doch muß man jetzt die Hoffnung noch nicht aufgeben, daß Preußen und Deutschland uns doch noch helfen werden und so lange ist an Verhandlungen mit dem Feinde nicht zu denken.[79]

Die Initiative für einen Waffenstillstand, der dann am 11. Juli in Villafranca geschlossen wurde, ging von Napoleon III. aus, dessen Oberbefehl genauso dilettantisch war wie der Franz Josephs und dessen Generäle genauso hilflos agierten wie die auf österreichischer Seite. Napoleon meinte später, daß sein Sieg ein reiner Zufall gewesen sei. Auch er war wie Franz Joseph von den Eindrücken auf den Schlachtfeldern menschlich so tief erschüttert, daß er den Krieg so schnell als möglich beenden wollte. Am 8. Juli schrieb Franz Joseph an Elisabeth, daß Napoleon offensichtlich von einer großen „Waffenstillstands- und Friedenspassion" erfüllt sei und daß er deswegen sehr gegen seinen Willen mit dem „Erzschuft" zum Wohle der Monarchie zusammentreffen müsse. Tatsächlich trafen sich die beiden Streithähne und „Feldherren" am 10. Juli in Villafranca und schlossen Waffenstillstand.

Zwar war in Villafranca, in der sich anschließenden geheimen Korrespondenz und dem anschließenden Friedensvertrag von Zürich im November 1859 zugesichert worden, daß den Habsburger Nebenlinien in Modena und Toskana, die von den eigenen Untertanen verjagt worden waren, die friedliche Rückkehr ermöglicht werden sollte, aber es war bald offensichtlich, daß diese Bestimmung nur auf dem Papier stand. Die armen italienischen Verwandten legten durch ihre bloße Gegenwart in Wien lebendiges Zeugnis vom Niedergang des Hauses Habsburg ab. Als dann im Jahre 1861 auch die bourbonische Herrschaft im Königreich beider Sizilien zu Ende ging und Elisabeths Schwester Marie Sophie nach Rom flüchten mußte, war das Elend in der Verwandtschaft vollkommen. Das Haus Savoyen, das nun 1861 nach der Einverleibung des ehemaligen Habsburger Gebiets das Königreich Italien proklamierte und mit König Viktor Emanuel den ersten italienischen König stellte, galt in Wien als verfehmt.

Um so verärgerter reagierte man dort, als der bayerische König Ludwig II. unter dem Einfluß seines Ministers Lutz 1865 das Königreich Italien anerkannte, obwohl auch die Wittelsbacher mit den vertriebenen Dynastien von Toskana und Modena durch enge verwandtschaftliche Beziehungen verbunden waren. In Bayern hatte man jedoch gute Gründe, auf Österreich keine Rücksicht zu nehmen: Zunächst war man verärgert, weil Österreich das Königreich Griechenland anerkannt hatte, wo nach der Verjagung der Wittelsbacher durch einen Militärputsch 1862 das Haus Glücksburg den Thron bestiegen hatte und zum anderen mußte man in München befürchten, durch die Nichtanerkennung Italiens wirtschaftliche Einbußen zu erleiden. Dies zeigt, daß dynastische und verwandtschaftliche Rücksichtnahmen und legitimistische oder religiöse Argumentationen im Staatskalkül der zweiten Hälfte des 19. Jahrhunderts kaum eine Rolle mehr spielten gegenüber politischen und wirtschaftlichen Erwägungen. Für Elisabeth war es jedoch unverständlich, daß sich ihre bayerische Verwandtschaft so wenig von den verwandtschaftlichen Bindungen beeindrucken ließ.

Ludwig II. (1845–1886), König von Bayern seit 1864

Elisabeth war natürlich vor allem deswegen entrüstet, weil die Münchner Anerkennung die Rechte ihrer Schwester Marie, der vertriebenen Königin von Neapel, tangierte. Sie teilte ihren Unmut dem bayerischen Gesandten in Wien, Graf Fugger, mit. König Ludwig II. schrieb der Kaiserin, nachdem ihn ihre Nachricht erreicht hatte, sie möge ihm „deswegen nicht gram sein", denn es wäre ihm nichts anderes übrig geblieben. Elisabeth antwortete darauf am 11. Dezember 1865 dem bayerischen König:

Lieber Vetter, sei versichert, daß, was immer auch meine Ansichten sind, ich nie Bitterkeit oder Groll gegen Dich hegen würde. Ich kann Dir nicht leugnen, daß gerade von Seiten Bayerns mich die Anerkennung Italiens sehr gewundert hat, denn jedes der vertriebenen Fürstenhäuser zählt Mitglieder der bayrischen königlichen Familie; doch, denke ich, müssen die Gründe, die Dich zu diesem unerklärlichen Schritte bewogen haben, so wichtig sein, daß meine bescheidene Ansicht über Deine Handlung bei den wichtigen Interessen und heiligen Pflichten, die Du zu vertreten hast, gar nicht in Anbetracht kommen kann. Dieses wohl einsehend, bin ich doppelt gerührt über den freundschaftlichen Impuls, der Dir den Brief an mich schreiben ließ, und bitte Dich, was für Verhältnisse auch immer eintreten mögen, überzeugt zu sein von der herzlichen, aufrichtigen Freundschaft, die ich insbesondere für Dich hege ...[80]

Elisabeths Reaktion zeigt uns, daß sie die Verbindung zur bayerischen Familie und zu König Ludwig II. nicht zuletzt auch deswegen aufrechterhielt, um österreichische und Familieninteressen zu wahren oder zumindest zu signalisieren.

Zusammenfassend läßt sich über die ersten Jahre der Kaiserin in Wien sagen, daß sie das Alltagsgeschäft zwar widerwillig betrieb, daß man ihr politische Interessen und Initiativen aber keineswegs abstreiten kann. Dies zeigte sich etwa beim Krieg von 1859. Der Kaiser betrachtete sie in der Zeit des Krieges als seine Stellvertreterin in Wien und unterrichtete sie deswegen über die Ereignisse auf dem italienischen Kriegsschauplatz in allen Einzelheiten. Elisabeth ihrerseits drängte Franz Joseph nach der Niederlage von Solferino in einem „politischen Plan" zu Friedensverhandlungen mit Frankreich. Wie weit Elisabeths Vorschläge tatsächlich Franz Josephs Friedensbereitschaft beeinflußt haben, bleibt fraglich.

Elisabeth: Der Engel Ungarns

Ungarische Heldengeschichte: Die Revolution 1848/49

Für die ersten Jahrzehnte der Regierungszeit Kaiser Franz Josephs war die Lösung der ungarischen Frage von zentraler Bedeutung. Die überragende Stellung Ungarns innerhalb der Monarchie, wie sie sich schließlich unter Franz Joseph herausbildete, drückte der Habsburger Doppelmonarchie ihren entscheidenden Stempel auf. Fraglich ist allerdings, ob diese Bevorzugung der Ungarn die vom Verfall bedrohte Monarchie wider Erwarten lange am Leben gehalten hat oder ob im Gegenteil die Ungarnpolitik des Kaisers der Anfang vom Ende des Habsburger Vielvölkerreichs bedeutete. Jedenfalls ist die in der 2. Hälfte des 19. Jahrhunderts zu beobachtende Entwicklung Ungarns zum quasi unabhängigen Staat innerhalb der Habsburger Monarchie doch ein vergleichsweise erstaunliches Phänomen, ein Phänomen, an dem auch Kaiserin Elisabeth ihren nicht geringen Anteil hat, wie wir noch sehen werden. Erstaunlich ist diese Kraftentfaltung des ungarischen Staates nicht zuletzt auch deswegen, weil die Ungarn nach ihrer Niederwerfung in der Revolution von 1848/49 ihre Stellung innerhalb der Habsburger Monarchie völlig neu aufbauen mußten. Doch ist gerade diese Genese der ungarischen Frage aus der Revolution von 1848/49 immer im Auge zu behalten. Was damals in Ungarn geschah, hatte auch für später politische Bedeutung, und der Mythos vom heldenhaften Freiheitskampf der Ungarn hat auch Elisabeth nicht unbeeinflußt gelassen.

Die Folgen der französischen Februarrevolution hatte die österreichische Monarchie unter allen deutschen Staaten am stärksten erschüttert. Die am 13. März 1848 in Wien ausgebrochene Revolution führte zum Sturz Metternichs. Im Zuge der bürgerlichen Revolutionsbewegung forderte man in allen Ländern der Monarchie den Umbau des Staates – besonders die Beschränkung der Herrscherrechte durch eine Verfassung und ein Parlament, Gleichheit aller vor dem Gesetz und die Gleichberechtigung der in der Monarchie vereinten Nationalitäten. In Ungarn wurde zudem die Forderung nach Selbständigkeit der Länder der Stephanskrone erhoben. Schon am 3. März 1848 verlangte Ludwig von Kossuth, der Führer der ungarischen Opposition im Reichstag von Preßburg, in seiner sogenannten „Taufrede der österreichischen Revolution“ für Ungarn eine moderne Verfassung. Die Wiener Regierung sah sich gezwungen, den „Märzforderungen“ nachzugeben. Am 15. März 1848 versprach Kaiser Ferdinand I. eine liberale Verfassung und berief ein provisorisches Staatsministerium. An die Stelle der Höfämter traten nun Ministerien. Auch in Ungarn bewilligte der Kaiser am 17. März 1848 ein eigenes Ministerium unter Leitung von Ministerpräsident Graf Ludwig Batthyány. Diesem gelang erst am 23. März 1848 die Bildung eines ungarischen Ministeriums, in dem u. a. Fürst Paul Esterházy für Außenpolitik, Ludwig Kossuth für Finanzen, Ferenc Déak für Justiz und Graf Stephan Széchényi für öffentliche Arbeiten zuständig waren.[1] Das Kultus- und Unterrichtsressort stand unter Leitung des Wissenschaftlers und Dichters Baron Jósef Eötvös, Präsident der Ungarischen Akademie der Wissenschaften, mit dem Elisabeth dann in den 60er Jahren viel in Ungarisch korrespondierte. Eötvös durfte der ehrgeizigen Elisabeth auch die ungarischen Briefe korrigieren.

Ferdinand I. (1793–1875), Kaiser von Österreich 1835–1848.

Am 25. April 1848 wurde die nach dem damaligen Minister benannte sogenannte Pillersdorfer-Verfassung verkündet, d. h. sie wurde vom Kaiser einseitig erlassen („oktroyiert"). Sie war die erste österreichische Verfassung und galt nur für die Erbländer, nicht für Ungarn und nicht für die italienischen Gebiete. Ungarn hatte bereits am 11. April 1848 eine eigene Verfassung erhalten.

Am 15. Mai erzwang eine Massenbewegung (die sogenannte Sturmpetition) in Wien die Zurücknahme der oktroyierten Verfassung vom 25. April 1848 und eine Revision des Wahlrechts. Gefordert wurde die Einberufung eines Reichstags mit allgemein, direkt und frei gewählten Abgeordneten. Dieser Reichstag sollte als verfassunggebende Versammlung zunächst eine neue Verfassung beraten und beschließen. In der Nacht vom 15. auf 16. Mai 1848 bewilligte Kaiser Ferdinand diese Forderungen. Mit zunehmender Radikalisierung der politischen Bewegung in Wien verließ die kaiserliche Familie die Stadt.

Die in allen Landesteilen ausgebrochene Revolution wurde schließlich militärisch niedergeworfen. Der am 13. Juni in Prag ausgebrochene Aufstand endete gleich nach dem militärischen Eingreifen des Fürsten Windischgrätz, in Italien brachten die Siege des Feldmarschalls Radetzky über die piemontesischen Truppen bei Custozza am 25. Juli 1848 eine vorläufige Entlastung. Nachdem die Lombardei zurückerobert war, kehrte der Hof am 12. August 1848 nach Wien zurück. Am 6. Oktober kam es jedoch in Wien zu erneuten Aufständen, als die mit den Ungarn sympathisierenden Wiener Arbeiter, Studenten und meuternden Soldaten den Abmarsch der kaiserlichen Truppen gegen die aufständischen Ungarn verhindern wollten. Kriegsminister Theodor Graf Latour wurde von der Menge gelyncht, der Hof floh am 7. Oktober 1848 mit Kaiser Ferdinand nach Olmütz. Der Reichstag wurde am 22. Oktober 1848 nach Kremsier in Mähren verlegt. Erst am 31. Oktober 1848 gelang es Fürst Windischgrätz, Wien zurückzuerobern.

Gleichzeitig mit der Abdankung Kaiser Ferdinands, der nach der Entlassung Metternichs auch von seinen geistigen Fähigkeiten her der Lage nicht mehr gewachsen war, wurde am

2. Dezember 1848 dessen Neffe Franz Joseph I. zum Kaiser ausgerufen.[2] Bezeichnenderweise fand die Zeremonie der Abdankung Ferdinands und der Einsetzung Franz Josephs als Kaiser im sicheren mährischen Olmütz statt.[3] Die trotzigen Ungarn gaben bekannt, daß sie dem Thronwechsel nicht zustimmten, da man sie nicht gefragt habe.

Der junge Kaiser mußte nun vor allem die kritische Lage im revolutionären Ungarn, das mehr und mehr dem Wiener Einfluß entglitt, klären. Im Januar 1849 besetzten österreichische Truppen Ofen und Pest, die Niederwerfung des ungarischen Aufstandes schien nur noch eine Frage der Zeit zu sein. Die habsburgtreuen Abgeordneten hatten um diese Zeit den ungarischen Reichstag bereits verlassen. Die Batthyány-Regierung, die hart gegen Unruhen durchgegriffen hatte, war nun zu Zugeständnissen und zur Übereinkunft mit Wien bereit. Da die europäischen revolutionären Bewegungen jedoch weitgehend besiegt waren und auch in Böhmen, Italien und Österreich Ruhe eingekehrt war, zeigte Wien keine Bereitschaft mehr zu weiteren Verhandlungen mit den Ungarn.[4]

Am 7. März 1849 verfügte die Wiener Regierung unter Militäreinsatz die Aufhebung des Reichstags von Kremsier und gab gleichzeitig eine neue Verfassung bekannt, die den fast republikanischen, vom Reichstag ausgearbeiteten Verfassungsentwurf hinfällig machte. Dieser Verfassungsentwurf begann mit einer revolutionären Bestimmung, die das monarchische Prinzip in Frage stellte: „Alle Macht kommt vom Volke und wird in der Verfassung festgesetzt."[5] Durch die Oktroyierung der neuen zentralistischen Reichsverfassung, die nun für das gesamte österreichische Kaisertum galt, wurde auch die ungarische Verfassung vom 11. April 1848 hinfällig.[6] Nach dem Willen der neuen Verfassung sollte Österreich zusammen mit Ungarn einen von Wien aus regierten Einheitsstaat bilden.[7] Die Verfassung proklamierte die Einheit und Unteilbarkeit der habsburgischen Erbmonarchie und war „ein eiserner Rahmen, der die ganze Monarchie umschloß, der die Völker zu einem gewaltigen Machtgebilde zusammenzwang."[8] Diese oktroyierte Verfassung vom 7. März 1849 bewirkte jedoch, daß es in Ungarn zu erneuten Erhebungen kam. Die Führer dieser revolutionären Bewegung, Ludwig Kossuth und Arthur Görgey, erreichten, daß der ungarische Reichstag nunmehr am 14. April 1849 die Unabhängigkeit Ungarns und die Absetzung des Hauses Habsburg-Lothringen proklamierte. Da Teile des österreichischen Heeres noch in Italien gebunden waren, um den dortigen revolutionären Bewegungen entgegenzutreten, bat Franz Joseph den Zaren Nikolaus I. um Waffenhilfe. Schließlich gelang mit russischer Hilfe am 13. August 1849 bei Világos die militärische Niederwerfung der Ungarn.[9] Die meisten Revolutionäre, wie Ludwig Kossuth, konnten ins Ausland flüchten, doch ergaben sich viele der Ungarn in der Hoffnung auf Begnadigung. Der österreichische General Julius Freiherr von Haynau ließ dreizehn der hochrangigen Militärführer in Arad am 6. Oktober 1849 hinrichten, darunter einen der reichsten ungarischen Magnaten, Ernst Kiß von Ellemer. Am gleichen Tag wurde in Pest auch der ehemalige Ministerpräsident Graf Ludwig Batthyány erhängt. Es half ihm nicht, daß er von der Erzherzogin Sophie hoch ausgezeichnet worden war und als der persönliche Freund des Palatins Erzherzog Stephans galt.[10]

Nach der Niederwerfung des ungarischen Aufstandes ersetzte man das bisher feudale System durch eine Zivil- und Militärbürokratie. Die Nebenländer Kroatien-Slawonien, Siebenbürgen und die Woiwodina – Banat und Batschka – wurden abgetrennt und das restliche Ungarn in fünf Militärdistrikte eingeteilt. Beseitigt wurde ferner die Komitatsverwaltung, die Besetzung der Komitate erfolgte nun durch direkt von Wien ernannte Beamte. Die Magyaren reagierten auf den Wiener Zentralismus mit einer permanenten Opposition, Steuerverweigerung und zivilem Ungehorsam. In den folgenden Jahren war Ungarn eine aufrührerische Provinz, die nur mit starker Militärgewalt niedergehalten werden konnte.[11] In Wiener Hofkreisen rechtfertigte man die Maßnahmen gegen Ungarn mit dem Hinweis, durch ihren „Hochverrat“ von 1848/49 hätten die Ungarn ihre Rechte „verwirkt“.

Der Kaiser läßt mit sich reden: Annäherung

Die Lösung der ungarischen Frage wurde schließlich durch die äußeren Ereignisse, insbesondere durch die zwei verlorenen Kriege von 1859 und 1866 erzwungen.

Im italienisch–französisch–österreichischen Krieg von 1859 standen die ungarischen Emigranten auf der Seite Napoleons III. und Piemont-Sardiniens. Der „maßlos ehrgeizige" Ludwig Kossuth sandte damals an die ungarischen Regimenter, die in Italien kämpften, die Aufforderung zu desertieren. Georg Klapka, ungarischer General im Revolutionskrieg von 1849, bildete unter italienischem Schutz eine „ungarische Legion". Er erließ am 20. Mai 1859 eine Proklamation an die ungarischen Truppenteile innerhalb der österreichischen Armee, in der es u. a. hieß: „Unsere Bitte, unsere Verordnung, Helden, geht dahin, daß Ihr bei einer Begegnung mit einer französischen oder italienischen Truppe nicht säumt, überzutreten und Euch je früher unter die Fahne der das Vaterland rettenden ungarischen Armee in Italien zu scharen." Tatsächlich war die Kampfmoral der ungarischen und natürlich erst recht der italienischen Truppenteile äußerst schlecht. Das Korps des Grafen Clam-Gallas hatte sich bei Magenta und Solferino so schlecht geschlagen, daß man gezwungen war, es in das Innere Österreich zurückzusenden. Von den 15000 Gefangenen des Krieges waren fast alle Ungarn und Italiener.

So war auch die Unzuverlässigkeit der sonst so kampfkräftigen ungarischen Truppen mit ein Grund für Franz Joseph, den Konflikt am 11. Juli 1859 mit dem Präliminarfrieden von Villafranca zu beenden. Der darin besiegelte Verlust des Königreichs der Lombardei war weniger ein wirtschaftlicher Verlust – die italienischen Provinzen waren für die österreichische Monarchie nur ein Zuschußunternehmen –, als vielmehr ein ungeheurer Verlust an politischem Prestige für Franz Joseph und die von ihm gestützte Regierung. Es war konsequent, daß die Niederlage Auswirkungen auf das politischen System in Wien hatte. Doch wie in ähnlichen kritischen Situationen zeigte sich der Kaiser anpassungsfähig: Mit dem Laxenburger Manifest vom 15. Juli 1859 beschritt Franz Joseph den Weg zum Verfassungsstaat.[12]

Mitbestimmend für diese Kehrtwende war auch die schlechte finanzielle Lage der Habsburger Monarchie, die die politische Mitbestimmung des Bürgertums erforderlich machte. Darüber hinaus war es notwendig geworden, die Stellung der Monarchie innerhalb des Deutschen Bundes durch konstitutionelle Elemente zu stärken. Franz Joseph entließ die Vertreter der bisherigen „neoabsolutistischen" Regierungsweise. In Ungarn ersetzte man in diesem Zusammenhang den Militärgouverneur Erzherzog Albrecht durch den einheimischen General Ludwig von Benedek.[13]

Die gesetzliche Bereinigung des alten Systems erfolgte durch das Oktoberdiplom des Jahres 1860 und Februarpatent vom 15. Februar 1861, mit dem Franz Joseph vor allem den altkonservativen Kreisen entgegenkam. Wichtig ist der staatsrechtliche Unterschied, den das Oktoberdiplom zwischen Ungarn und den anderen Königreichen und Ländern machte. Während das absolutistische System in den österreichischen Ländern fortdauerte, setzte man in Ungarn die alte, vor 1848 geltende Verfassung wieder in Kraft. Ungarn hatte damit die eigene politische Verwaltung und die eigene Rechtsprechung zurückgewonnen, außerdem wurde die erneute Berufung des ungarischen Landtags in Aussicht gestellt.

Durch das Februarpatent, das die Bildung eines Reichsrates für die gesamte Monarchie vorsah, wurden auf Druck der altkonservativen Kreise die Zugeständnisse des Oktoberdiploms wieder eingeschränkt. Die Ungarn weigerten sich, den Reichsrat zu beschicken, da sie weiterhin an der im Februarpatent angesprochenen Gleichstellung beider Länder Österreich und Ungarn festhielten. Es sollte Franz Joseph nicht gelingen, die Ungarn für die Idee eines Gesamtstaates zu gewinnen.[14]

Mißtrauen: Der Wiener Hof und die ungarische Frage

Der Widerstand gegen eine ungarnfreundliche Politik des Kaisers ging vor allem von Wiener Hofkreisen aus. Entscheidend war hier der große Einfluß der böhmischen Adeligen, die am

Wiener Hof das Sagen hatten und besonders von Erzherzogin Sophie unterstützt wurden.

Sophie war diesen böhmischen Familien noch immer dankbar für deren loyale Haltung in den Revolutionsjahren von 1848/49, in denen Böhmen im Unterschied zu Ungarn weitgehend von Unruhen verschont blieb. Folglich legte die Erzherzogin größten Wert darauf, daß sich auch Elisabeth den böhmischen Ländern gegenüber dankbar verhielt und die tschechische Sprache erlernte. Allerdings waren die Fortschritte Elisabeths in diesem Punkt nur mäßig.

Im Gegensatz zur böhmischen Aristokratie hatte sich ein großer Teil der ungarischen Aristokratie an der Revolution von 1848/49 beteiligt und sich dadurch bei der Wiener Hofpartei verhaßt gemacht, die durch Erzherzogin Sophie in Wien sowie den ungarischen Militärgouverneur Erzherzog Albrecht repräsentiert wurde. Ungarn war in den Augen des Wiener Hofes auch noch nach 1849 eine aufrührerische Provinz, da die Ungarn konsequent den österreichischen Bestrebungen eines zentralistisch, einheitlich gelenkten Reichsgedankens entgegenwirkten. Franz Joseph war jedoch gewillt, das Eis zu brechen. Schon die politischen Lockerungen anläßlich der kaiserlichen Hochzeit 1854 hatten bei den Magyaren einen positiven Eindruck hinterlassen und gewisse Hoffnungen auf eine politische Annäherung geweckt.[15] Bekannt war bei den Ungarn das gespannte Verhältnis zwischen Erzherzogin Sophie und Elisabeth, ebenso auch Elisabeths Interesse an der Geschichte Ungarns und vor allem ihre Sympathie für die politischen Forderungen der Ungarn. Konsequenterweise knüpften die Ungarn an die Zwistigkeiten in der Wiener Hofburg gewisse Erwartungen.[16]

Elisabeths erste ungarische Triumphe: Die Ungarnreisen

Durch eine Ungarnreise 1857 versuchte Franz Joseph nun, die starre ungarische Abwehrhaltung zu mildern. Anfang Mai fuhr das Kaiserpaar mit den Töchtern Sophie und Gisela mit dem

Schiff von Wien donauabwärts über Preßburg nach Budapest, wo es vom 4. bis 13. Mai. 1857 blieb. Dort gab es zahlreiche Empfänge und Militärparaden. Erstmals seit vielen Jahren wurde wieder ein Hofball gefeiert. Die Begeisterung der Ungarn, für die Franz Joseph seit 1849 als der blutige Unterdrücker der ungarischen Selbständigkeit galt, war jedoch gemäßigt.[17] Immerhin war die alte ungarische Verfassung noch immer aufgehoben und die Revolutionäre von 1848/49 befanden sich noch im Exil, ihre Güter waren beschlagnahmt.

Während des Aufenthaltes des Kaiserpaares in Ungarn verbesserte sich aber zunehmend die Stimmung, vor allem wenn Elisabeth sich in der Öffentlichkeit zeigte. Ihr natürliches Auftreten hat auch hier, wie 1856 in Italien, zur Entspannung der politischen Lage beigetragen. Die Ungarn fühlten sehr bald, daß sie in Elisabeth eine Verbündete hatten. Das seit 1857 in Ungarn entstehende Elisabethbild hatte schließlich zur Folge, daß jede von Wien ausgehende politische Erleichterung auf Elisabeths Einfluß zurückgeführt wurde, während man die negativen Signale aus der Hofburg der Erzherzogin Sophie anlastete.[18] Schon allein die Kleidung des Kaiserpaares gab Anlaß zu dieser in Ungarn dann geläufigen Unterscheidung vom bösen Kaiser und der guten Kaiserin: Während Franz Joseph sehr zum Unwillen der Ungarn die österreichische Marschallsuniform und nicht die eines ungarischen Kavalleriegenerals trug, zeigte sich Elisabeth in einem schönen ungarischen Galakleid mit einem verschnürtem und verziertem Oberteil. Auch ein Kleid in den ungarischen Nationalfarben Rot, Weiß und Grün trug zum Entzücken der begeisterten Ungarn bei.

Trotz dieser erfreulichen Entwicklung im „atmosphärischen Bereich" ging es im politischen Geschäft nur mühsam vorwärts: Franz Joseph mußte den Antrag der Ungarn, man möchte doch ihre alte Verfassung wieder in Kraft setzen, ablehnen, aber immerhin wurde die Rückkehr prominenter Emigranten, die 1849 geflüchtet waren, erleichtert und beschlagnahmte Güter wurden wieder freigegeben.

Nach dem 13. Mai besuchten Elisabeth und Franz Joseph auch die Umgebung Budapests, beispielsweise Jászbéreny und

Debreczin. Dort erhielten sie am 28. Mai die Nachricht, daß das kleine Töchterchen Sophie schwer erkrankt sei. Das Kaiserpaar kehrte daraufhin sofort nach Budapest zurück. Noch in der folgenden Nacht starb die Zweijährige an Ruhr. Das tief getroffene Kaiserpaar brach die Ungarnreise ab und kehrte am 30. Mai nach Laxenburg zurück.

In Wien wurden die Zugeständnisse, die der Kaiser anläßlich dieser Reise an die Ungarn gemacht hatte, sehr kritisch kommentiert. Die Hofkreise beobachteten besonders die Aktivitäten der Kaiserin mit großem Mißtrauen. Dieses stieg um so mehr, als der Kaiser im Zuge der außenpolitischen Entwicklungen Ende der 50er und Anfang der 60er Jahre zu größerer Kompromißbereitschaft gezwungen wurde.

Als das Kaiserpaar 1866 zum zweiten Mal nach Ungarn reiste, kommentierte Franz Joseph die Besorgnisse des Wiener Hofes wie folgt:

Ich höre, daß man in Wien wieder dem gewöhnlichen Bedürfnisse Genüge leistet, sich zu fürchten, und zwar diesmal in der Angst, ich könnte hier Konzessionen machen, ein Ministerium bewilligen etc. Das alles fällt mir natürlich gar nicht ein, aber weil man hier nicht mit der Türe ins Haus fallen kann und ich den rechten Augenblick mit Ruhe abwarte, wo ich meine Meinung erneuert sagen werde, macht man sich in Wien die Emotion, alles für verloren zu halten und wie gewöhnlich zu schimpfen. Gott beschütze einen vor den Wiener Gutgesinnten! Es geht hier langsam, aber es wird gehen, mit Festigkeit einerseits, mit Vertrauen und Freundlichkeit und richtiger Behandlung des ungarischen Charakters andererseits. Sisi ist mir von großer Hilfe durch ihre Höflichkeit, ihren maßhaltenden Takt und ihre gute ungarische Sprache, in welcher die Leute aus schönem Munde manche Ermahnung lieber anhören …[19]

Elisabeth machte in Ungarn ganz im Sinne ihres Mannes Politik. Aus Franz Josephs Schreiben läßt sich herauslesen, daß sie seine politischen Ziele unterstützt und ihm den Rücken freigehalten hat. Indem sie beschwichtigend und versöhnlich auf die Ungarn einwirkte, machte sie auch hier eine erfolgreiche „Politik des Liebreizes". Wie in Italien trug auch in Ungarn Elisabeths Auftreten zur Lockerung der gespannten politischen Lage bei.

In der Folgezeit erbrachte das Engagement der Kaiserin für

Ungarn sichtbare Ergebnisse. Für die oppositionellen Wiener Hofkreise war das noch mehr Anlaß, die ungarischen Einflüsse auf Kaiser und Kaiserin zu beargwöhnen. Beschuldigungen und Verdächtigungen häuften sich. Im Ministerium des Äußeren ging beispielsweise am 28. März 1866 eine Warnung der Polizei ein, in der Ida von Ferenczy, die ungarische Vorleserin Elisabeths, verdächtigt wurde, von den Deputierten der Linken des Landtages gewonnen und bestochen worden zu sein, damit sie ihren Einfluß bei der Kaiserin geltend mache.[20]

Die große Liebe: Elisabeth und die Magyaren

Das erste Interesse Elisabeths für Ungarn wurde, wie erwähnt, von Johann Graf Mailáth, ihrem ungarischen Lehrer in Bayern, geweckt. Er verstand es, Elisabeth die Sonderstellung Ungarns im Verband der Habsburgermonarchie zu vermitteln. Nach der ersten Ungarnreise 1857 hatte dann alles, was mit dem Land und dem Volk der Magyaren zusammenhing, in Elisabeth eine Anhängerin gefunden. Sie befand sich dabei in bester literarischer Gesellschaft. Ihr Lieblingsdichter Heinrich Heine hat in seinem Gedicht „Im Oktober 1859" dem ungarischen Freiheitskampf ein literarisches Denkmal gesetzt. Dort heißt es unter anderem: „Wenn ich den Namen Ungarn hör, Wird mir das deutsche Wams zu enge, Es braust darunter wie ein Meer, Mir ist, als grüßten mich Trompetenklänge!"

Elisabeth hat in den 60er Jahren die politischen Freiheitsbestrebungen Ungarns ebenso überzeugt wie überzeugend verfochten. Und wie bei allen Anliegen, von denen sie sich überzeugt zeigte, war sie auch hier bereit zu kämpfen, soweit es in ihrer Macht stand.[21] Ihr Gedicht „O könnt ich euch den König geben!" spiegelt Elisabeths Verbundenheit mit der ungarischen Nation wider und macht ihre Bereitschaft zur Mitwirkung deutlich:

O Ungarn, geliebtes Ungarnland!
Ich weiß dich in schweren Ketten.
Wie gerne böt ich meine Hand,
Von Sklaverei dich zu retten!

Es starben für Freiheit und Vaterland,
Der hehren Helden nicht wenig.
Könnt knüpfen ich mit euch ein inniges Band,
Euren Söhnen jetzt schenken den König.

Er sollte ein Ungar von echtem Stamm,
Ein Held sein von Stahl und von Erz,
Mit klarem Verstand, ein starker Mann,
Für Ungarn nur schlüge sein Herz.

Frei macht er euch, trotz allem Neid,
Ein stolzfreies Ungarn für ewig!
Und er teile mit allen Freud und Leid,
So soll er sein – euer König![22]

Mit dem Erstarken ihrer ungarischen Interessen geriet Elisabeth notwendigerweise in Gegensatz zu den politischen Anschauungen ihres Mannes. Während Franz Joseph nach 1857, trotz einiger Zugeständnisse an die Ungarn, weiterhin den zentralistischen Völkerstaat vertrat, festigte sich Elisabeths Engagement für die ungarischen Freiheitsbewegungen, womit sie sich de facto für eine dezentrale Politik einsetzte. Die gegensätzlichen Meinungen waren indes kein Anlaß für tiefergehende Auseinandersetzungen. Das Kaiserpaar pflegte seine unterschiedlichen politischen Meinungen an der Tafel oder brieflich ohne Verbissenheit auszutauschen. In den Rücken ist man sich gegenseitig nie gefallen. Die besondere „politische" Rolle Elisabeths im Rahmen der ungarischen Ausgleichsverhandlungen liegt in der „direkten" Beeinflussung des Kaisers, die schließlich zum Erfolg führte. Das Intrigieren und die Einflußnahme auf dritte Personen waren nicht Elisabeths Sache.

Die Ungarn erkannten sehr früh, daß sie in Elisabeth eine mögliche Fürsprecherin für ihre politischen Bestrebungen hatten. Angesichts der herrschenden politischen Hoffnungslosigkeit nach 1849 waren die Ungarn um so mehr von den Aussichten geblendet, die ihnen die Fürsprache der jungen Kaiserin eröffnen konnte. Diese Erwartungen der Ungarn spiegeln sich auch in den Aufzeichnungen des Grafen Stefan Széchényi aus der Zeit seines von 1849 bis 1856 währenden Exils wider: „Zur unsagbaren Freude aller Menschen hat der Kaiser einen weiblichen Engel an seine Seite genommen, und Groß und Klein hat geglaubt, jetzt wird sich sein Herz erweichen und er spricht vielleicht das unter unzähligen Leiden erwartete Wort: Amnestie. Aber er schwieg."[23]

Die erwarteten Zugeständnisse an Ungarn erfolgten jedoch nur schrittweise. Erst mit der Geburt der zweiten Kaisertochter Gisela im Jahre 1856 und dann nach der ersten Ungarnreise des Kaiserpaars im Jahre 1857, zeichnete sich allmählich eine politische Entspannung ab. Interessanterweise wurden alle diese Zugeständnisse an die Ungarn, wie Begnadigungen, die Rückgabe von Gütern früherer Aufständischer oder dergleichen, in der öffentlichen Meinung Elisabeth zugute gehalten.[24]

Seit Anfang der 60er Jahre nahm Elisabeth gegen den Widerstand der Erzherzogin Sophie Sprachunterricht in Ungarisch. Sie lernte mit Ehrgeiz und bewies dabei großes Talent. Am 20. Oktober 1863 schrieb Franz Joseph an seine Mutter: „Sisi macht unglaubliche Fortschritte im Ungarischen."[25] Diese Fortschritte befähigten Elisabeth, bereits im Januar 1866, einer nach Wien gekommenen ungarischen Delegation in freier ungarischer Rede zu antworten:

Seitdem Mich die Vorsehung durch Se. Majestät, Meinen geliebten Gemahl, mit eben so zarten als unlösbaren Banden an das Königreich Ungarn geknüpft hat, war die Wohlfahrt desselben stets der Gegenstand Meiner lebhaftesten Teilnahme. Dieselbe wird noch gesteigert durch die Beweise treuer Anhänglichkeit und herzlicher Huldigung, welche jüngst angesichts des Landes Meinem Erlauchten Gemahle, – heute durch die zum Herzen dringenden Worte Eurer Eminenz Mir gegenüber – einen so begeisterten Ausdruck fanden. Nehmen Sie hierfür Meinen aufrichtigen, innig gefühlten Dank und entbieten Sie Jenen, die Sie hierher gesendet, auch bis dahin Meinen herzlichen Gruß, als es mir gegönnt sein wird, dem Wunsche des Landes entsprechend, an der Seite Meines Erlauchten Gemahls in Ihrer Mitte zu erscheinen.[26]

Beim zweiten Ungarnaufenthalt des Kaiserpaars im Frühjahr 1866 antwortete Elisabeth anläßlich der feierlichen Begrüßung ebenfalls auf Ungarisch und hatte denselben Erfolg wie in Wien. Der britische Generalkonsul in Budapest meldete nach Hause: „Es wäre schwierig, die Wirkung der Rede der Kaiserin mit der kargen Auswahl von Ausdrücken, die für einen offiziellen Bericht geeignet sind, beschreiben zu wollen."[27] Die Rede der Kaiserin war natürlich um so wirkungsvoller, als sie in den Augen der Ungarn die weniger freundliche Begrüßung des Kaisers, der die Hoffnungen der Ungarn bewußt dämpfte, relativierte.[28]

Dieser Ungarnaufenthalt von 1866 hatte bei Elisabeth wiederum eine nachhaltige Wirkung hinterlassen. Nach Wien zurückgekehrt, machte sie deutlich, daß sie ihren diesjährigen Kuraufenthalt nicht wie üblich in Bad Kissingen, sondern im ungarischen Heilbad Füred (heute Balatonfüred) am Plattensee verbringen wolle. Dieses Vorhaben stieß auf einen derart heftigen Widerstand des Kaisers, daß es offensichtlich zu einer größeren Auseinandersetzung kam. Elisabeth reiste verstimmt nach Bayern. Der Vorfall scheint sogar öffentliche Aufmerksamkeit gefunden zu haben und schadete dem Ansehen des Kaiserpaars. Am 22. März 1866 vermerkte Großherzog Karl Friedrich von Sachsen-Weimar diesen Streit zwischen dem kaiserlichen Ehepaar in seinem Tagebuch und kommentierte, daß Elisabeth und Franz Joseph sehr unpopulär seien, die Kaiserin beschäftige sich nur mit ihren Toiletten, interessiere sich für nichts und sei ohne Einfluß.[29]

Nach dem Zustandekommen des Ausgleichs 1867 wurden Elisabeths Ungarnaufenthalte immer zahlreicher und länger. Mit zunehmendem Selbstvertrauen hatte sie sich von der Kritik, die am Wiener Hof geübt wurde, frei gemacht. Bezeichnenderweise kam die jüngste Kaisertochter Marie Valerie am 22. April 1868 auf ungarischem Boden in Schloß Gödöllö zur Welt, das die ungarische Nation 1867 Elisabeth geschenkt hatte. Für die deutschsprachigen und österreichischen Zeitungen wurde diese Bevorzugung Ungarns jedoch zum Ärgernis. Sie beklagten: „daß Elisabeths Welt nur mehr eine rein ungarische sei, daß sie immer diese Sprache spricht, nur mit Damen aus diesem Lande verkehrt und selbst für die kleine Valerie nur Ammen genommen hat, die dem kleinen Königsmädchen ungarische Volkslieder vorzusingen verstehen."[30]

Eine besondere Rolle bei der Entwicklung von Elisabeths Sympathien für Ungarn spielten die ungarischen Menschen und insbesondere der ungarische Adel. Während Elisabeth den hauptsächlich aus Böhmen stammenden Hofadel wenig schätzte, konnte sie sich für die Ritterlichkeit ungarischer

Adeliger begeistern. Der ungarische Adel war zum ersten Mal von Maria Theresia an den Hof geholt worden, und zwar waren es – wie in Böhmen – vor allem die katholischen Adeligen gewesen, die als „Kriegsgewinnler“ meist erst in den Türkenkriegen seit dem 17. Jahrhundert zu Einfluß und Vermögen gekommen waren. Diese „junge“ Adelsschicht hatte in den zurückeroberten, menschenleeren und verwüsteten Gebieten Ungarns und Kroatiens durch kaiserliche Verleihung riesige Ländereien erworben. Dazu gehörten die Andrássy, die Apponyi, die Károlyi, die Batthyány, Pallfy, Pallavicini und allen voran die Esterházy als die Anführer der ungarischen Magnaten.

Das Jahr 1848/49 bedeutete einen enormen Einschnitt im Verhältnis zum Wiener Kaiserhof. Revolution und Gegenrevolution hatten den ungarischen Hochadel schwer getroffen. Um so wichtiger war nun das Engagement der Kaiserin für Ungarn. Elisabeth fand sehr schnell Gefallen an der ungestümen Eigenart des ungarischen Hochadels, der seinen Reichtum vor allem mit weltläufiger Lebensweise, mit liebenswürdiger Grandezza und mit Großzügigkeit bis hin zur Verschwendung verband. Alle deutsche Kleinkrämerei, Sparsamkeit und Pedanterie war diesem Adel fremd. Bedeutsam für Elisabeth war auch die Internationaliät und selbstverständliche Liebe zum alten Europa, die den ungarischen Adel auszeichnete, der besonders enge Verbindungen nach Frankreich und England und zum dortigen Adel pflegte. Die selbstbewußte Haltung der Ungarn, die patriotisch und zugleich kosmopolitisch waren und die darüber hinaus immer unverwechselbare Charaktere waren, machte sie zu Vorbildern, Seelenverwandten und Verbündeten Elisabeths. Elisabeths Bestrebungen, den Wiener Hof „ungarischer“ zu machen, wie die Ernennung von vierzehn ungarischen Palastdamen zeigt, können sicherlich auch darauf zurückgeführt werden. Konsequenterweise wurde das Umfeld der Kaiserin von Jahr zu Jahr ungarischer.

Begegnungen mit „dem ungarischen Menschen“: Ida von Ferenczy

Die wichtigste Person in der Umgebung Elisabeths und zugleich das entscheidende Bindeglied zwischen Elisabeth und Ungarn war ihre sogenannte „Vorleserin“ Ida von Ferenczy. Die Einzelheiten des ersten Zusammentreffens der Kaiserin und ihrer späteren Vorleserin sind bis heute nicht geklärt. Ida von Ferenczy stammte nicht aus dem Hochadel und war eigentlich als Begleiterin für die Kaiserin nicht standesgemäß. Sie war ein eher schüchterner Mensch, aber recht scharfsinnig und hochintelligent, in Geographie, Geschichte und klassischer Philosophie gut gebildet.

Die erste Begegnung zwischen der Kaiserin und Ida von Ferenczy fand im Jahre 1864 statt. Aus der Korrespondenz geht hervor, daß sich die beiden Frauen auf Anhieb sympathisch waren. Im Gegensatz zu den älteren Obersthofmeisterinnen und den anderen Hofbediensteten war Ida von Ferenczy zwei Jahre jünger als Elisabeth. Durch Ida von Ferenczy lernte Elisabeth sowohl die ungarische Sprache als auch die Ungarn selbst besser kennen. Im Laufe der Jahre entwickelte sich eine innige Freundschaft zwischen der Kaiserin und ihrer Vorleserin, eine Freundschaft, die für Elisabeths politische Haltung „kaum hoch genug eingeschätzt werden“ kann, wie Hamann meint.[31] Wie vertraut die beiden bereits nach kurzer Zeit miteinander waren, zeigt uns der Briefwechsel aus dem Jahr 1865. Am 17. Juli schrieb Elisabeth an Ida Ferenczy in ungarischer Sprache aus Kissingen:

> Meine liebe Ida! Ich schreibe wieder, und zwar mitten im Walde, wohin ich vor der entsetzlichen Hitze entfloh. Dein versprochener zweiter Brief ist noch nicht angekommen. Ich bin schon so erregt, endlich etwas zu hören, daß ich es fast nicht aushalten kann. Wenn es Dir in Ungarn so heiß ist wie hier, wirst Du sicherlich viel leiden, besonders in der Puszta, wo selbst der Schatten fehlt. Hier ist ein großer, dichter Wald, ich fahre jeden Morgen aus, nach dem Frisieren, und wo der Wald beginnt, steige ich ab und gehe zu Fuß zu einem schönen Platz, wo sich unter den Bäumen, unter einem kleinen hölzernen Dach ein Tisch und einige Bänke befinden. Ich bleibe dort bis zum Mittagessen, lesend, schreibend oder mit der Dame plaudernd.

Ich lese auch oft laut, zwecks guter Aussprache. Daß sie [die Hofdame] davon kein Wort versteht, kümmert mich nicht. Den Nachmittag verbringe ich ebenso, nur gehe ich etwas mehr spazieren, wenn es anfängt, kühl zu werden.

Und am 18. Juli:

Diesen Morgen erhielt ich Deinen Brief; ich bin sehr glücklich, daß Du in Ordnung bist. Ich ängstige mich also nicht mehr und schaue ruhiger in die Zukunft. Oh, wie freue ich mich auf die Minute, wenn ich Dich wiedersehen werde und Du mir alles erzählen wirst, Wort für Wort, was Du mit Deinem Kálmán sprachst; aber leider ist dieser Zeitpunkt noch recht weit. Dir vergehen die Wochen freilich rascher und angenehmer, Du wirst im Kreise Deiner lieben Familie jede Minute genießen, … Gott mit Dir, liebe Ida … ich verbleibe aber Deine treue Freundin – E.[32]

In den folgenden Jahren wurde Ida Ferenczy eine der wichtigsten Vertrauten der Kaiserin. Endlich hatte sie jemanden gefunden, dem sie sich ganz öffnen konnte, ohne befürchten zu müssen, an die Wiener Hofkamarilla verraten zu werden. Idas Wohnung wurde somit zu einer Art geheimen Postfach. Fortan wanderten viele private Briefe der Kaiserin nicht über die offizielle Korrespondenz, sondern über Idas Adresse.

Ida von Ferenczy war eine Vertraute der ungarischen Liberalen, die für den ungarischen Ausgleich arbeiteten. Hierzu zählten vor allem Andrássy und Deák. Vieles spricht dafür, daß der Einzug der Ungarin Ida von Ferenczy in die Wiener Hofburg auch das politische Engagement Elisabeths für den Ausgleich zwischen Österreich und Ungarn wesentlich beeinflußt hat. Aber nicht, weil der Einfluß der Ungarin auf die Kaiserin so groß war, sondern weil sich Elisabeth für die Bestrebungen der Ungarn interessierte. Elisabeth hat ihre Gesellschafterin als Botschafterin eingesetzt. Fest steht, daß Ida von Ferenczy Nachrichten zwischen der Kaiserin und den ungarischen Politikern vermittelte sowie Treffen zwischen den Parteien organisiert hat.[33]

Ida von Ferenczy war eine begeisterte Anhängerin Deáks. Sie kannte dessen Familie persönlich und war von ihm als Staatsmann überzeugt. Diese Verehrung für den großen Politiker hat sie auf Elisabeth übertragen. Jedenfalls hatte Ida von Ferenczy im Juni 1867 direkt aus Ungarn ein eigenhändig von

Deák unterschriebenes Porträt desselben erhalten und dazu geschrieben: „... im Vertrauen sage ich, dies wünscht Ihre Majestät, man darf es aber nicht erfahren, damit die Zeitungen nicht darüber schreiben, was nicht erlaubt ist."[34] Bis zum Tod der Kaiserin hing dieses Deák-Bild in der Wiener Hofburg über ihrem Bett.

Ida Ferenczy stand bedingungslos hinter Elisabeth. Sie war die einzige Person am Wiener Hof, die in Konflikten ausschließlich zu ihr hielt. Dies wurde ihr dadurch erleichtert, daß sie keine verwandtschaftliche Beziehung zum Hochadel hatte. Sie blieb verschlossen und hielt sich vom Hoftratsch fern, auch über Elisabeths Tod hinaus.[35]

Das Gewissen Ungarns: Ferenc Deák (1803–1876)

Der „Weise der Nation", das „Gewissen Ungarns", wie der Politiker Deák genannt wurde, ein guter Redner und Jurist, war auf dem Reichstag 1839/40 Führer der liberalen Opposition und im Revolutionsjahr 1848 Justizminister der ungarischen Regierung unter Széchényi. In seinem berühmten „Osterartikel"[36] in Pesti Napló veröffentlichte er 1865, kurz vor Franz Josephs Besuch in Ungarn, die ungarischen Forderungen. In diesem Artikel kündete Deák dem durch die Verfassungsänderungen von 1860/61 geschaffenen zentralen Wiener Parlament (Reichsrat) den Kampf an und stellte klar, daß Ungarn niemals eine zentrale Regierung in Wien anerkennen würde. Gleichzeitig betonte er aber, daß Ungarn nicht die Absicht hätte, die Monarchie in Gefahr zu bringen. Man werde sich vielmehr mit dem Kaiser von Österreich in seiner Eigenschaft als ungarischer König über die Verfassung einigen.

Deák, Führer der konservativ-konstitutionellen und damit der stärksten Partei des ungarischen Landtags, hatte bereits 1861 die Annahme einer Landtagsadresse an den Kaiser durchgesetzt. Damit behielt die von ihm geführte sogenannte „Adreßpartei" die Oberhand gegenüber der radikalen „Beschlußpartei", die selbständig handeln wollte und die Verständigung mit Wien ablehnte. Deáks Kompromißbereitschaft und seine diplomatische und rechtliche Argumentation öffneten schließlich den Weg zum Ausgleich. In den Ausgleichsverhandlungen zwischen Österreich und Ungarn 1866/67 war er der von Franz Joseph bevorzugte Ansprechpartner auf der ungarischen Seite.

Elisabeth legt einen Kranz nieder an der Totenbahre von Ferenc Déak, 1876.

Geliebt oder nur geschätzt?
Graf Julius Andrássy (1823–1890)

Graf Julius Andrássy, einer der Rädelsführer der ungarischen Revolution von 1848/49, konnte sich wie Ludwig Kossuth, Graf Kasimir Batthyány und Graf Fedor Karacsay durch Flucht ins Ausland dem von Franz Joseph eigenhändig unterfertigten Todesurteil entziehen.[37] Erst im Jahre 1857 gestattete ihm der Kaiser die Rückkehr nach Ungarn. Entscheidend für seine Amnestierung war die Eheschließung mit Katinka Kendeffy, die aus einer Familie stammte, die durch die Vorgänge der Jahre 1848/49 nicht belastet war. In den Folgejahren hatte sich Andrássy für eine Versöhnung mit Österreich eingesetzt und sich dem verständigungsbereiten Kreis um Deák angeschlossen. Nach dem Ende der neoabsolutistischen Periode wurde er 1861 Abgeordneter des ungarischen Landtags (der sich erst ab 1867 wieder Reichstag nannte). Mitte der 60er Jahre übernahm Andrássy von Deák, der sich aufgrund seines Alters zurückgezogen hatte, die wichtigsten politischen Funktionen. Andrássy besaß gute internationale Beziehungen: In der Zeit seiner Emigration war er mit vielen europäischen Aristokraten und Staatsmännern zusammengekommen und hatte Verbindungen geknüpft, die nun seiner liberalen Partei zugute kamen.

Der Historiker Novotny sieht in Andrássy einen Mann, der „europäisch gedacht hat ... voll von Tücken und Winkelzügen, sehr geschickt, sehr berechnend, energisch und mit bewundernswerter Arbeitskraft – ein Mann von Linie." Andrássy verstand es, jeden Menschen für sich einzunehmen: „den Kaiser, die Kaiserin, Bismarck, die Abgeordneten in den österreichisch-ungarischen Delegationen, die Diplomatie auf dem Berliner Kongreß."[38] Seit 1866 trat er im Sinne einer gemäßigten Richtung für die Verbindung der beiden Reichsteile im Bereich der Außen- und Verteidigungspolitik ein.

Andrássy und Elisabeth begegneten sich erstmals im Januar 1866: Nachdem Franz Joseph auf seiner Ungarnreise 1865 durch seine Zugeständnisse den Ungarn Mut gemacht hatte, reiste eine Delegation des ungarischen Landtages nach Wien. Diese wollte der Kaiserin eine offizielle Einladung nach

Julius Graf Andrássy (1823–1890)

Ungarn überbringen und ihr nachträglich zum Geburtstag gratulieren. Am 8. Januar erwartete die Kaiserin in ungarischer Nationaltracht, begleitet von ihrer Obersthofmeisterin und acht neu ernannten, zumeist ungarischen Palastdamen, die Abordnung im großen Empfangssaal der Hofburg. Im Anschluß an die abendliche Hoftafel fand auch das erste Gespräch zwischen Elisabeth und Andrássy in ungarischer Sprache statt. Nach Andrássy soll Elisabeth u. a. gesagt haben: „Sehen Sie, wenn des Kaisers Angelegenheiten in Italien schlecht gehen, so schmerzt es mich; wenn aber das gleiche in Ungarn der Fall ist, so tötet mich das."[39] Aus diesen Worten konnte Andrássy ableiten, daß er in der Kaiserin eine Fürsprecherin für seine politischen Ziele hatte. Tatsächlich war sie es, die seit 1864 den Kaiser drängte, Ungarn zu besuchen und sich der ungarischen Problematik anzunehmen. Wie weit diese Initiativen Elisabeths auf ihre „Vorleserin" Ida von Ferenczy zurückgehen, die, nach Hamann, „ganze Arbeit" geleistet hatte, sei dahingestellt. Richtig ist wohl, daß sich Elisabeth bei ihr sowohl über Ungarn als auch über Andrássy eingehend informiert hatte. Die politisch interessierte Ida von Ferenczy verfügte ja über umfangreiche persönliche und briefliche Kontakte zu den wichtigsten ungarischen Politikern, wie ihr umfangreicher Briefwechsel mit Deák und Andrássy deutlich macht.

Der zweite ungarische Lehrmeister: Maximilian Falk (1828–1908)

Als Elisabeth nach ihrem Ungarnaufenthalt 1866 wieder nach Österreich zurückkehrte, wollte sie zusätzlich zu ihrer Konversation mit ihrer Vorleserin Ida von Ferenczy wieder regelmäßigen Unterricht in Ungarisch erteilt bekommen. Man empfahl ihr den in Wien ansässigen ungarischen Schriftsteller und Politiker Dr. Maximilian Falk,[40] der zuweilen Artikel für den „Pesti Napló" schrieb.

Falk gewann bald das Vertrauen der Kaiserin, obwohl er „vorbestraft" war. Als Journalist war er 1860 mit den rigiden österreichischen Pressegesetzen in Konflikt geraten und für einige Zeit im Wiener Gefängnis gesessen! Der universal gebildete Falk beschränkte sich nicht nur auf den Sprachunterricht. Er verschaffte Elisabeth auch Lektüre aus den verschiedensten Bereichen, nicht zuletzt auch politische Schriften, die im Reich verboten waren. Falk weitete seinen Unterricht schließlich zur allgemeinen ungarischen Geschichts- und Landeskunde aus.[41] Auch wurden bald aktuelle politische Fragen diskutiert: „... Wir fingen an, hier und da auch von den Tagesereignissen zu sprechen, gingen dann schön langsam auf die Politik überhaupt über, und mit ein paar vorsichtigen Schritten nach vorwärts waren wir bei den ungarischen Angelegenheiten angelangt."[42] An diesen Übungsstunden in ungarischer Sprache und Geschichte und den Debatten über ungarische Politik nahm zuweilen auch Ida von Ferenczy teil. Maximilian Falk war ein reger Befürworter eines Ausgleichs zwischen Österreich und Ungarn. Immer wieder wies er, wie der Historiker Corti berichtet, auf die Gefahr der Revolution hin.[43]

Elisabeths positive Haltung zur Staatsform der Republik, die ihr schon ihr Vater sowie ihr Lehrer Mailáth eingeimpft hatten, dürfte durch die Gespräche mit Falk bestärkt worden sein.

Elisabeth hielt auch nach Beendigung des Unterrichts in den Jahren 1866/67 noch Kontakt zu Falk. Er vermittelte die Verbindung Elisabeths mit dem großen ungarischen Dichter Josef Eötvös. Nach dem Ausgleich kehrte Falk nach Ungarn zurück und machte als Politiker Karriere. Seit 1869 war er Mitglied des ungarischen Abgeordnetenhauses und des Reichsrates und zählte zu den Hauptstützen der liberalen Partei. Sein Geld verdiente er als Journalist und zwar als Chefredakteur der deutschsprachigen Tageszeitung „Pester Loyd". Unter seiner Leitung entwickelte sich das Blatt von 1868 bis 1906 zur besten ungarischen Tageszeitung.

1866: Die Preußen kommen!

Parallel zur Annäherung zwischen Österreich und Ungarn zeichnete sich bereits im März und April 1866 ab, daß ein Krieg zwischen Preußen und Österreich unvermeidlich sein würde. Bismarck strebte eine kleindeutsche, also preußische Lösung der deutschen Frage an. Im April 1866 schloß Preußen einen vor allem gegen Österreich gerichteten Geheimvertrag mit dem Königreich Italien.

Elisabeth wurde nicht nur vom Kaiser über die Ereignisse des Jahres 1866 genau informiert, sondern nahm auch daran lebhaften Anteil. Der drohende Krieg mit Preußen war für sie nicht nur wegen seiner Auswirkungen auf Österreich größter Anlaß zur Sorge, sondern Elisabeth machte sich auch Gedanken über die Haltung und die Zukunft Bayerns: Sie war sich zwar sicher, daß König Ludwig II. von Bayern nicht auf seiten Preußens gegen Österreich kämpfen werde. Sie bezweifelte jedoch, daß der verträumte Wittelsbacher ein guter Bundesgenosse für Österreich sein würde.[44] Auch der österreichische Gesandte in München, Graf Blome, konnte am 28. März 1866 nichts Ermutigendes über den bayerischen König berichten: „Der junge König führt sein indolentes Leben fort und sieht im

Grunde nur den Pianisten Bülow. Er sagt: ‚Ich will keinen Krieg!' und bekümmert sich des weiteren nicht um die Sache."[45] Die Dinge trieben der Entscheidung zu, und auch für Elisabeth war die Spannung fast unerträglich. Am 13. April 1866 schrieb sie ihrer Mutter: „Es ist ein aufreibender Zustand ... wäre fast die traurige Gewißheit noch besser als dieses Hinwarten."[46] Als Ludwig II. am 21. Mai 1866 heimlich in die Schweiz fuhr, um Richard Wagner zu sehen, beklagte sich Elisabeth am 26. Mai 1866: „Ich höre, der König ist wieder weg ... wollte er sich doch ein wenig mehr um die Regierung kümmern, jetzt wo so schlechte Zeiten sind."[47] Der Hauptschuldige an der Zuspitzung der Lage war für Elisabeth der preußische König und sein Ministerpräsident Bismarck. Am 2. Juni 1866, also kurz vor Ausbruch des Krieges, schrieb sie verzweifelt ihrer Mutter: „Es wäre wirklich eine Gnade Gottes, wenn der König von Preußen auf einmal stürbe, da würde viel Unglück erspart werden."[48]

Als schließlich am 15. Juni die Kriegserklärung erging, studierte Elisabeth auch die Zeitungen sehr genau. In einem erneuten Brief an ihre Mutter kritisierte sie die Berichterstattung der Presse:

> Du hast recht, daß einen die Zeitungen noch viel nervöser machen. Die Hauptsachen erfährt man doch darinnen nur hinterher und die meisten Neuigkeiten sind Lügen, viel Geschwätz und Kombinationen, die an dem Gang der Ereignisse nichts ändern. Aber natürlich liest man sie doch immer, schon weil man für nichts anderes jetzt Sinn hat.[49]

Elisabeths kritische Äußerungen zu den Presseberichten sind insofern bedeutungsvoll, als man davon ausgehen kann, daß sie aufgrund ihrer Kontakte mehr wußte, als den Zeitungen zu entnehmen war. Dies zeigen beispielsweise ihre Briefe an den Kronprinzen Rudolf. Am 29. Juni 1866, kurz vor der entscheidenden Schlacht von Königgrätz, schrieb sie ihm: „Papa ... hat eine bewundernswerthe Ruhe und Vertrauen in die Zukunft, obwohl die preußischen Truppen furchtbar stark sind und ihre Zündnadelgewehre einen ungeheuren Erfolg haben ..." Sie beruhigt ihren Sohn mit dem Hinweis, daß die ausführlichen Berichte besser seien, als der Kaiser angenommen habe, allerdings: „… der Verlust ist furchtbar, da die Truppen zu tapfer und hitzig sind, so daß der Feldzeugmeister einen Armeebefehl erließ, sie sollen mit dem Bajonettangriff warten bis die Artillerie mehr gewirkt habe …"[50]

Auch über die Vorgänge an der italienischen Front zeigte sie sich in ihren Briefen an Rudolf bestens unterrichtet:

Die Piemontesen benehmen sich ganz unmenschlich gegen die Gefangenen, sie bringen die Verwundeten, Gemeine wie Officire um, ja sie erhängten sogar einige … Onkel Albrecht droht ihnen mit Repreßalien. Es hat allen Anschein, daß in Italien jetzt einige Zeit Ruhe sein wird, denn die Piemontesen haben genug zu thun, sich von dem Schlag zu erholen. Wenn wir nur mit den Preußen auch schon so weit wären … Morgen oder übermorgen wird aber sicher eine entscheidende Schlacht sein …[51]

Oberst Latour von Thurmburg, der Erzieher ihres Sohnes, erhielt ebenfalls von Elisabeth detaillierte Informationen über den Verlauf der kriegerischen Auseinandersetzungen. Dabei sah sie die verzweifelte Lage der österreichischen Armee durchaus realistisch, etwa wenn sie Latour am 1. Juli 1866, kurz vor der entscheidenden Niederlage von Königgrätz, berichtete:

Die Nordarmee hat durch die letzten Kämpfe furchtbar gelitten, bei 20000 Mann Verlust, fast alle Stabs- und höhere Officire sind aus den Regimentern herausgeschoßen. Auch die Sachsen sind schlecht zugerichtet. Dennoch bleiben aber immer noch Corps intact, trotzdem zieht sich das Hauptquartier mit der Armee zurück, vor der Hand nach Mähren. Sie sehen aus allem dem, daß wir nicht sehr gut dran sind. Der Kaiser ist bewunderungswürdig, immer gleich ruhig und gefaßt; Er erwartet heute Nacht Oberstleutnant Beck aus dem Hauptquartier, der endlich Details bringen wird über das Vorgefallene, nach denen sich die zu ergreifenden Maßregeln richten müßen. – Das sind schlechte Nachrichten, die ich Ihnen gebe, aber man darf den Muth nicht sinken lassen. Teilen Sie Rudolf mit, so viel sie für gut finden …[52]

Trotz des Sieges der österreichischen Südarmee auf den italienischen Schlachtfeldern wurde der Krieg in Böhmen entschieden. Bei Königgrätz erlitt die österreichische Nordarmee am 3. Juli 1866 gegen das preußische Heer eine verlustreiche Niederlage. Der Generaladjutant Graf Crenneville überbrachte dem Kaiser am 3. Juli 1866 die Mitteilung darüber mit dem Wortlaut: „Schlacht bei Königgrätz, die Armee geschlagen, auf der Flucht nach der Festung, in Gefahr, dort eingeschlossen zu werden."[53] Die Kaiserin, in ihrer Abneigung gegen Preußen unnachgiebiger als der Kaiser, schrieb am darauffolgenden Tag an Latour:

Was jetzt geschehen wird, weiß niemand. Gott gebe nur, daß kein Friede geschlossen wird, wir haben nichts mehr zu verlieren, als lieber in Ehren ganz zugrunde gehen. Wie schrecklich es Ihnen und Pálffy sein muß, jetzt in Ischl ruhig auszuhalten, das begreife ich nur zu gut, aber Gott wird es Ihnen lohnen, daß Sie dieses schwere Opfer bringen und das arme Kind nicht verlassen, dessen Zukunft eine so traurige ist. Unser armer Kaiser, er wird wirklich hart geprüft.[54]

In der Zeit der entscheidenden Schlacht um Königgrätz stand die Kaiserin an der Seite des Kaisers. Sie nahm sehr intensiv Anteil an den militärischen und politischen Ereignissen, besuchte Lazarette und sprach den Verwundeten Trost zu. In der Öffentlichkeit fand ihr Einsatz außerordentliche Anerkennung. Auch in dieser Situation zeigte sich Elisabeths enge Verbundenheit mit den Ungarn. In einem Brief an ihre Mutter vom 5. Juli 1866 heißt es:

Wir sind noch wie im Traum, ein Schlag nach dem anderen ... und da soll man noch Gottvertrauen haben! Was jetzt noch alles geschehen wird, habe ich keine Idee ... Das beste ist jetzt, keine Zeit mehr zum Denken zu haben, immer in Bewegung sein. Die Vormittage bringe ich in Spitälern zu, besonders bei den ungarischen Soldaten bin ich gerne. Die armen Kerle haben hier niemanden, der mit ihnen sprechen kann ...[55]

Nach der Niederlage der österreichischen Truppen bei Königgrätz marschierten die preußischen Truppen Richtung Wien. In der Hofburg traf man Vorbereitungen zur Abreise: Kostbare Handschriften der Hofbibliothek und die wertvollsten Schaustücke der Schatzkammer wurden donauabwärts geschafft. Elisabeth begab sich nach Ungarn, wo sie in Pest am 10. Juli zunächst allein und dann am 13. Juli mit ihren Kindern wie einst Maria Theresia begeistert begrüßt wurde. Bismarcks Überlegung, ob er nicht in die Friedensbedingungen die Bürgschaft für die ungarische Konstitution aufnehme solle, rannte offene Türen ein. In Ungarn setzte man lieber auf Elisabeth. Bismarck hatte 1866 mit den revolutionären Exilungarn wegen der Bildung einer ungarischen Legion unter dem Haudegen Klapka Abmachungen getroffen. Tatsächlich traten etwa 1500 Mann in diese ungarische Legion ein, die in Neiße in Oberschlesien den Fahneneid leisteten. Es waren meistens Soldaten des Szegediner Infanterieregimentes. Damals wurde auch eine Proklamation an die in Böhmen kämpfenden ungarischen Truppen erlassen, in der es hieß: „Soldaten, benützt Eure Bajonette nicht, jetzt ist es ruhmvoll und keine Schande, sich gefangennehmen zu lassen." Als dann die ungarische Legion unter dem Titel „königlich preußisches Parteigängerkorps" am 3. August einen Einfall in Ungarn machte, um die Ungarn zum Abfall von Österreich anzustacheln, blieb jedoch alles ruhig.

Bismarck wollte nach den Siegen auf den böhmischen Kriegsschauplätzen keine weitere Demütigung Österreichs. Gegen den Willen seines eigenen Königs und gegen den Willen der preußischen Generalität setzte er es durch, daß mit Österreich ein günstiger Frieden geschlossen wurde. Auch das mögliche Eingreifen Frankreichs bewog Bismarck zu diesem Schritt, denn schon einen Tag nach der Schlacht von Königgrätz hatte Franz Joseph durch seinen Botschafter in Paris, den Fürsten Metternich, um Napoleons Vermittlung gebeten. Er bot ihm dabei die Abtretung Venetiens an. Auch hier war der Kaiser wieder zu spät dran, wiederum mußte er – nun auf dem Schlachtfeld – Machtpositionen preisgeben, die sich schon lang nicht mehr rechneten. Eine Einigung mit Italien über Venetien vor dem Krieg hätte Österreich in Deutschland die Hand frei gehalten. Doch Franz Josephs Haß auf die Italiener und seine Liebe zu Venedig haben ihn diesen Schritt nie tun lassen. Auch gegenüber Deutschland verstellte ihm sein dynastisches Interesse und seine ganz auf Selbstherrschaft ausgerichtete Außenpolitik völlig den Blick auf die Gegebenheiten: Er wollte nicht mit Preußen teilen und da er das Ganze wollte, erhielt er gar nichts. Österreich schied aus Deutschland aus. Die Selbständigkeit der süddeutschen Staaten stand nur noch auf dem Papier, nachdem sich Bismarck durch geheime Militärverträge mit Bayern, Württemberg, Baden und Hessen abgesichert hatte.

Die im Präliminarfrieden von Nikolsburg ausgehandelten Bedingungen waren für Österreich angesichts der Niederlage sehr milde. Franz Joseph konnte auch durchsetzen, daß das sächsische Königshaus und das Königreich Sachsen ungeschmälert erhalten blieben. Sachsen war das einzige Land gewesen, daß seine Bündnispflichten ernst genommen hatte und tapfer und mit großen Verlusten an der Seite Österreichs gefochten hatte. Franz Joseph betrachtete es als eine Frage seiner persönliche Ehre, in diesem Augenblick die sächsischen Verbündeten nicht preiszugeben.

Trotz der relativ milden Friedensbedingungen waren die Folgen des Kriegs für Österreich und für das Selbstbewußtsein des Kaisers schwerwiegend. Wie schon 1859 hatte der Kaiser den 1866er Krieg als Selbstherrscher geführt und mußte nun allein die Verantwortung tragen. Da half es nichts, daß man dem Verlierer von Königgrätz, den einst so sehr geschätzten Benedek, seine Ungnade spüren ließ.

Die Ausgleichsverhandlungen 1866/67: Elisabeths politisches Engagement für Ungarn

Die bedeutsamste Folge des Krieges von 1866 war die Umgestaltung der Verfassung des österreichischen Kaiserreichs, insbesondere der sogenannte Ausgleich mit Ungarn. Dieser Ausgleich, darüber sind sich trotz unterschiedlicher Bewertung die Historiker weitgehend einig, darf als das bedeutendste innenpolitische Ereignis unter der Herrschaft Franz Josephs gelten. Daß dieser Ausgleich nicht zuletzt auch das Werk der Kaiserin Elisabeth war, wird dagegen oft vergessen. Das hängt natürlich vor allem mit der „inoffiziellen" Rolle zusammen, die Elisabeth bei den Ausgleichsverhandlungen gespielt hat und die sich nicht in den Staatsakten niederschlägt. Elisabeths Rolle läßt sich aber dank der aus dieser Zeit erhaltenen Briefe des Kaisers an seine Frau sehr gut rekonstruieren.

Nach dem Vormarsch der preußischen Truppen Richtung

Wien Anfang Juli 1866 verhandelte man im österreichischen Ministerrat am 9. Juli angesichts der drohenden Entscheidungsschlacht um Wien, die der preußische König Wilhelm unbedingt schlagen wollte, über die Abreise des Kaisers nach Budapest. Dieser entschloß sich jedoch in Wien zu bleiben, da er die militärische Lage optimistischer einschätzte als seine Minister: Er war der Meinung, daß die Donaulinie und damit Wien gut zu verteidigen sei. Außerdem hoffte er nach wie vor auf eine Vermittlung, wenn nicht sogar auf ein militärisches Eingreifen des französischen Kaisers Napoleon III. So beschloß er, zunächst einmal Elisabeth nach Ungarn zu schicken: „Fahre mit den Kindern nach Ofen, sei dort mein Anwalt. Halte die Leute so gut als möglich zurück, alles andere wird sich finden!"[56]

Begleitet von Ida von Ferenczy traf Elisabeth am 10. Juli am Bahnhof in Pest ein, wo ihr die Ungarn einen begeisterten Empfang bereiteten. Jetzt sollte Elisabeths Stunde kommen. Die „Sache der Ungarn" gab der jungen Kaiserin „endlich die Aufgabe und das Profilierungsfeld, das sie ersehnte: durch den Einsatz ihrer Person für den Ausgleich mit den Ungarn zu wirken und damit die Monarchie auf eine neue Grundlage zu stellen."[57]

Elisabeth konnte in dieser für das Herrscherhaus so verzweifelten Situation mit der Ritterlichkeit der Ungarn rechnen. Ihre politische Aufgabe war es nicht, die Ungarn um Hilfe zu bitten – die ungarischen Einheiten kämpften nach wie vor auf den böhmischen, österreichischen und italienischen Schlachtfeldern –, sondern sie mußte versuchen, die Ungarn davon abzuhalten, die Schwäche des Kaisers durch die Anmeldung überhöhter Forderungen auszunutzen. Die Haltung der habsburgtreuen Kreise in Ungarn machte Deák deutlich, wenn er meinte: „Ich würde es für eine Feigheit halten, der Kaiserin im Unglück den Rücken zuzuwenden, nachdem wir ihr entgegengingen, als die Angelegenheiten der Dynastie noch gut standen."[58] Andrássy hatte die in Budapest eingetroffene Kaiserin in die Budaer Burg begleitet und ihr eindringlich die Gefahr vor Augen geführt, daß radikale Elemente die jetzige Situation ausnützen könnten. Es sei daher höchste Zeit, die von der Adreßpartei unter Deák geforderten Zugeständnisse zu bewilligen. Nur dadurch könne man Schlimmeres verhindern.

Beunruhigt kehrte Elisabeth am 12. Juli 1866 nach Wien zurück, um dem Kaiser die von Andrássy aufgezeigte politische Situation, die ihr plausibel erschien, zu schildern. Der Kaiser solle Andrássy zum Außenminister machen, um ein Auseinanderbrechen des Reiches zu verhindern. Franz Joseph hatte jedoch zu diesem Zeitpunkt andere außenpolitische Sorgen. Die preußischen Truppen standen vor der Stadt, und er mußte sich entscheiden, ob eine militärische Entscheidung dem Friedensangebot Bismarcks vorzuziehen sei. Elisabeth kehrte nach Budapest zurück, wo sie ein für kaiserliche Verhältnisse sehr bescheidenes Haus, die Villa Kochmeister, in den Budaer Bergen über der Stadt bezog. Hier setzte sie ihre Gespräche mit den ungarischen Politikern, insbesondere mit Andrássy fort, von hier aus versuchte sie, auf Wien einzuwirken: Elisabeth hatte – von Andrássy beeinflußt oder nicht – die innenpolitische Notwendigkeit von Zugeständnissen an Ungarn erkannt. Infolgedessen wandte sie sich in einem ersten Schritt an den ungarischen Hofkanzler Graf Georg von Mailáth in Wien, den sie zu ihrem politischen Botschafter erklärte.

Georg von Mailáth hatte sich während der Revolution 1848/49 ins Privatleben zurückgezogen und galt daher aus österreichischer Sicht als „unbelastet". 1859 war er Mitglied des verstärkten Reichsrats geworden und 1866 wurde er zum ungarischen Hofkanzler in Wien ernannt. Als Präsident der Magnatentafel besaß er auch innerhalb des ungarischen Adels großen Einfluß und galt als einer der wenigen ungarischen Adeligen, die das Vertrauen des Kaisers genossen. So bot sich Mailáth, der im übrigen auch ein großer Verehrer Elisabeths war, als der ideale Vermittler für die Kaiserin an. Es ging ihr nun vor allem darum, daß Graf Moritz Esterházy, der, obwohl selbst ungarischer Herkunft, angeblich als der große Feind der ungarischen Sache am Kaiserhof wirkte, seinen Ministerposten räumte. Sie beschwor Mailáth:

… seien sie mein Stellvertreter beim Kaiser, übernehmen Sie mein Amt, dem Kaiser die Augen zu öffnen über die Gefahr, in die er sich unwiederbringlich stürzt, wenn er noch immer keine Konzessionen an Ungarn machen will … Das Zugeständnis, zu dem ich den Kaiser zu bewegen trachtete, das er mir aber leider noch nicht machte, ist, die jetzigen Regierungsmänner zu entfernen und als Minister des Äußern Gyula Andrássy zu ernennen. Dies wäre eine Konzession an Ungarn, ohne sich durch Nachgeben jetzt zu kompromittieren. Seine Popularität im Lande würde beruhigend und vertrauenserweckend wirken und das Königreich ruhig halten, bis endlich die Verhältnisse erlauben, daß die inneren Zustände geregelt werden … Ist der Kaiser dazu durchaus nicht zu bewegen, so sollte er wenigstens Andrássy zum Minister Ungarns machen … In ihre Hände lege ich nun alles … so gehen Sie wenigstens nicht, ohne den Einfluß des Grafen Esterházy gebrochen zu haben, ohne das Resultat erzielt zu haben, daß der vom Kaiser entfernt ist, dessen wohlgemeinter, aber verderblicher Rat so viel Unglück über uns bringt … Bringen Sie das zuwege, was mir nicht gelungen ist …[59]

Die Antwort Mailáths vom 15. Juli 1866 war ebenso kurz wie ernüchternd: „Der Kaiser sei gewillt, das ungarische Problem zu lösen, aber er wünsche keine einseitigen Lösungen wie 1848 und er wolle den Eindruck vermeiden, unter dem Zwang der Verhältnisse zu handeln."[60]

Die diplomatischen Bemühungen seiner Frau haben Franz Joseph allerdings nicht unbeeindruckt gelassen. Er bevorzugte jedoch als Ansprechpartner auf ungarischer Seite den besonnenen Deák und versuchte, Elisabeth von Andrássy zu trennen. Wohl als Antwort auf einen uns nicht erhaltenen Brief vom 14. Juli 1866 telegraphiert der Kaiser an seine Frau in Ofen: „Habe Deák insgeheim kommen lassen. Lasse dich daher mit Andrássy nicht zu weit ein."[61] Elisabeth wußte, daß sich Deák damals auf dem Land aufhielt und für den Kaiser nicht sofort greifbar war.[62] Daher versuchte sie, ihren Kandidaten Andrássy dem Kaiser noch einmal vorzustellen und sein Mißtrauen zu zerstreuen. Am 15. Juli 1866, nach Erhalt des Telegramms aus Wien, erläuterte sie Franz Joseph in einem für ihre Verhältnisse außerordentlich umfangreichen Schreiben die politische Situation:

Eben komme ich zurück von Königseggs, wo ich eine Unterredung mit Andrássy hatte, natürlich allein. Er sprach seine Ansichten klar und deutlich aus. Ich habe sie verstanden und die Überzeugung gewonnen, daß, wenn Du ihm vertraust, aber ganz, so sind wir, und nicht Ungarn allein, sondern die Monarchie, noch zu retten. Du mußt aber jedenfalls selbst mit ihm reden, und zwar gleich, denn jeder Tag kann die Verhältnisse so gestalten, daß er es am Ende gar nicht mehr übernehmen würde; in so einem Moment gehört auch wirklich viel Aufopferung dazu, es zu tun. Spreche also gleich mit ihm, Du kannst es ohne Rückhalt tun, denn diese Versicherung kann ich Dir geben, Du hast keinen Mann vor Dir, der um jeden Preis eine Rolle spielen will, nach einer Position hascht, im Gegenteil, er stellt eher seine jetzige Stellung, die eine schöne ist, aufs Spiel. Aber wie jeder Ehrenmann, ist auch er bereit, in dem Moment, wo der Staat dem Schiffbruch nahe ist, alles was in seiner Macht steht, zur Rettung beizutragen; was er hat, seinen Verstand, seinen Einfluß im Land wird er Dir zu Füßen legen. Zum letztenmal bitte ich Dich im Namen Rudolfs, versäume den letzten Moment nicht ... Ich habe Andrássy gebeten, Dir die Wahrheit ganz offen zu sagen, Dich von allem in Kenntnis zu setzten, wenn es auch leider nicht erfreulich ist. Ich bitte Dich, telegraphiere mir gleich nach Erhalt meines Briefes, ob Andrássy abends mit dem Zug nach Wien fahren soll. Ich bestelle ihn auf morgen wieder zu Paula [=Paula Königsegg, Obersthofmeisterin der Kaiserin], wo ich ihm dort die Antwort sage. Sagst Du „nein", willst Du in der letzten Stunde nicht einmal mehr einen uneigennützigen Rat hören, dann handelst Du wirklich un( )lich an uns allen. Meiner ferneren B(itten) und S(ekkaturen?) bist Du dann für immer enthoben, dann bleibt mir nichts mehr übrig, als mich mit dem Bewußtsein zu beruhigen, daß ich, was immer auch geschehe, Rudolf einmal ehrlich sagen kann: „Ich habe alles getan, was in meinen Kräften stand, Dein Unglück habe nicht ich am Gewissen ...[63]

In Ungarn weiß man um diese Zeit, daß die Zukunft des Landes nicht zuletzt in der Hand Elisabeths liegt, und man fordert sie zum Eingreifen auf. Ein anonymer Briefschreiber bezeichnet sie als den „irdischen Schutzgeist Ungarns" und meint, der „Friede sei nur zu erreichen, wenn der Monarch die Gesetze von 1848 in voller Ausdehnung wiederherstellt, ein ungarisches Ministerium ernennt und sich zum König von Ungarn krönen läßt."[64]

Beharrlich und fast Stunde für Stunde versuchte nun Elisabeth in dieser entscheidenden Phase, ihren Gatten für Andrássy zu gewinnen. Es wäre aber völlig falsch, diesen energischen Einsatz Elisabeths für Andrássy allein oder überwiegend aus persönlichen Neigungen der Kaiserin heraus zu erklären.

Es ging der Kaiserin dabei weniger um die Person Andrássys, als vielmehr um seine Kompetenz als Politiker, von der Elisabeth auch in späteren Jahren noch überzeugt war. In der Wahl der Mittel war Elisabeth gegenüber ihrem Mann nicht zimperlich. Sie scheute sich nicht, die Emotionen des Kaisers anzusprechen, wenn sie etwa den Untergang der Monarchie beschwor, auf die Zukunft des Kronprinzen verwies und gleichzeitig alle Verantwortung ihrem Gatten übertrug. Franz Joseph gab den Forderungen Elisabeths schließlich nach und billigte Andrássy als Gesprächspartner: Am 16. Juli 1866[65] schickte der Kaiser ein nicht mehr erhaltenes Telegramm an Elisabeth, in dem er ihren Vorschlag akzeptierte. Daher konnte Elisabeth am gleichen Tag Andrássy melden: „Soeben habe ich die Antwort erhalten, daß der Kaiser Sie in Wien erwartet. Über das übrige mündlich heute nachmittag, wieder bei der Gräfin Königsegg."[66] Wir haben hier die entscheidende Wendung in den Verhandlungen zu sehen. Dadurch, daß der Kaiser nun Andrássy als Partner akzeptierte, setzte er auf einen schnellen und mutigen Abschluß der Verhandlungen. Andrássy war der Mann der Tat.

Am 17. Juli 1866, um 5 Uhr früh, beantwortete der Kaiser die beiden Briefe Elisabeths vom 14. und 15. Juli, auf die er jeweils nur mit Telegrammen geantwortet hatte, auch ausführlich in einem Brief. Darin rechtfertigte er seine plötzliche Kehrtwendung von Deák zu Andrássy: „Mir ist es auch lieber, A(ndrássy) zuerst allein sprechen zu können, denn der Alte ist zwar sehr weise, hat aber nie viel Courage gehabt ..."[67] Zu seiner Begegnung mit Andrássy, den er am gleichen Tag treffen wollte, teilte er Elisabeth mit: „Bete recht inbrünstig für mich zu Gott, daß er mich erleuchte, das zu tun, was recht und was meine Pflicht ist. Heute erwarte ich also G. A. Ich werde ihn ruhig anhören und reden lassen und ihn dann fest auf den Zahn fühlen, um zu sehen, ob ich Vertrauen zu ihm fassen kann ..."[68]

Über den Inhalt der Unterredung zwischen dem Kaiser und Andrássy und über das latente Mißtrauen des Kaisers unterrichtet uns ein Brief Franz Josephs an Elisabeth vom 18. Juli 1866:

Von ganzem Herzen danke ich Dir für Deinen lieben, langen und interessanten Brief vom 16., den mir Gyulay Andrássy Gestern übergab, als ich ihn um 12 Uhr empfing. Er war über 1¹/₂ Stunde bei mir, sprach sehr offen und gescheit, entwickelte alle seine Ansichten und bat mich vor Allem, mit dem Alten zu reden. Dieser kommt wohl heute oder morgen und so bat ich Andrássy noch hier zu bleiben. Ich fand ihn übrigens wie früher immer, zu wenig präzis in seinen Absichten und ohne die notwendige Rücksicht auf die übrigen Teile der Monarchie. Er begehrt sehr viel und bietet für den jetzigen, entscheidenden Augenblick zu wenig. In dieser Beziehung spreche ich mit voller Überzeugung aus; er ist ein braver, ehrlicher und höchst begabter Mann, aber ich fürchte, er hat weder die Kraft, noch findet er im Lande die Mittel, um seine jetzigen Absichten durchzuführen und dann wird er nach seiner eigenen konstitutionellen Theorie abtreten und ich bin dann vis a vis der äußersten Linken oder des Belagerungszustandes. Vor Allem muß ich aber noch mit dem Alten reden, dann mit Beiden zusammen, ehe ich einen Entschluß fassen kann.[69]

Noch zögerte Franz Joseph. Die auf ihm lastende Verantwortung für alle Völker seines Reiches machte es ihm schwer, das Heil seines Staates in einer Teilung der Macht zwischen einem ungarischen und einem österreichischen Reichsteil zu sehen. Vor allem die dadurch bewirkte Zurücksetzung der slawischen Bevölkerungsteile ließ sich zwar juristisch begründen, da Böhmen als Teil des Deutschen Reiches mit seinem großen deutschsprachigen Bevölkerungsanteil immer enger an Österreich gebunden war, aber es war vorauszusehen, daß die Bevorzugung Ungarns ihm bei den Tschechen keine Freunde schaffen würde. Franz Joseph mußte daher Andrássys politische Ansichten und Forderungen zunächst wesentlich zurückhaltender aufnehmen als Elisabeth. Er verhandelte am 19. Juli 1866[70] noch mit dem „Alten", dem ebenfalls aus Ungarn nach Wien geeilten Franz Deák. In einem Brief vom 20. Juli 1866 an Elisabeth schilderte der Kaiser seine Eindrücke:

Gestern war um 7 Uhr früh richtig der Alte bei mir und wir sprachen eine Stunde sehr eingehend und offen über alle denkbaren Eventualitäten. Ich habe ihn nie so ruhig, so klar und so aufrichtig gefunden. Viel klarer wie A. und viel mehr der übrigen Monarchie Rechnung tragend. Ich habe aber durch ihn denselben Eindruck erhalten wie durch A. Sie begehren alles im weitesten Sinne und bieten keine sicheren Garantien des Gelingens, sondern nur Hoffnungen und

Wahrscheinlichkeiten und versprechen kein Ausharren im Falle sie ihre Absichten im Land nicht durchsetzen können und von der Linken überflügelt werden und dann wäre ich gegenüber Madarász und Patai etc. oder dem Belagerungszustande. Deák hat mir eine hohe Achtung für seine Ehrlichkeit, Offenheit und dynastische Anhänglichkeit eingeflößt und mich in meiner Überzeugung bestätigt, daß, wenn der unglückliche Krieg nicht dazwischen gekommen wäre, ich mich in nicht zu langer Zeit mit dem Landtage auf dem eingeschlagenen Wege verständigt hätte; allein Mut, Entschlossenheit und Ausdauer im Unglücke ist dem Manne nicht gegeben. Mit A. wollte er durchaus nicht zusammenkommen und um 11 Uhr ist er wieder in aller Stille abgereist. Heute will ich wieder mit A. sprechen, um den Faden der Verhandlungen nicht abreißen zu lassen, da wenn die äußere Situation einmal entschieden ist, mit ihm doch etwas zu machen sein wird ...[71]

Auch nach dem Gespräch mit Deák, den Franz Joseph offensichtlich für den besseren Verhandlungspartner und Politiker hielt, war der Kaiser für die politischen Forderungen der Ungarn nicht zu gewinnen. Er war nicht gewillt, unter dem Druck außenpolitischer Spannungen innenpolitische Zugeständnisse zu machen, die den übrigen Landesteilen der Habsburger Monarchie nicht gerecht werden würden.

Andrássy hoffte, den Kaiser mit dem Hinweis ködern zu können, daß eine Versöhnung mit Ungarn die Verhandlungsposition des Kaisers gegenüber Preußen stärken würde. Doch der Kaiser war davon nicht recht überzeugt und wollte zunächst Zeit gewinnen. Auch Elisabeth, die nun fast jeden Tag einen Brief nach Wien schrieb, versuchte er hinzuhalten. Am 22. Juli 1866 schrieb er ihr:

... und auch in Ungarn muß etwas geschehen. Jetzt, ehe Ruhe ist, dort etwas ändern, würde gar nichts nützen, da A. und D. alles verlangen und nichts sicheres in Aussicht stellen und würde alle Bande der Ordnung und der Administration auflösen und das Land der Anarchie preisgeben. Heute kommt A. zu mir und da werde ich ihn auffordern mit D. zu sprechen und über mehrere wichtige Punkte klar zu werden und bestimmte Ansichten auszusprechen, ohne deren Feststellung die ungarische staatsrechtliche Frage, mit Beziehung auf die andern Teile der Monarchie gar nicht gelöst werden kann. Endlich müssen die Leute sich klar werden, was sie wollen und wie sie es durchführen können, ohne mich bei der ersten Schwierigkeit, auf die sie stoßen würden, sitzen zu lassen ...[72]

Dieser Brief zeigt, daß sich Franz Josephs politische Einstellung noch nicht geändert hatte. Da die Zugeständnisse an Ungarn keine innenpolitische Entspannung garantierten, war er zunächst bestrebt, eine außenpolitische Klärung herbeizuführen. Als sich dann in den nächsten Tagen ein Waffenstillstand mit Preußen abzeichnete, wollte der Kaiser Elisabeths Anwesenheit in Ungarn bald wieder beendet sehen, wobei er vor allem auf ihre Gesundheit hinwies. Am 21. Juli 1866 schlug er vor, daß Elisabeth, wenn die Waffenruhe angenommen sei, mit den Kindern nach Ischl gehen solle, um sich in der dortigen Luft zu erholen, „... denn Deine Gegenwart in Ungarn wäre dann nicht mehr notwendig, da die politische Frage sodann dort in Angriff genommen werden muß und das Land sich beruhigen wird. Ruhe und Gebirgsluft sind Dir am notwendigsten ..."[73]

Mit dem Abschluß der Waffenstillstandsverhandlungen und der dadurch erfolgten weitgehenden Klärung der außenpolitischen Situation, hielt Franz Joseph auch die innenpolitische Mission seiner Gattin für beendet: Am 25. Juli 1866 kündigte er ihr den unmittelbar bevorstehenden Waffenstillstand an, den er sofort telegraphisch nach Ungarn melden wolle, „... denn dann kommt mein Engel vielleicht zu mir, was ein großer Trost für mich wäre ..."[74] Franz Josephs am 28. Juli wiederholte Bitte wurde von Elisabeth schließlich erhört, und sie reiste wieder nach Wien, möglicherweise, um in die entscheidende Phase der Verhandlungen des Kaisers mit Andrássy einzugreifen. Dieser war nämlich am 29. Juli 1866 wieder in der Hofburg erschienen, um den Kaiser über seine Beratungen mit Deák zu unterrichten. Er erklärte, daß sich die Führer der Adreßpartei nach der Ernennung eines ungarischen Ministeriums verpflichten würden, die Anerkennung der gemeinsamen Angelegenheiten im Reichstag durchzusetzen. Dem Kaiser erschien nun aber, nachdem er sich im Vorfrieden von Nikolsburg im Prinzip mit Preußen geeinigt hatte, ein allzu hastiges Vorgehen nicht angezeigt. Auch wollte er auf die Tschechen Rücksicht nehmen, die in diesem Augenblick unter der preußischen Ausplünderung und Besatzung besonders zu leiden hatten. Ein schneller Ausgleich mit Ungarn wäre dort wohl als grobe Undankbarkeit und Rücksichtslosigkeit des Kaisers empfunden worden. Darüber hinaus waren noch nicht alle außenpolitischen Sorgen verschwunden: In Italien wurde noch gekämpft, und auch die Verhandlungen mit Preußen bargen noch mögliche Überraschungen. So hielt er sich gegenüber dem enttäuschten Andrássy bedeckt: „Das werde ich noch sehr durchstudieren und überlegen," meinte er und ließ sich auf keine Zusagen ein.[75]

Die Vorschläge der Ungarn bedeuteten in der Tat einen gewaltigen Umbruch: Sie forderten die Wiederherstellung der Rechte Ungarns als selbständiges Königreich, insbesondere sollte die Verfassung von 1848 wieder in Kraft treten. Statt des nach 1849 besonders von Schwarzenberg geschaffenen Einheitsreichs, sollten nun die zwei Staaten Österreich und Ungarn als völkerrechtliche Einheiten nebeneinander bestehen und nur durch das Band des gemeinsamen Monarchen, durch eine gemeinsame Armee und Außenpolitik verbunden bleiben. Das bedeutete zwei Regierungen, zwei Parlamente und nur eine kleine Anzahl gemeinsamer Minister. Was aber Franz Joseph und seine konservativen Berater und Minister besonders befremden mußte, war die Tatsache, daß hinter diesem Plan nicht nur die liberale Partei in Ungarn unter Deák stand, sondern auch die Deutschliberalen Österreichs. Beide hatten sich, so mußte er vermuten, schon insgeheim geeinigt. Andrássy versuchte ihm zwar immer wieder nahezubringen, daß die Zukunft seines Hauses notwendigerweise von dieser Konstruktion des „Dualismus" abhing, aber was war das für eine Zukunft! Die Macht seines Hauses sollte auf ein politisches Bündnis zweier Nationen aufgebaut sein, oder schlimmer: auf dem Bündnis der zwei liberalen Parteien der beiden Reichshälften! Er konnte sich nicht recht vorstellen, daß ausgerechnet die Ungarn und die liberale Partei in Deutschösterreich die Hauptstützen des Throns sein sollten. Der liberale Adel in Ungarn, die liberalen deutschen Juristen, Professoren, Wissenschaftler, Fabrikbesitzer und jüdischen Zeitungsleute – die Stützen des Throns hatte er sich bisher anders vorgestellt. Das konnte nicht die Lösung sein, auch wenn ihm Andrássy immer wieder vor Augen gestellt hatte, daß seine Macht durch die Zusammenarbeit der liberalen Parteien beider Länder am besten gesichert sei. Franz Joseph schwankte. Noch hatten der Adel um seinen gutmütigen aber politisch unbeholfenen Ministerpräsidenten Graf Richard Belcredi sein Vertrauen, der ihm einzureden versuchte, daß ein Föderalismus mit Berücksichtigung aller Völker, vor allem auch der Slawen, und eine starke Zentralgewalt mit starker Armee und starker Bürokratie allein die Großmacht seines Hauses gewährleisten könnten.

Andrássy setzte in dieser Phase der Verhandlungen seine ganzen Hoffnungen auf Elisabeth, die ihm jedoch am Morgen des 31. Juli nur berichten konnte, daß ihr persönlicher Einsatz für die ungarische Sache vorerst gescheitert sei. Gleichzeitig hatte sie Andrássy aber versichert: „Ich werde weiterarbeiten im Sinne des Rettungsweges ... aber ich hege keine Hoffnung mehr, meine Wirksamkeit von Erfolg gekrönt zu sehen."[76]

Franz Joseph wollte sich auch durch seine „böse und sekkante"[77] Frau nicht unter Druck setzen lassen. Immerhin erreichte sie, daß Andrássy noch einmal vom Kaiser empfangen wurde und eine Denkschrift über die Neugestaltung der Monarchie im Sinne des Dualismus überreichen durfte. Elisabeth gab sich beleidigt und enttäuscht, was auf den Kaiser immer größte Wirkung machte. Sie begab sich nach Ungarn. Erst zum Kaisergeburtstag am 18. August 1866 kam sie kurz nach Wien. Am 19. August befand sie sich schon wieder auf dem Weg nach Ungarn. Doch sie schrieb täglich an Franz Joseph, dessen Aufmerksamkeit nun vor allem durch die Friedensverhandlungen von Prag in Anspruch genommen wurde. „Bei den Friedensverhandlungen dauern die Schwierigkeiten an und wir bringen die verfluchten Preußen noch später aus dem Lande. Es ist zum Verzweifeln," schrieb er am 21. August von Schönbrunn aus nach Budapest. Am 22. August verhandelten Andrássy und Melchior Graf Lónyai in Wien mit der Regierung, und der Kaiser versprach Elisabeth, ihr das Ergebnis der Verhandlungen zu schildern. Am 23. August kam schließlich der Friede von Prag zustande, und der Kaiser hatte nun den Kopf frei, um sich Gedanken über eine neue Richtung in der Innen- und Außenpolitik zu machen. Vor allem konnte er nun nach Ischl gehen, um sich zu erholen. Am 2. September kam auch Elisabeth zurück, folgte dem drängenden Bitten ihres Mannes.

Die Wochen in Ungarn konnte sie nicht vergessen. Dort hatte sie tiefe Eindrücke empfangen: Die Solidarität der Ungarn in schwerer Zeit, die Begegnung mit Andrássy festigten in ihr die Überzeugung, daß die Ausgleichsverhandlungen weitergeführt werden müssen. Im September traf sich das Kaiserpaar in Wien und in Ischl, Briefe sind uns aus diesen letzten Monaten des Jahres 1866 nicht erhalten – es ist nun das von Franz Joseph so herbeigesehnte private Zusammensein, das familiäre Gespräch mit seiner Frau, in dem nun wohl die entscheidenden Weichen gestellt wurden. Der Druck der „sekkanten" Gemahlin auf den liebenden Ehemann war groß. Schriftliche Aufzeichnungen über diesen Entscheidungsprozeß im familiären Kreis gibt es nicht. Der „Selbstherrscher" Franz Joseph beriet sich auch nicht mit seinem Ministerpräsidenten, er pflegte nur die Ergebnisse bekanntzugeben.

Während seines Ischlaufenthalts reifte beim Kaiser der Entschluß, in nächster Zeit die ungarische Frage zu lösen. Dazu brauchte er ein neues Gesicht, einen neuen Außenminister, da der seit Oktober 1864 amtierende Außenminister Graf Alexander Mensdorff-Pouilly zwar ein guter, konservativ und katholisch gesinnter Soldat, aber ein völlig ungeeigneter Politiker war. Mensdorff gehörte zu jenem Typ der gutmütigen, inkompetenten und schwachen Minister, die Franz Joseph um sich zu sammeln pflegte, damit sein „Selbstherrschertum" nicht in Gefahr gerate.

Gegenüber einem von seiner Berufung überzeugten Geist wie Bismarck war ein vornehmer und zurückhaltender „Staatsmann" wie Mensdorff auf verlorenem Posten gestanden. Für Mensdorff hatte die Niederlage von 1866 pikanterweise noch eine familiäre Seite. In Nikolsburg, im Schloß seines Schwiegervaters, Fürst Josef von Dietrichstein, wurde der Waffenstillstand unterzeichnet. Mensdorff erbte nach dem Tode seines Schwiegervaters nicht nur Nikolsburg, sondern auch den Titel eines Fürsten Dietrichstein zu Nikolsburg und trug so bis zu seinem Tode 1871 die Erinnerung an das Scheitern seiner Außenpolitik im Namen.

Der Druck auf den Kaiser, seine Staatsmänner auszutauschen, war groß. Von allen Seiten erhielt er diverse Empfehlungen. Selbst der Gemeinderat von Wien, der seit Jahren als berufener Vertreter des „Zeitgeistes“ seine Stellungnahmen abgab, empfahl dem Kaiser, er möge zur Leitung des Staates Männer berufen, deren Tatkraft und Gesinnung den Völkern Vertrauen einflöße. Der Kaiser antwortete, daß es bei der Feststellung der Reichsverfassung, an der man ja seit Jahrzehnten arbeite, nicht nur auf die Wünsche der Wiener Gemeinderäte, sondern auf die Bedürfnisse des ganzen Reiches ankäme.

Das Jahr 1866 bedeutete im übrigen für Österreich keineswegs eine solche militärische oder politische Katastrophe, wie man gemeinhin lesen kann. Das Heer war auch nach der Niederlage von Königgrätz durchaus noch kampfbereit, und mit Ausnahme des zu verschmerzenden Verlusts Venetiens sahen die Friedensbedingungen keine Landabtretungen vor. Österreich mußte lediglich eine Kriegsentschädigung in Höhe von 22 Millionen Gulden zahlen und schied aus dem Deutschen Bund aus. Doch für Franz Joseph war in der deutschen Frage noch keineswegs das letzte Wort gesprochen: Er konnte hoffen, daß bei einem zukünftigen Konflikt Preußens mit Frankreich die Karten wieder neu gemischt werden würden.

Zunächst galt es, die vordringlichsten innenpolitischen Fragen zu lösen, vor allem die Verhandlungen mit Ungarn zu einem Abschluß zu bringen. In der Abgeschiedenheit von Ischl stellte er die Weichen, und tatsächlich gelang es ihm durch eine für alle überraschende Personalentscheidung, den lähmenden Stillstand zu beseitigen und schließlich doch noch den Wünschen seiner Frau gerecht zu werden. Elisabeth hatte zwar als neuen Außenminister seit einiger Zeit immer wieder Andrássy vorgeschlagen. Doch einen liberalen ungarischen Politiker wie Andrássy, der 1848/49 gegen Österreich gekämpft hatte und der seit Jahren die dualistische Umgestaltung des Reichs betrieb, glaubte er Österreich zu dieser Zeit nicht zumuten zu können. Franz Joseph liebäugelte mit einem anderen Ausländer als Außenminister, mit dem ehemaligen sächsischen Ministerpräsidenten, den Freiherrn Friedrich Ferdinand Beust. Beust, ein erklärter Gegner Bismarcks, dessen

Entfernung aus dem Staatsdienst die Preußen durchgesetzt hatten, war von Franz Joseph schon nach der Niederlage zu geheimen Verhandlungen mit Napoleon III. nach Paris geschickt worden, war also in Wien kein Unbekannter. Außerdem rechnete es Franz Joseph ihm und dem sächsischen Königshaus hoch an, daß Sachsen als einziges der deutschen Länder ohne Wenn und Aber den Österreichern in Böhmen zur Hilfe gekommen war.

Mit Elisabeth besprach Franz Joseph bereits Anfang Oktober die Möglichkeit, Beust zum Außenminister zu machen. Elisabeth scheint zwar den agilen und eitlen Sachsen nicht unbedingt geschätzt zu haben, aber ihre engen dynastischen Verbindungen zum sächsischen Königshaus, wo ja ihre Tante Amalie als Gemahlin des Königs Johann von Sachsen auf dem Thron saß, ließen ihr eine solche Verbindung zu Sachsen sicher nicht unsympathisch erscheinen. Auch ihr Lieblingsbruder „Gackel", Karl Theodor, war mit einer sächsischen Prinzessin verheiratet, und Elisabeth hatte bei der Hochzeit des Bruders im Februar 1865 in Dresden die Sachsen als Freunde des bayerischen und österreichischen Hauses und als Erzfeinde Preußens kennen und schätzen gelernt. Die Absicht des Kaisers, Graf Beust zum neuen Außenminister zu machen, teilte sie am 6. Oktober Graf Andrássy mit, der natürlich etwas säuerlich reagierte. In seinen Aufzeichnungen berichtet er über diese Unterredung: „Was haben Sie für eine Meinung über diesen Mann?" fragte ihn Elisabeth. Andrássy erwiderte: „Ich kann mir nicht denken, daß ein Fremder imstande ist, die Monarchie mit frischem Leben zu erfüllen. Man muß in einem Lande geboren sein und in ihm gelebt haben, um es retten zu können. Nehmen es mir Euer Majestät nicht übel und halten Sie es nicht für unbescheiden, wenn ich die Überzeugung ausspreche, daß in diesem Augenblick nur ich allein helfen kann." Elisabeth soll daraufhin tröstend geantwortet haben: „Wie oft habe ich das schon dem Kaiser gesagt"[78] und versprochen haben, auch weiterhin ihren Einfluß beim Kaiser zugunsten Andrássys geltend zu machen.

Angeblich soll Elisabeth bei dieser Zusammenkunft auch auf ein an sie adressiertes anonymes Schreiben mit kompromittierenden Angaben zu Andrássys Privatleben hingewiesen haben. Natürlich wollte Andrássy wissen, inwieweit sie diesen Verleumdungen Glauben schenke. Elisabeth antwortete: „Wäre das der Fall, so hätte ich es Ihnen nie gesagt, sondern hätte Sie beobachtet, um mich von der Stichhaltigkeit der Anklagen zu überzeugen." Wenn Andrássy diesen Dialog richtig wiedergibt, dann können wir davon ausgehen, daß Elisabeth auch persönliche Dinge mit Andrássy kritisch und distanziert besprochen hat.[79]

Franz Joseph entschied sich nicht für Andrássy, sondern für Beust, den „eitlen und boshaften" Intriganten, wie ihn Bismarck nannte. Am 30. Oktober 1866 löste Beust Mensdorff als Außenminister ab. Beust gelang es, den verschlungenen Knoten der inneren Politik zu lösen. Er stimmte für den Ausgleich mit Ungarn und trat überraschend mit Deák und Andrássy in Verbindung. Er begab sich sogar nach Budapest, um die Verhandlungen zu beschleunigen. Grundlage der Verhandlungen war der vom engeren Ausschuß des ungarischen Landtags erarbeitete Vorschlag. Gleichzeitig gelang es ihm, mit den führenden Männern der liberalen deutschen Verfassungspartei in Wien und Böhmen eine Verständigung zu erzielen. Auch der Widerstand des Ministerpräsidenten Belcredi war bald gebrochen, und so kam es schließlich zur überraschenden Einigung der ungarischen Parteiführer mit der österreichischen Regierung.

Friedrich Ferdinand Graf von Beust (1809–1886).

Mit größter Aufmerksamkeit verfolgte Elisabeth die nun anlaufenden Ausgleichsverhandlungen, die zu Beginn des Jahres 1867 in eine konkrete Phase traten. Am 8. Januar nahm der Kaiser die Neujahrsglückwünsche einer Deputation der beiden Häuser des ungarischen Reichstages entgegen. Auch der Kaiserin wartet man auf, und der Redner lobte Elisabeth für ihr Interesse an der ungarischen Sprache, dem teuersten Schatz des Volkes. Elisabeth dankte in ungarischer Sprache, in der sie gerade in den letzten Monaten bedeutende Fortschritte gemacht hatte. Hauptzweck der ungarischen Deputation war es, die Ausgleichsverhandlungen mit dem Ministerium zum Abschluß zu führen. Hauptverhandlungsführer waren auf seiten des Ministeriums Außenminister Friedrich Graf von Beust und Ministerpräsident Graf Richard Belcredi sowie der ungarische Hofkanzler Mailáth und auf ungarischer Seite Graf Julius Andrássy und Baron Josef Eötvös. Die Deputation kehrte am 14. Januar nach Ungarn zurück, um Franz Deák zu berichten. Dieser schickte dann am 19. Januar Andrássy zurück nach Wien. Elisabeth war nun optimistisch; sie glaubte, daß unter dem Einfluß Beusts die Ausgleichsverhandlungen zu einem guten Ende kommen würden und reiste Ende Januar nach Zürich zu ihrer Schwester Mathilde Gräfin von Trani, die eben eine Tochter zur Welt gebracht hatte. Auch von Zürich aus versuchte Elisabeth, die Verhandlungen anzutreiben. In einem Schreiben vom 31. Januar 1867 beschwor sie ihren Mann noch einmal eindringlich:

> Hoffe bald von Dir hören zu können, daß die ungarische Sache endlich ins reine kam und wir uns bald in Ös-Budavára befinden werden. Wenn Du schreiben wirst, daß wir hingehen, wird mein Herz beruhigt sein, da ich dann weiß, daß das ersehnte Ziel erreicht ist.[80]

Rein äußerlich wurde die neue Richtung, die nun Franz Joseph mit Hilfe von Beust eingeschlagen hatte, auch durch einen Wechsel im Kabinett sichtbar. Graf Richard Belcredi, der in der ungarischen Frage dem Drängen Beusts und des Kaisers nachgeben mußte, wurde auf seinen Wunsch hin entlassen, nachdem es ihm nicht gelungen war, den Ausgleich zu verhindern. Vergeblich hatte er sich darum bemüht, zumindest auch die westliche Reichshälfte föderalistisch zu gestalten, insbesondere Böhmen zu einem größeren Gewicht zu verhelfen. Mit Belcredi, dem Führer der böhmischen Adelsfraktion und ehemaligen Statthalter von Böhmen, endete die kurze Zeit der konservativ-adeligen Verfassungspolitik. Franz Joseph machte, wie so oft in seinem Leben, eine völlige Kehrtwendung. Das

Glück seines Hauses wollte er nun auf liberale Kräfte bauen. Der gekränkte Belcredi verabschiedete sich von der Politik mit düsteren Prophetien und Vorwürfen gegen Elisabeth.[81] An den Kaiser schrieb er: „Ein Konstitutionalismus, der sich von vorneherein nur auf die Herrschaft der Deutschen und Ungarn – der entscheidenden Minderzahl – stützt, wird in Österreich immer nur ein Scheinleben führen." Der Kaiser habe versprochen, „daß vor der definitiven Entscheidung über die Ausgleichsfrage der gleichgewichtige Anspruch der anderen Königreiche und Länder eingeholt werden würde. Ich betrachte es als eine Ehrensache, diesem Versprechen treu zu bleiben und müßte in der Nichterfüllung desselben einen großen politischen Fehler erblicken."[82]

In seinen kurz nach seinem Tode 1902 veröffentlichten Aufzeichnungen bestätigt er, daß es vor allem Elisabeth war, die den Durchbruch in der ungarischen Frage erzielt hätte. Belcredi meinte, Elisabeth hätte den labilen Seelenzustand des Kaisers während der Kriegsmonate dazu benutzt, „um die spezifisch und egoistisch ungarischen Bestrebungen, die sie schon lange, aber bisher erfolglos patronisierte, nun mit noch mehr Nachdruck zu unterstützen."[83] Vor allem warf Belcredi Elisabeth vor, den Kaiser in den Unglücksmonaten nach Königgrätz allein gelassen und unter Druck gesetzt zu haben: „In solchen Momenten schwerer Prüfung von seiner Familie getrennt zu sein, ist für jedermann, namentlich aber für einen Monarchen, dem ein vertrauter Verkehr mit anderen Menschen so sehr erschwert ist, ein qualvoller Zustand. Es hat mir dies, so oft ich zu ihm kam und ihn in den weiten Räumen der Burg vollkommen vereinsamt fand, immer den schmerzlichsten Eindruck gemacht."[84] Belcredi urteilt hier freilich allzusehr vom Standpunkt des entlassenen Ministers aus. Daß Franz Joseph als „Selbstherrscher" die Einsamkeit in der Hofburg zu einem Regierungsprinzip gemacht hat, hätte ihm als Ministerpräsidenten im übrigen nicht entgehen dürfen.

Am 7. Februar 1867 wurde Beust neuer Ministerpräsident, und bezeichnenderweise kam an diesem Tag Franz Deák selbst nach Wien und wurde tags darauf vom Kaiser empfangen. An diesem Tag, den 8. Februar, kehrte auch Elisabeth, von Zürich kommend, nach Wien zurück. Der Ausgleich mit Ungarn ist nun im wesentlichen unter Dach und Fach, auch über die Zusammensetzung eines ungarischen Ministeriums erzielte man eine Einigung. Andrássy wurde zwar nicht an Stelle des aufgerückten Beusts Außenminister, aber immerhin ungarischer Ministerpräsident. Am 7. Februar wurden durch kaiserliche Reskripte der Ausgleich und die Ernennung des ungarischen Ministeriums verkündet. Die ungarische Hofkanzlei sowie die siebenbürgische Hofkanzlei in Wien wurden aufgelöst, Andrássy zum Ministerpräsidenten ernannt und mit der Bildung eines Ministeriums beauftragt. Aus dem ungarischen Landtag wurde nun ein Reichstag. Die Zweiteilung des Reichs war nun auch auf parlamentarischer Ebene durch den Reichsrat in Wien und den ungarischen Reichstag in Budapest manifestiert. Dem ungarischen Reichstag wurden durch ein Handschreiben des Kaisers am 18. Februar 1867 offiziell die Wiederherstellung der Verfassung von 1848 sowie die Bildung eines Ministeriums unter Julius Graf Andrássy bekanntgemacht. In Andrássys Regierung saßen u. a. der Schriftsteller und Philosoph Josef Eötvös, der Justizminister Boldizsar Horváth und als Finanzminister Menyhért Lónyai. Die Regierung vertrat vor allem die Interessen der aristokratischen Großgrundbesitzer, des wohlhabenden und liberalen Teils des Adels und des Großbürgertums. Unterstützt wurde die Regierung durch die Partei Deáks, die im Parlament über eine Zweidrittelmehrheit verfügte. Am 20. Februar ernannte Franz Joseph die von Andrássy vorgeschlagenen Minister. Am 10. März übernahm diese ungarische Regierung die Verwaltung in Ungarn und Siebenbürgen. Ungarn wurde nun nicht mehr von Wien, sondern von Budapest aus regiert.[85]

Nach der Bildung des ungarischen Ministeriums begab sich Franz Joseph am 12. März nach Pest, wo er mit großem Jubel empfangen wurde. Am 13. März nahm er den Eid der ungarischen Minister entgegen. Von Andrássy erfuhr er, daß die ungarische Nation als Zeichen der Aussöhnung mit seinem Herrscher, und damit das Herrscherpaar sich in Ungarn wohlfühle, das Schloß Gödöllö als Landsitz erworben habe. Man hätte sich erinnert, wie die Königin 1866 bei ihren Verwundetenbesuchen die Lage und Umgebung von Gödöllö bewunderte. Elisabeth freute sich über diese Nachricht, konnte den Tag der Krönung kaum erwarten und verdoppelte inzwischen ihre Anstrengungen, ihre ungarischen Sprachkenntnisse zu verbessern. Dabei half ihr vor allem der ungarische Journalist Max Falk, der sie auch mit Literatur versorgte und mit ihr über Politik diskutierte. Dem in Ungarn weilenden Kaiser teilte sie von Wien aus mit:

Mit den Manieren des Falk bin ich sehr zufrieden, hoffe auch, daß ich endlich wirklich Fortschritte machen werde. Brauchst auf ihn nicht eifersüchtig zu sein, er ist das lebendige Bild des echten Juden, aber sehr gescheit und angenehm[86].

Mit Falk zusammen las sie auch die Gedichte des Josef Freiherrn von Eötvös, der nun im Februar 1867 unter Andrássy Kultusminister geworden war. „Schade", meinte sie zu Falk, „daß Eötvös nur so wenig Gedichte gemacht hat." „Gewiß", erwiderte Falk, „aber es gibt eines von ihm, das in der Sammlung nicht enthalten ist, weil es verboten ist."[87] Falk las daraufhin das Revolutionsgedicht „Fahnenträger" vor, das mit der Schlacht von Mohács von 1526 beginnt, bei der die Blüte der ungarischen Nation gegen die Türken fiel, während die Fahne als das Symbol der Freiheit und Unabhängigkeit aufrecht blieb, von der Nation durch die Jahrhunderte hochgehalten wurde und in alle Ewigkeit hochgehalten werden wird. Das beeindruckte Elisabeth. Sie begann eine von Falk vermittelte Korrespondenz mit Eötvös, der ihr wunschgemäß die Briefe verbessert zurücksandte und der sie bis zu seinem Tode 1871 über die ungarische Innenpolitik auf dem laufenden hielt.

Freiherr Josef Eötvös (1813–1871).

Falk, dessen Tätigkeit am Wiener Hof von den konservativen Kreisen natürlich mit größtem Mißtrauen beobachtet wurde, vermittelte der Kaiserin auch die Lektüre der von Bischof Michael Horváth verfaßten Geschichte des Freiheitskampfes in Ungarn. Horváth, der in der revolutionären Regierung von Ludwig Kossuth 1849 Kultusminister gewesen war, erhielt schließlich auf Elisabeths Fürbitte hin seine Begnadigung.

In Ungarn ging es im März 1867 vor allem um die Frage der Annahme des Ausgleichs im ungarischen Reichstag und um die Krönung, die Elisabeth sehr am Herzen lag. Seit dem 20. März diskutierte der ungarische Reichstag die Ausgleichsgesetze. Die „linken" Abgeordneten, die Anhänger Kossuths, beantragten, die Annahme der Gesetze zu verschieben, bis die Krönung erfolgt sei. Sie wollten immer noch die Republik, setzten auf Zeitgewinn, hofften auf das Volk. Elisabeth fürchtete nun um die Krönung und fragte deshalb Franz Joseph in einem Brief vom 21. März:

> Glaubst Du, daß die Krönung stattfindet? Ich fürchte mich sehr, der politische Horizont ist wieder so trüb, daß ich auf das Schlechteste gefaßt bin. Wenn ich mich irren sollte, bitte beruhige mich; meine Quellen sind nur die Zeitungen, doch die zu lesen ist nicht sehr erfreulich, um so dringender ist der Ausgleich mit Ungarn. Gott gebe es, daß er bald zu Stande kommen möge.[88]

Am 8. Mai 1867 fuhr das Herrscherpaar nach Budapest und wurde dort unter unbeschreiblichem Jubel und „Eljen"-Rufen begrüßt. Josef Freiherr von Eötvös, seit 1867 ungarischer Minister für Unterricht und Kultus, kommentierte die Krönung als Besiegelung des Ausgleichs unter Anspielung auf Elisabeth wie folgt: „Drei Jahrhunderte versuchten wir es mit dem Glauben, dann mehrmals mit der Hoffnung, nun blieb nur noch eines übrig, daß die Nation irgendein Mitglied des Erzhauses wirklich aus tiefstem Herzen lieben möge. Nun wir dies erreicht haben, bangt mir vor der Zukunft nicht mehr."[89] Am 11. Mai besuchte das Kaiserpaar das in neuem Glanz erstrahlende Schloß Gödöllö. Während der Kaiser nach Wien zurückkehrte, blieb Elisabeth in Budapest, wo sie sehr aufmerksam die politische Lage verfolgte, insbesondere auch die

Verhandlungen des ungarischen Reichstages. Sie ließ Michael Horváth zu sich kommen und unterhielt sich mit ihm über die Vorgänge der Jahre 1848/49 in Ungarn:

> Ich bin damals noch nicht Mitglied der Dynastie gewesen, als vieles im Namen meines damals so jugendlichen Gemahls getan wurde, was er selbst am meisten bedauert. Wenn es in unserer Macht stünde, wir beide wären die ersten, die Ludwig Batthyány und die Arader Märtyrer wieder zum Leben erwecken würden.[90]

Elisabeth mußte miterleben, wie Kossuth und seine Partei gegen die Ausgleichsgesetze wetterten. Im Parlament verfügte die „äußerste Linke" freilich nur über 20 Abgeordnete. Sie repräsentierten die mit dem Ausgleich unzufriedenen Grundbesitzer, Intellektuellen, Bürger und Bauern. Die Kossuth-Partei hatte in der Bevölkerung eine breite Basis und konnte sich auf demokratische Vereine und vor allem auf die Honvédvereine stützen, in denen die Republik und die völlige Unabhängigkeit proklamiert wurden. Nachdem diese Honvédvereine eine immer radikalere Haltung annahmen, wurden sie schließlich 1867 verboten. Elisabeth war beunruhigt, nachdem sie den offenen Brief des im Pariser Exil weilenden Ludwig Kossuths an Deák gelesen hatte, in dem der Ausgleich verworfen wurde. Doch man versicherte ihr, und dies teilte sie auch am 27. Mai Franz Joseph mit, daß sich Kossuths Ideen überlebt hätten. Die gemäßigte Partei Deáks hatte sich im Parlament durchgesetzt und daran änderte auch Kossuths Agitation nichts.

Am 22. Mai 1867 wurde schließlich der Reichstag mit einer Thronrede des Kaisers eröffnet. Der Kaiser versprach bei diesem Anlaß die Weiterentwicklung der Verfassung, Gesetzesvorlagen über die Ministerverantwortlichkeit und schloß dann mit den Worten: „Werfen wir über die nahe Vergangenheit, welche dem Reiche tiefe Wunden schlug, den Schleier des Vergessens, aber beherzigen wir Hinterlassne ihre Lehren und schöpfen wir die Kraft und den Willen daraus, dem Reiche die Ruhe und Wohlfahrt im Innern, sowie Ansehen und Macht nach außen wiederzugeben. Nicht der geheime Gedanke der Wiedervergeltung sei es, der unsere Schritte leitet ... Dann werden Österreichs Völker, welchem Stamme sie angehören, welche Sprache sie reden, sich um das kaiserliche Banner scharen und dem Worte Meines Ahnen vertrauen: daß Österreich unter des Allmächtigen Schutz dauern und blühen werde bis in die späteste Zeit."[91]

Auch die Drohungen der Linken, die Krönung zu stören, konnten nun nicht mehr die für den 8. Juni 1867 vorgesehenen Feierlichkeiten verhindern.

Mit 257 zu 117 Stimmen bestätigte der ungarische Reichstag am 29. Mai 1867 das Grundgesetz des Ausgleichs. Dieser Ausgleich bestand aus einem Verfassungsgesetz mit 15 Artikeln, von denen vor allem der Artikel XII von Bedeutung war („Über die zwischen den Ländern der ungarischen Krone und den übrigen unter der Regierung S. Maj. stehenden Ländern obwaltenden Verhältnisse von gemeinsamen Interesse und über den Modus ihrer Behandlung"), in dem die von den beiden Reichsteilen gemeinsam zu verwaltenden Angelegenheiten festgelegt waren.

Der Ausgleich zwischen Österreich und Ungarn war ein kompliziertes juristisches Gebilde, über dessen Konstruktion sich die Staatsrechtslehrer noch bis zum Ende der Monarchie stritten. Es handelt sich im wesentlichen um einen völkerrechtlichen Vertrag zwischen zwei Staaten sowie eine Vereinbarung zwischen dem ungarischen Reichstag als Vertreter des ungarischen Volkes und Franz Joseph als König von Ungarn. Daher mußte Franz Joseph nach seiner Krönung zum König von Ungarn die Ausgleichsgesetze auch bestätigen. Ausgehend von der Selbständigkeit der beiden Staaten dies- und jenseits der Leitha (Cisleithanien und Transleithanien), beschrieben Gesetze zunächst die gemeinsamen Angelegenheiten. Aus der als Grundlage anerkannten Pragmatischen Sanktion von 1722/23 wurde die Gemeinsamkeit in der Außenpolitik und im Heereswesen abgeleitet. So gab es einen gemeinsamen Außenminister, einen gemeinsamen Kriegsminister und für die dazu erforderlichen Finanzen einen gemeinsamen Finanzminister. Darüber hinaus wurde vereinbart, daß Zölle, Handelsverträge, Währung und einige Eisenbahnlinien nach gemeinsamen Prinzipien zu behandeln seien. Zur verfassungsmäßigen Kontrolle der gemeinsamen Minister wurden Delegationen geschaffen. Das waren von den Parlamenten beider

Länder bestellte Abordnungen, die gleichzeitig und am selben Ort, aber nicht gemeinsam die Vorlagen der gemeinsamen Minister behandelten. Nur zur Abstimmung traten sie zusammen. Diese Delegationen bestanden aus je 60 Mitgliedern, von den jeweils 40 aus dem Abgeordneten- bzw. Repräsentantenhaus (der österreichischen bzw. ungarischen 2. Kammer) und jeweils 20 aus dem Herren- bzw. Oberhaus (der österreichischen bzw. ungarischen 1. Kammer) stammten. Diese Delegationen (Ausschüsse) berieten abwechselnd in Wien und Budapest. Ferner gab es neben den selbständigen Regierungen ein gemeinsames Ministerium – das Wort Regierung wurde bewußt vermieden.

In § 25 des Gesetzartikels XII war ausgesprochen, daß auch in den übrigen Reichsteilen (also im cisleithanischen = österreichischen Reichsteil) verfassungsmäßige Zustände hergestellt werden sollten. Dies geschah mit der sogenannten Dezemberverfassung vom 21. Dezember 1867. Diese bestand aus mehreren Staatsgrundgesetzen, die unter anderen die allgemeinen Rechte der Staatsbürger, die Ministerverantwortlichkeit und die gerichtliche Kontrolle von Verfassung und Verwaltung regelten. Mit dem Ausgleich wandelte sich das Kaisertum Österreich zur österreichisch-ungarischen Doppelmonarchie. Aus Österreich wurde Österreich-Ungarn, die kaiserliche und königliche („k. und k.") Monarchie des Hauses Habsburg. Das Ergebnis des Ausgleichs zwischen Österreich und Ungarn von 1867 war vor allem die innere Verfassungsmäßigkeit der beiden Länder. Erreicht wurde dieser Schritt zum Verfassungsstaat durch das Zusammenwirken des deutschen liberalen Bürgertums und der ungarischen Unabhängigkeitsbewegung. Auf Kosten der Reichseinheit wurde ein Verfassungsgebäude errichtet, das zwar wegen der politischen Ausgrenzung der slawischen Bevölkerung im Reich starken Anfeindungen ausgesetzt war, das sich aber doch als modern und flexibel erwies und trotz aller Untergangsprophetien noch für Jahrzehnte das Überleben der k. u. k. Monarchie gewährleistete.

Franz Josephs Anteil an diesen politischen Verhandlungen war groß, er ging weit über eine formale Sanktionierung hinaus. Der maßgeblich politische Verhandlungspartner auf ungarischer Seite war vor allem Deák, der Führer der liberalen Adelspartei, der dem ungarischen Staatsrecht verpflichtet war. Er hatte am Haus Habsburg festgehalten und einen Kompromiß mit dem Herrscherhaus gesucht. Sein wichtigster und bedeutendster Helfer war Andrássy, der „Architekt des Ausgleichs".[92] Er wurde 1867 ungarischer Ministerpräsident und in den Jahren von 1871 bis 1879 österreichisch-ungarischer Außenminister.

Nach der Zustimmung des ungarischen Reichstags war der Weg zur Krönung des Kaiserpaars frei. Im Auftrag der ungarischen Magnaten teilte man Franz Joseph mit, daß seine Gemahlin in Abänderung des bisher üblichen Krönungszeremoniells gleichzeitig mit ihm gekrönt werde solle. Da die ungarischen Königinnen bisher immer erst einige Tage nach dem Herrscher gekrönt worden waren, bedeutete diese Änderung eine besondere Auszeichnung für Elisabeth.

Die Krönungsfeierlichkeiten begannen am 6. Juni mit dem Empfang der Mitglieder des Reichstags im Thronsaal der Ofener Burg. Franz Joseph trug dabei ungarische Generalsuniform, Elisabeth ungarische Volkstracht. Auch der Kronprinz erschien in ungarischer Tracht. Die Mitglieder des ungarischen Reichstags hatten die Aufgabe, das Paar offiziell um die Krönung zu bitten. Zugleich beantragte der Reichstag, Andrássy als stellvertretenden Palatin anzuerkennen. Der Palatin hatte traditionsgemäß die Aufgabe, dem vom Primas gesalbten König die Krone aufzusetzen. Der letzte Palatin, Erzherzog Stephan Viktor, war in den Jahren 1848/49 als Liberaler und Freund Ungarns in Wien in Ungnade gefallen, ging ins Exil nach Frankreich und war im Februar 1867 gestorben. Im Reichstag war nach dem Tode des Erzherzogs heftig darüber diskutiert worden, wer sein Nachfolger werden sollte, wer diesen wählen sollte und ob man mit der Krönung bis zur Wahl warten mußte. Man entschied sich für die Wahl eines Vertreters, und nachdem Deák abgelehnt hatte, übertrug man Andrássy dieses Amt. Die Diskussionen im Reichstag zu dieser Frage hatte Elisabeth mit besonderer Aufmerksamkeit verfolgt. Eine Woche vor den Krönungsfeierlichkeiten schrieb sie an den Kaiser:

Mit großem Interesse lese ich täglich die Berichte des Reichstages und die verschiedenen Reden in der Angelegenheit der Palatinus-Frage, und immer mehr sehe ich, daß ich außerordentlich klug bin, obwohl Du meinen vorzüglichen Verstand nicht genug würdigst.[93]

Am 7. Juni war Generalprobe für die Krönung in der Matthiaskirche, und am 8. Juni um 7 Uhr früh bewegte sich der Krönungszug aus dem königlichen Schloß. Die Magnaten Ungarns huldigten dem Kaiserpaar in ihren malerischen Trachten. Der Kaiser auf dem Pferd trug die ungarische Marschallsuniform, und Elisabeth im Nationalkleid mit einer diamantenen Krone auf dem Haupt, saß im achtspännigen Galawagen, flankiert von Leibgardisten auf Schimmeln, mit wehendem Leopardenfell über der Schulter. Die meisten der Kostüme waren teure Neuanfertigungen nach mittelalterlichen Mustern. In der Matthiaskirche hoch über der Donau wurde dann das Herrscherpaar gekrönt. Nach der Salbung durch den Fürstprimas von Ungarn setzte Ministerpräsident Graf Andrássy Franz Joseph I. die Krone des hl. Stephan aufs Haupt und legte ihm den Mantel des hl. Stephans um die Schulter, den vorher nach alter Sitte Elisabeth mit eigener Hand ausgebessert hatte.

Die Stephanskrone hatte für die Ungarn magische Bedeutung. Nur derjenige, der sie besaß, hatte die Macht über Ungarn. Von Kossuth nach dem Scheitern der Revolution noch auf ungarischem Boden an der Donau beim Eisernen Tor vergraben, war sie erst nach vier Jahren mitsamt den anderen Kroninsignien aufgefunden worden. Sie war also zugleich ein Symbol der Revolution, und es war ein später Triumph dieser Revolution, daß die Krönung von einem der ehemaligen Revolutionäre vorgenommen wurde. Weil die Stephanskrone nach alter Tradition den Ungarn vom Papst verliehen worden war, führte Franz Joseph nun den Titel „apostolischer König von Ungarn".

Dann kam die Reihe an Elisabeth. Umrahmt wurden die Feierlichkeiten von einer „Krönungsmesse", die Franz Liszt komponiert hatte. Der zweite Teil der Zeremonie fand ohne Beteiligung Elisabeths statt. Der Kaiser ritt hinüber nach Pest, wo vor der Pfarrkirche die Schwurtribüne aufgebaut war.

Krönung Franz Josephs und Elisabeths am 8. Juni 1867 in der Matthiaskirche zu Ofen.

Hier beschwor er die Verfassung. Anschließend ritt er wieder zurück nach Buda, wo vor der Kettenbrücke der Krönungshügel aus der Erde aller ungarischen Komitate aufgebaut worden war. Franz Joseph galoppierte hinauf, zog das Schwert, schwang es in alle vier Himmelsrichtungen und gelobte, Ungarn vor allen Feinden zu schützen.

Einen Tag nach der Krönung erließ Franz Joseph eine vollständige Amnestie. Außer Kossuth kehrten alle prominenten Revolutionäre der Jahre 1848/49 zurück. Selbst der Führer der berüchtigten „ungarischen Legion", György Klapka, fand nun den Weg nach Ungarn zurück. Noch im Juli 1866 war Klapka als Verbündeter der Preußen mit seiner Legion bis zu den westlichen Karpaten vorgestoßen, ohne allerdings die erwartete Unterstützung im Volke zu finden. Der alte Haudegen, der sich nicht nur im Freiheitskampf 1848/49 hervorgetan hatte, sondern auch an der Seite Garibaldis in Italien gekämpft hatte, lenkte nun ein. Er schloß sich nicht der radikalen Linken um Ludwig Kossuth an, sondern trat der Deák-Partei bei. Auch Istvan Türr, der beim Zug der 1000 gegen das Königreich Neapel unter Garibaldi zum General aufgestiegen war, vergaß seine revolutionäre Vergangenheit, kehrte nach Ungarn zurück und schloß sich der Deák-Partei an.

Als Krönungsgeschenk des ungarischen Volkes erhielt das frisch gekrönte Paar am fünften Tag der Feierlichkeiten je 50000 Golddukaten in kunstvollen silbernen Kassetten. Zur freudigen Überraschung der Ungarn verfügte das Königspaar, daß das Geld den Witwen und Waisen der in der Revolution von 1848/49 gefallenen und hingerichteten ungarischen Revolutionäre sowie den Invaliden zugute kommen sollte. Diese Geste der Versöhnung wurde natürlich allgemein Elisabeth gutgeschrieben.

Ein Opfer der Ungarnpolitik wurde Generaladjutant Graf Crenneville. Er galt als „glühender Magyarenhasser" und berief sich in der Zeit der Ausgleichsverhandlungen zwischen Österreich und Ungarn immer wieder auf die sogenannte „Verwirkungstheorie". Nach seiner Meinung hatten die Ungarn durch ihren Aufstand von 1848/49 alle Verfassungsrechte und Privilegien verwirkt. Infolgedessen geriet er immer mehr in scharfen Gegensatz zu den Versuchen, einen Ausgleich mit Ungarn zu erzielen. Sein wachsender Unmut richtete sich hierbei vor allem gegen Elisabeth und Andrássy, aber auch gegen den Kaiser. So äußerte er sich beispielsweise sehr verärgert über die Absicht Elisabeths, nach den Krönungsfeierlichkeiten vom 8. Juni 1867 einen Ball bei Andrássy zu besuchen, da dieser nach Meinung Crennevilles „ ... vielleicht kein Verräter mehr ist, aber doch eine falsche von Weibern beeinflußte Canaille ..."[94]

Zahlreiche ähnliche ungarnfeindliche Äußerungen Crennevilles, dessen Tagebuch uns überliefert ist, machen seine Gegnerschaft zur kaiserlichen Ausgleichspolitik offenkundig, und es liegt nahe, daß Elisabeth, von der Crenneville geringschätzig nur als „Königin von Ungarn" redete, seine Ablösung betrieben hat. Am 11. Juli 1867 wurde er durch ein kaiserliches Handschreiben seines Amtes enthoben und zum Oberstkämmerer ernannt. Die Generaladjutantur wurde aufgelöst und durch eine Militärkanzlei ersetzt, die in Zukunft als Beratungsorgan des Kaisers zu dienen hatte. Erst durch diese Maßnahme erhielt der Kriegsminister die Stellung eines verantwortlichen Ministers.[95]

Endgültig unter Dach und Fach kam der Ausgleich erst am 26. Dezember 1867 mit der Unterzeichnung des von den Ausgleichsdeputationen erarbeiteten Schlußprotokolls. Dabei ging es vor allem um die Verteilung der Staatsschulden. Daß dabei Ungarn verhältnismäßig gut wegkam, führte nicht nur zu Protesten im Cisleithanischen (Wiener) Reichsrat, sondern war in der Folgezeit angesichts der desolaten Finanzsituation des Gesamtstaates immer wieder ein Anlaß, den Ungarn vorzuwerfen, sie lebten auf Kosten der westlichen Reichshälfte. Die Gesetzgebung des Ausgleichs war jedoch nicht auf Dauer angelegt. „Monarchie auf Kündigung" nannten die Zentralisten in Wien die neue Einrichtung, denn der „Ausgleich" mußte alle zehn Jahre neu verhandelt werden. Das bedeutete, daß vor allem auch das Zollgebiet und die Wirtschaftspolitik der beiden Reichshälften immer wieder aufeinander abgestimmt werden mußten.

Für Kaiser und König Franz Joseph waren nach 1867 die

Grundlinien seiner inneren und äußeren Politik an eine eiserne Vorgabe gebunden: an die Erhaltung und Ausfüllung des Ausgleichswerks. Diese Verpflichtung gegenüber der magyarischen Königsidee bildete quasi den mystischen Bogen, der sein ganzes Herrschaftsgebäude zusammenhielt. Die Kraft der Stephanskrone und der den Ungarn geleistete Eid waren für Franz Joseph so verpflichtend, daß er die sich immer mehr abzeichnende Aberwitzigkeit der magyarischen Großmachtidee nicht mehr einordnen konnte oder wollte. Darin wußte er sich freilich auch mit seiner Frau einig. Als Stütze in seinem Bemühen, das dualistische Regierungssystem aufrechtzuerhalten, dienten ihm in den nächsten 15 Jahren in Ungarn zunächst der Führer der liberalen Partei Koloman Tisza und in der Westhälfte Graf Taaffe. In Ungarn vertraute Franz Joseph auf das von der liberalen Partei unter Franz Deák beherrschte Parlament. Hier gab ihm der Ministerpräsident Andrássy Gelegenheit, sich zum parlamentarischen König auszubilden; durch ihn und am Beispiel des ungarischen Parlaments lernte Franz Joseph die Grundzüge des Parteiwesens. „Franz Joseph hat dem Grafen Andrássy vielleicht nicht immer ganz vertraut. Der ungarische Graf mit dem charakteristischen Zigeunergesicht, der quecksilbrigen Lebendigkeit seines Temperaments, mit dem ihm eigentümlich schlagfertigen Witz und der ihn auszeichnenden Bonhomie des ungarischen Grandseigneurs, war für Franz Joseph gewiß nicht eine jederzeit klar zu durchblickende Persönlichkeit, jedoch muß die Sicherheit und Überlegenheit Andrássys als politischen Geschäftsmannes auf Franz Joseph immer tieferen Eindruck gemacht haben. Er lernte an seinem Ministerpräsidenten vor allem die Entwicklung der inneren ungarischen Politik verstehen."[96]

Elisabeth: „Die schöne Vorsehung" Ungarns

Angesichts der uns erhaltenen Archivalien können wir die Mitwirkung Elisabeths in den entscheidenden Phasen der Ausgleichsverhandlungen vergleichsweise gut belegen. Fest steht, daß ihr Einfluß um vieles größer war, als man bisher gemeinhin annahm. Von einer bloß „wohlwollenden Förderung" der ungarischen Bestrebungen kann keine Rede sein: Elisabeth war in den wichtigen Phasen der Ausgleichsverhandlungen die treibende Kraft! Ihr vor allem ist es zuzuschreiben, daß Graf Andrássy als der entscheidende Verhandlungspartner von Kaiser Franz Joseph und der Regierung akzeptiert wurde. Vor allem macht der Briefwechsel zwischen Kaiser und Kaiserin deutlich, daß Elisabeth nicht nur aufs genaueste in die Ungarn betreffenden Vorgänge eingeweiht war, sondern auch auf wichtige Entscheidungen ihres Gatten Einfluß nahm. Diese Einflußnahme erfolgte – entgegen der landläufigen Vorstellung – auch und gerade im persönlichen Dialog mit dem Kaiser. Von größter Bedeutung ist dabei, daß Franz Joseph das persönliche Gespräch mit seinen politischen Beratern ablehnte. Er fühlte sich zu jeder Zeit als der Selbstherrscher, der die Entscheidungen allein zu treffen hatte. Diese künstliche Isolierung wurde nur in seiner häuslichen Umgebung durchbrochen. Vertrauliche Gespräche hat Franz Joseph eigentlich nur mit seiner Frau geführt. Vor allem aus den Briefen Franz Josephs läßt sich diese privilegierte Stellung Elisabeths erschließen. Daß sich diese Gespräche nicht nur auf private Themen beschränkten, läßt sich ebenfalls aus dem Briefwechsel und aus anderen Quellen entnehmen. Gerade in den 50er und 60er Jahren haben sich Elisabeth und Franz Joseph intensiv auch über politische Themen ausgetauscht.

Elisabeths politischer Einsatz für Ungarn, der sie in den Augen der Ungarn zum „Genius des Landes" (Jókai) und zur „schönen Vorsehung" (Andrássy) machte, war aus ihren politischen Überzeugungen heraus erwachsen. Diese standen völlig im Gegensatz zum politischen Selbstverständnis der Wiener Hofkreise, deren einflußreichste Exponenten ihre Schwiegermutter Erzherzogin Sophie und Erzherzog Albrecht waren. Es wäre allerdings verfehlt anzunehmen, daß Elisabeths Bemühungen in den Jahren 1866 und 1867 lediglich eine Trotzreaktion oder gar nur eine romantische Schwärmerei gewesen sind. Auch wenn ihr steigendes Interesse an der ungarischen Frage und ihre Bevorzugung Ungarns als Aufenthaltsort durch eine gewisse Isolierung am Wiener Hof und durch die Auseinandersetzungen mit der ausgesprochen ungarnfeindlichen Erzherzogin Sophie begünstigt wurden, so war dies doch nicht der entscheidende Beweggrund. Von größter Bedeutung für Elisabeth dürfte vielmehr ihre frühe Begegnung mit Vertretern der ungarischen Nation gewesen sein, und zwar mit solchen, die ihr die Hochachtung vor der Geschichte und den Problemen des Landes vermittelt haben. Da ist zunächst Graf Mailáth zu nennen, aber vor allem Graf Andrássy. Dieser machte sie nicht nur mit den wichtigsten ungarischen Politikern bekannt, sondern er demonstrierte ihr an seiner eigenen Person die Besonderheiten einer abenteuerlichen ungarischen Adelsexistenz. Verstärkt wurde Elisabeths Sympathie für Ungarn noch durch ein sehr persönliches Moment: Ihr Freiheitsstreben, ein Erbteil ihres Vaters, machte sie zu einer natürlichen Verbündeten des ungarischen Magnatentums, der ungarischen republikanischen Revolutionäre von 1848/49 und der liberalen Schichten, die den Ausgleich von 1867 trugen.

Elisabeths direktes oder indirektes politisches Engagement für Ungarn war keineswegs das Produkt einer zeitlich begrenzten Laune, sondern zeichnete sich durch eine erstaunliche Kontinuität und Beharrlichkeit aus. Elisabeth hatte schon in den 50er Jahren die Ungarn, als diese noch in strikter Opposition zum Wiener Hof standen, zu einer Annäherung ermuntert. Dabei haben einige ungarische Persönlichkeiten aus ihrer engsten Umgebung eine wichtige Vermittlerrolle eingenommen. Vor allem ist hier Elisabeths engste Vertraute, die „Vorleserin" Ida von Ferenczy zu nennen. Diese hat als überzeugte Patriotin ihre Stellung auch für ungarische Interessen genutzt und übernahm – sicher im Interesse und mit Förderung maßgeblicher ungarischer Kreise – die Funktion einer politischen Informantin. Sie stattete Elisabeth mit zusätzlichem Wissen über die ungarischen politischen Bestrebungen aus. Ein gefügiges Werkzeug in der Hand ungarischer Politiker ist Elisabeth allerdings nie gewesen. Ihre Parteinahme zugunsten Ungarns war kein Vollzug fremder Interessen, sondern entsprang vielmehr eigenen Überlegungen. Ihre außergewöhnliche Energie beim Kampf um den Ausgleich mit Ungarn, ihr Einsatz für die Wiedergewährung der alten ungarischen Sonderrechte und die damit einhergehende Krönung Franz Josephs zum König von Ungarn waren also das Ergebnis einer Symbiose von eigenen Erfahrungen, Gesprächen und Begegnungen mit Vertretern der ungarischen Politik.

Triumph einer Frau: Das Jahr 1868

Im Jahre 1868 genoß Elisabeth ihren ungarischen Triumph und ihren neuen ungarischen Lebensmittelpunkt. Sie hielt sich nun vorwiegend in Gödöllö und in der Burg von Budapest auf.

Die Stellung Ungarns wurde noch durch eine sehr private Entscheidung Elisabeths verstärkt. Sie beschloß, dem Land ein Kind zu schenken, vielleicht den zukünftigen König von Ungarn. In ihrer Person und der Person ihres Kindes wollte sie die Unabhängigkeit Ungarns manifestiert sehen, alles sehr zum Ärger der Wiener Hofkreise und der Bevölkerung der österreichischen Länder, bei der sie zunehmend an Sympathie verlor. Ein in der Burg von Ofen geborenes Kind einer Königin von Ungarn hätte einen erheblichen Stellenwert gehabt.

In den Wiener Hofkreisen war man deshalb mehr als erleichtert, als im April 1868 nur ein Mädchen, nämlich Marie Valerie, geboren wurde. Der Wiener Hofklatsch machte natürlich sofort Andrássy zum Vater des „ungarischen Kindes", eine Geschichte die bis heute gerne nachgetratscht wird. Irgendwelche glaubhafte Nachweise für Andrássys Vaterschaft konnte man bisher jedoch nicht erbringen.

Zu den Opfern der neuen Ungarnpolitik gehörte auch der früher so allmächtige Erzherzog Albrecht (1817–1895), der 1851 bis 1860 Generalgouverneur von Ungarn war, 1863 zum Feldmarschall avancierte und am 24. Juni 1866 als Sieger der Schlacht von Custozza gegen die italienische Armee zum Armeekommandanten befördert wurde. Elisabeth hatte für Albrecht wegen seiner vom militärischen Denken bestimmten Art keine Sympathien. 1868 war nun die Zeit gekommen, wo sie ihren Einfluß geltend machen konnte, um Albrechts Stellung am Hof und innerhalb der Armee zu schwächen. Daß der Stern des Erzherzogs im Sinken war, zeigte sich schon bald

Familienleben auf Schloß Gödöllö. Von links nach rechts: Franz Joseph, Graf Andrássy, die ungarische Amme, Elisabeth mit Töchterchen Marie Valerie auf dem Schloß, dahinter Ida Ferency. Neben Elisabeth ihre Tochter Gisela, die Hofdame Gräfin Festetics und der Obersthofmeister Baron Nopsca. Am Tisch Kronprinz Rudolf. (Lithographie von Franz Kollarz, 1868)

nach der Sanktionierung der Ausgleichsgesetze 1867, als die kritische Frage der Heeresreform gelöst werden mußte. Nun ging es nämlich um die Verwirklichung einer der wichtigsten Forderungen der Ungarn, der Forderung nach einer eigenen Armee. Da die Beratungen aller Voraussicht nach nicht ohne Spannungen ablaufen würden, ging Franz Joseph sehr vorsichtig zu Werk. Erzherzog Albrecht, neben dem Kaiser der höchste Militärbefehlshaber, wurde an den Beratungen nicht beteiligt. Albrechts ungarnfeindliche Haltung war dem Kaiser bekannt: als Gouverneur Ungarns zwischen 1850 und 1861 hatte sich der Erzherzog nicht unbedingt als Freund des Landes gezeigt. Dies veranlaßte den Kaiser, mit den Verhandlungen nicht die grundsätzlich zuständige Militärkonferenz zu betrauen, der Erzherzog Albrecht als k.k. Feldmarschall und Generalinspekteur des k.k. Heeres vorstand.[97]

Wir gehen nicht fehl, wenn wir hinter dieser Maßnahme Elisabeth selbst oder ihre ungarische Partei vermuten. Albrecht galt darüber hinaus nicht nur als ungarnfeindlich, sondern auch als der männliche Kopf der verhaßten „Hofkamarilla". Mit deren weiblichen Kopf, Erzherzogin Sophie, hat sich Albrecht immer gut verstanden. Kein Wunder, daß er in liberalen Kreisen einer der meistgehaßten Männer am Hof war. Da Albrecht in seinen Entscheidungen nicht nur vorrangig militärisch geprägt war, sondern sich auch als das moralische Gewissen der kaiserlichen Familie verstand, mußte es von Anfang an zwischen ihm und Elisabeth zu Spannungen kommen.

So ist es also nicht abwegig, wenn wir die Ausschaltung Albrechts bei den Verhandlungen um die Heeresreform, die im April 1868 in Ofen stattfanden, auch auf Elisabeths Einfluß zurückführen. Das gilt erst recht für die folgenden Organisationsmaßnahmen, die Albrecht eines großen Teils seines Einflusses in der Armee beraubten. Schon am 15. Januar 1868 war durch kaiserliche Verordnung das bisherige Armeeoberkommando des Erzherzogs Albrecht aufgelöst worden. Diese Maßnahme bewirkte, daß vom 1. Februar 1868 an die bisherigen Zuständigkeiten des Armeeoberkommandos an das Kriegsministerium übergingen. Dies war im übrigen eine logische

Konsequenz aus dem Verfassungsgesetz über die Ministerverantwortlichkeit, das Teil der Verfassungsgesetzgebung vom Dezember 1867 war. Erzherzog Albrecht mußte sich nun mit dem Posten eines Armeekommandanten begnügen, dessen Hauptaufgabe die Inspektion der Armee war.

Als Generalinspektor des Heeres war er bis zu seinem Tode 1895 tätig. Er mußte nun seine Reformvorschläge direkt an das Kriegsministerium und nicht mehr an den Kaiser leiten, eine Einbuße an Macht, die einen selbstherrlichen Mann wie Erzherzog Albrecht schwer treffen mußte. Für Elisabeth war dieser Vorgang natürlich eine Genugtuung, obwohl wir Nachrichten über direkte Konfrontationen zwischen den beiden nicht haben. Überliefert sind uns lediglich Berichte aus zweiter Hand über heftige Kontroversen zwischen ihr und dem Erzherzog, wobei wir leider nicht wissen, um welche Themen es im einzelnen ging. Jedenfalls scheint Elisabeths Gegnerschaft nicht ohne Einfluß auf die sich steigernde Disharmonie zwischen Kaiser und oberster Armeespitze gewesen zu sein.

Feldmarschall Erzherzog Albrecht (1817–1895).

Die Kaiserin, deren pazifistische Grundhaltung wir ja schon angesprochen haben, hat sich ihre Abneigung gegen den Erzherzog bis ins hohe Alter bewahrt. Noch am 24. Juni 1887 schrieb ein preußischer Generalstabsoffizier, wohl mit Anspielung auf Kaiserin Elisabeth, nach einem Besuch bei Erzherzog Albrecht: „... er soll viele und mächtige Gegner haben ..."[98]

Das gespannte Verhältnis zwischen Elisabeth und dem Erzherzog Albrecht, dem obersten Kriegsherrn und obersten „Moralapostel" des Kaiserhauses, spiegelt sich auch in der Charakterisierung wider, die Elisabeth 1887 in ihrem Gedicht „Familienmahl" gibt:

Wieder läßt die Flügeltür
einen Gast erscheinen,
Säbelklappern, Sporngeklirr
Kriegerisch sich einen

Mit dem Feldmarschallenstab
Naht der Zukunftssieger –
Wenn nicht gar des Reiches Grab
Gräbt der alte Krieger ...[99]

Resignation oder taktischer Rückzug?

Schon wieder die Preußen: Elisabeth und der Krieg von 1870/71

Nachdem der Ausgleich zwischen Österreich und Ungarn sanktioniert war, hielt sich Elisabeth offensichtlich mit politischen Interventionen bei ihrem Gemahl weitgehend zurück. Allerdings fehlen uns die einschlägigen Quellen, die genauer darüber Auskunft geben könnten. Für die Zeit nach 1867 ist uns der Briefwechsel zwischen Elisabeth und Franz Joseph – mit Ausnahme eines Reiseberichts des Kaisers vom Jahre 1869 – nur lückenhaft erhalten. Besser überliefert sind uns die Briefe Franz Josephs an Elisabeth erst wieder ab 1891! Daher läßt sich nicht mit Bestimmtheit sagen, ob sich nach 1867 die Kaiserin politisch abstinent verhalten hat. Interessant ist jedenfalls, daß Elisabeth ihre angebliche Nichteinmischung in die Politik im Jahre 1876 wie ein politisches Programm stilisierte: „in Politik mische ich mich nicht mehr ..."[1], meinte sie in einem Schreiben an den Kaiser vom 29. Mai 1876 und forderte dafür Zugeständnisse in anderen Bereichen.

Es wäre nun allerdings falsch, aus den fehlenden Briefen und offiziellen Quellen den Schluß zu ziehen, Elisabeth wäre seit ihren ungarischen Initiativen und Erfolgen politisch völlig passiv oder gar politisch desinteressiert gewesen. „Intime" Äußerungen Elisabeths belehren uns hier eines Besseren. „Indirekte" politische Stellungnahmen gab Elisabeth durchaus noch ab, etwa in ihren Gedichten. Diese kennen wir im einzelnen (wenn auch lange nicht vollständig) spätestens seit dem durch Brigitte Hamann 1977 erstmals benutzten und verwerteten und dann 1984 vollständig edierten „poetischen Tagebuch" der Kaiserin. Dieser Rückzug der Politikerin Elisabeth ins Poetisch-Intime kommt nicht zuletzt daher, daß Elisabeth die

Politik zunehmend als ein unwürdiges Geschäft betrachtete. In einem Gespräch mit ihrem griechischen Vorleser Christomanos meinte Elisabeth nämlich im Dezember 1891:

> Ich habe auch zu wenig Respekt vor der Politik und erachte sie eines Interesses nicht wert ... Minister ... sind nur dazu da, um zu fallen; dann kommen wieder andere ... Überhaupt ist das Ganze ein solcher Selbstbetrug! Die Politiker glauben die Ereignisse zu führen und werden immer davon überrascht. Jedes Ministerium hat einen Fall in sich, gleich vom ersten Augenblick an. Die Diplomatie ist nur dazu da, um von den Nachbarn irgendeine Beute zu ergattern ...[2]

Doch immer wenn die Quellen etwas gesprächiger sind, zeigt sich, daß Elisabeth trotz gegenteiliger Beteuerungen politisch nicht nur interessiert war, sondern auch direkt oder indirekt noch die Fäden gesponnen hat, sofern es ihr möglich war. Mit Politik wurde sie beispielsweise stark im zeitlichen Umfeld des deutsch-französischen Krieges von 1870/71 konfrontiert.

Als sich die Spannungen zwischen Frankreich und Preußen zuspitzten und eine kriegerische Auseinandersetzung wahrscheinlich wurde, äußerte sich Elisabeth ziemlich besorgt über diese Entwicklung: „Wenn es nur nicht wieder zum Krieg kommt"[3], sagte sie zum Kaiser. Im wesentlichen war Elisabeth wohl um ihre Brüder Ludwig und Karl Theodor besorgt, da Bayern auf preußischer Seite in den Krieg ziehen mußte. Am Wiener Kaiserhof erhoffte man natürlich den Sieg der Franzosen. Die einen sahen in diesem sich abzeichnenden preußisch-französischen Krieg eine Chance für Österreich, die Niederlage von 1866 wieder wettzumachen, und die anderen wollten sogar auf französischer Seite gegen Preußen kämpfen. Es zeigte sich, daß die preußenfeindliche Stimmung in Österreich, die seit 1866 zu verzeichnen war, noch immer vorherrschte. Offensichtlich vertrat auch Elisabeth wie der Kaiser gegenüber Preußen eine sehr reservierte Haltung. Es ist bezeichnend, daß Franz Joseph eine erste Meldung über einen französischen Sieg bei Saarbrücken zu Beginn des Kriegs sofort an Elisabeth telegraphierte. Sie kommentierte das Ereignis am 4. August 1870 in einem Brief an Franz Joseph: „Wenigstens haben die Franzosen einen guten Anfang gemacht ... ist dieser Ort von größerer Bedeutung? Ich bin neugierig wie die Preußen diese Affäre auslegen."[4]

Auch in den folgenden Tagen gab Franz Joseph alle wesentlichen Informationen über die Kämpfe zwischen den Franzosen und den Preußen an Elisabeth weiter und brachte seine Hoffnung auf einen französischen Sieg zum Ausdruck. Am 8. August 1870 meinte Elisabeth in einem Schreiben an Franz Joseph dazu: „Wenn das so fortgeht werden die Preußen ja bald wieder in Berlin sein. Ich freue mich schon mündlich Deine An- und Aussichten zu hören ..."[5]

Die kurz darauf folgenden Siege der deutschen Truppen machten die Kämpfe bei Saarbrücken zur Episode. Die österreichischen Hoffnungen auf eine Demütigung Preußens verflogen schnell, und ein Eingreifen Österreichs auf seiten eines siegreichen Frankreichs blieb ein Traum. Elisabeths Zerrissenheit zwischen ihrer Abneigung gegen Preußen und der Sorge um ihre in den Krieg verwickelten Verwandten wandelten sich nun mit dem Vorrücken der deutschen Truppen und der dadurch mehr oder weniger erzwungenen Neutralität Österreichs in Erleichterung. Ein Eingreifen Österreichs auf seiten Frankreichs in den Konflikt, der durchaus im Kalkül des Kaisers und seines Außenministers Beust lag, hatte sich weitgehend erübrigt, nachdem man fürchten mußte, daß Zar Alexander II. seinem preußischen Oheim im Falle von Österreichs Einmischung zu Hilfe eilen würde. Auch der ungarische Ministerpräsident Graf Andrássy riet zur Mäßigung. Er mißtraute Beust und fürchtete sich vor einer russischen Intervention. Im entscheidenden Kronrat setzte er die freundliche Neutralität Österreich-Ungarns gegen Deutschland durch. Fürst Bismarck hat dies dem ungarischen Staatsmann nie vergessen.

Nachdem sich auf den französisch-preußischen Schlachtfeldern eine Wende abzeichnete und die preußischen Siege sich häuften, war man am Kaiserhof sogar von der Sorge erfüllt, Preußen könnte sich nach der Niederwerfung Frankreichs auch gegen Österreich wenden. Elisabeth erkannte den Ernst der Lage und war ziemlich pessimistisch, was die österreichische Zukunft anging. Am 10. August 1870 äußerte sie in einem Brief an Franz Joseph ihre Befürchtungen: „Wir werden aber vielleicht doch noch ein paar Jahre vegetieren, bis die Reihe an uns kommt, was meinst Du?"[6]

Die französische Kapitulation bei Sedan am 1. September 1870 und die Gefangennahme Kaiser Napoleons III. brachte eine tiefgreifende innenpolitische Veränderung in Frankreich mit sich: Am 4. September 1870 wurde in Paris die Republik ausgerufen, und Kaiserin Eugénie mußte aus Frankreich fliehen. Für Elisabeth kam diese Entwicklung nicht überraschend. Am 6. September 1870 äußerte sie sich in einem Brief an Franz Joseph über die aktuellen politischen Ereignisse:

Die Nachricht von der Republik hat mich nicht sehr überrascht, ich wundere mich nur, daß sie es nicht längst taten. Bis Du kommst, hoffe ich, erzählst Du mir Details über die Flucht der Kaiserin, das interessiert mich sehr ...[7]

Nachdem sich ein Ende der kriegerischen Auseinandersetzungen zwischen Preußen und Frankreich abgezeichnet hatte und deutlich wurde, daß in diesem politischen Konflikt Österreich als Vermittler keine Rolle mehr spielen würde, war auch Elisabeths unmittelbares Interesse an den politischen Ereignissen geringer geworden. Sie reiste mit den Kindern nach Meran.

Am 18. Januar 1871 fand im Spiegelsaal von Versailles die Proklamation König Wilhelms von Preußen zum deutschen Kaiser statt. Für Kaiser Franz Joseph war die Zeit gekommen, seinen innenpolitischen Kurs vollständig zu ändern. Er ließ nun endgültig den Gedanken einer Wiedergewinnung der verlorenen Machtstellung in Italien und Deutschland fallen. Die Begeisterung der Wiener und nordböhmischen Liberalen für das Einigungswerk Bismarcks erschien ihm bedrohlich. Waren diese Liberalen, diese Vertreter des städtischen Bürgertums von Wien, Prag, Brünn und Graz nicht die Erben jener gefährlichen Ideen von 1848? Durfte man diesen antiklerikalen Liberalen so einfach die politische Führung überlassen? War er als Kaiser nicht auch verantwortlich für die Millionen deutschen Bauern, die von diesen gottlosen Intellektuellen in den Städten nichts wissen wollten? War er nicht auch der König der Länder der Krone von Böhmen, der Herr von Millionen von streng katholischen Polen und Ruthenen?

Schon vor der deutschen Reichsgründung 1871 hatte der Kaiser zunehmend mit denjenigen Gruppierungen sympathisiert, die zu dem liberalen „Bürgerministerium“ in Opposition

Kaiserproklamation in Versailles, 1871.

standen. Als Führer dieser konservativ-katholisch-slawischen Opposition machte sich zunehmend Graf Heinrich Clam-Martinic bemerkbar, Führer des mächtigen konservativen Flügels des böhmischen Großgrundbesitzes. Er hatte nicht nur das volle Vertrauen der großen alttschechischen Partei, sondern auch der Partei der katholisch gesinnten Deutschen in Tirol, Salzburg, Kärnten und Steiermark inne. Clam-Martinic war der unbestrittene Führer des „rechten" Flügels des Reichsrats.

Mit diesen Leuten um Clam-Martinic wollte nun Franz Joseph angesichts des Bismarckschen Triumphes seinem Reich eine neue, auf dem Ausgleich mit den Slawen basierende Verfassung geben. Am 7. Februar 1871 erschienen zwölf kaiserliche Handschreiben, durch die der Kaiser ein Ministerium unter dem konservativen Grafen Karl Sigmund Hohenwart ernannte. Nach einer ersten Erklärung verstand sich dieses aus Deutschen und Slawen gebildete Ministerium als „über den Parteien" stehend. Seine Hauptaufgabe sollte die Verständigung zwischen den Völkern und der Umbau der Verfassung in föderalistischer Hinsicht sein. Es zeugt von der mutigen Absicht des Kaisers, die Verhältnisse gegen den Widerstand der allmächtigen liberalen Partei in Angriff zu nehmen, wenn er mit der normativen Umsetzung des neuen Programms einen Württemberger Nationalökonomen, den Professor Albert Eberhard Schäffle beauftragte, der als Handelsminister in das Kabinett Hohenwart eintrat. Franz Joseph stand voll hinter dem Grundplan des Ministeriums, der in dem Ausgleich des Kaisers mit den Tschechen bestand. Dabei sollte ähnlich wie in Ungarn vorgegangen werden, auch wenn man den Ländern der Wenzelskrone nicht unbedingt die gleiche Autonomie wie den Ländern der Stephanskrone zubilligen wollte. Man plante, dem böhmischen Landtag die volle Gesetzesautonomie zuzugestehen. Dessen Gesetze hätte der Kaiser nur noch sanktionieren müssen. Franz Joseph war auch bereit, sich als König von Böhmen krönen zu lassen, wie das sein Vorgänger, der noch in Prag lebende „gütige" Kaiser Ferdinand, getan hatte.

Für die Deutschen in Böhmen schien angesichts dieser Pläne eine Welt zusammenzubrechen. Die Preisgabe der seit der Schlacht am Weißen Berg 1620 errungenen Position der absoluten Dominanz des an Wien orientierten Deutschtums erschien ihnen wie ein Hochverrat. Auch die deutschen Liberalen Österreichs zeigten nun ihr nationales Gesicht unverblümter und machtbesessener als es je ein absolutistischer Habsburger Herrscher gezeigt hatte. Auf der anderen Seite waren die Tschechen als stärkstes slawisches Volk in der Habsburger Monarchie in ihrem Streben nach Autonomie allzu heftig und zu wenig diplomatisch.

So mußte der großanlegte Plan des Ausgleichs mit den Tschechen scheitern. Offensichtlich war auch Franz Joseph noch nicht bereit, seine Monarchie konsequent föderalistisch umzugestalten. Zwar standen ihm die Anhänger des Föderalismus, die katholisch gesinnten Bauern und die konservativ gesinnten Tschechen und Polen viel näher „als die zänkischen, mehr und mehr in das Getriebe des in Wien entfesselten höchst ‚fortschrittlichen' Börsenspieles verstrickten Größen der freisinnigen Intelligenz und ihrer längst durch ‚ungläubige' Literaten geleiteten Presse"[8], doch Franz Joseph hatte Angst vor der Schwäche des Föderalismus. Hinzu kam, daß auch den Ungarn, aus Angst um ihre Machtposition, eine Aufwertung der böhmischen Krone widerstrebte. So gelang es dem noch als Außenminister amtierenden Grafen Beust und dem ungarischen Ministerpräsidenten Andrássy, das Ministerium Hohenwart zu stürzen und damit den Ausgleich mit den Tschechen zu Fall zu bringen. Die neue Regierung unter dem Fürsten Adolf Auersperg war nun vor allem darum bemüht, durch eine freisinnige Gesetzgebung auf sich aufmerksam zu machen. Die Regierung erfüllte den Hauptwunsch der liberalen Partei, das verhaßte Konkordat von 1855 aufzuheben. Handhabe dafür bot die Unfehlbarkeitsverkündung durch Papst Pius IX. im Jahre 1870.

Ende des Jahres 1871 entschloß sich Franz Joseph zu einer vollständigen Hinwendung zu Deutschland, die durch die Ernennung Andrássys zum Außenminister augenfällig vollzogen werden sollte. Andrássy war der Wunschkandidat Bismarcks. Nun flammte auch Elisabeths politisches Interesse wieder auf. Hatte sie nicht jahrelang ihrem Mann Andrássy als den idealen Außenminister empfohlen? Auch sie war nun davon überzeugt, daß man nach der Gründung des Deutschen Reichs die neuen Tatsachen anerkennen mußte und daß die Revanchepolitik eines Außenministers Beust nicht mehr zeitgemäß war. Schon bald nach dem Ausgleich hatte Franz Joseph zunehmend den politischen Rat Andrássys, der ja als ungarischer Ministerpräsident auch im Kronrat saß, in Anspruch genommen. Elisabeth versuchte in dieser Zeit immer wieder, Andrássy bei ihrem Mann ins beste Licht zu rücken, so etwa, wenn sie ihm am 12. März 1870 dessen Erfolge in Ungarn schilderte: „Andrássy hat sich, wie Du weißt, sehr ausgezeichnet diese letzten Tage, großer Triumph der Deák Partei und Enttäuschung der Linken ..."[9]

Am 8. November 1871 wurde Andrássy in die Hofburg gerufen. Der Kaiser erklärte ihm, „daß erst jetzt und durch Sie"[10] das gute Einvernehmen mit Deutschland besiegelt werden könne. Dann erfolgte die Entlassung Beusts und die Ernennung Andrássys zum neuen Außenminister. Bis 1879 sollte er dieses Amt bekleiden: In der Außenpolitik wahrte der Kaiser eine konsequentere personelle Kontinuität als in allen anderen Regierungsbereichen!

1872: „Jahr der Wende"?

Im Jahr 1872 starb nach langer Krankheit Erzherzogin Sophie, die Mutter des Kaisers, „diese geistesmächtige Frau", wie Crenneville sie nannte. In ihren letzten Jahren hatte sich Sophie aller politischen Äußerungen enthalten. Auch ihrer Schwiegertochter Elisabeth hatte sie keine Ratschläge mehr erteilt. Doch blieb sie allein durch ihre Anwesenheit am Hof eine stete Mahnung für Elisabeth, ein lebendiges Symbol für Pflichtbewußtsein und Pflichterfüllung. Graf Hübner, österreichischer Gesandter in Paris, hielt in seinem Tagebuch fest, der Tod der Erzherzogin Sophie sei „ein großer Verlust für die kaiserliche Familie, für jene, die auf Hoftradition halten und deren Bedeutung verstehen."[11]

Mit dem Tod der Kaiserinmutter war eine der bedeutendsten

Vertreter der katholisch-konservativen Hofpartei dahingegangen. Jetzt erwarteten viele von Elisabeth einen neuen politischen Anlauf. Am 2. Juni 1872, dem Tag der Beisetzung der Erzherzogin Sophie, notierte Gräfin Festetics in ihr Tagebuch:

> ... ohne Zweifel ein ernster Zeitabschnitt! Das feste Band zwischen dem ‚Heute' und der Vergangenheit ist gelöst! Wird die Kaiserin wollen, was sie könnte? sich zeigen nun, oder hat sie es aufgegeben in dem ewigen Kampfe? – Ist sie zu träge geworden oder hat sie alle Freude an dem Handwerk verloren?[12]

Diejenigen, die nun auf ein entschiedenes Auftreten der Kaiserin am „Schauplatz der Macht" hofften, wurden enttäuscht. Elisabeth mied auch in Zukunft den Wiener Hof. Sogar Gräfin Festetics, die die Kaiserin stets entschuldigte, bemerkte besorgt, wie sich die Kaiserin in die „körperliche und geistige Einsamkeit" zurückzog. Elisabeths Menschenscheu bzw. ihre Abneigung, sich in der Öffentlichkeit zu zeigen, steigerten sich. Elisabeth mied nicht nur die offiziellen Veranstaltungen, sie mußte sich nun auch ihrer „Anhänger" erwehren: Sie war inzwischen zu einer europäischen Berühmtheit aufgestiegen. Die Neugier ihrer Zeitgenossen ging sogar soweit, daß viele „Schwärmer" ihr nachreisten, nur um einen Blick auf Elisabeth aus der Ferne zu erhaschen. Durch ihr außergewöhnliches und von Geheimnissen und viel Klatsch begleitetes Herumreisen in Europa war Elisabeth nicht nur eine österreichische, sondern eine europäische „Sehenswürdigkeit" geworden. Das Jahr 1873 war das letzte Jahr, in dem Elisabeth in Wien ihren Repräsentationspflichten ausführlichst nachkam:

> Man sieht sie überall, im Waisenhaus und in Irrenanstalten ebenso wie bei den großartigen Feierlichkeiten der Karwoche, der Fronleichnamsprozession und der Fußwaschung, bei welcher Gelegenheit der kaiserliche Hof von jeher den größten Pomp entfaltet.[13]

Diese Scheu vor offiziellen Auftritten hat mit Politikverzicht nichts zu tun. Gerade im beschränkten Familienkreis betrieb Elisabeth ihre politischen „Geschäfte" weiter, beispielsweise wenn es um die Anknüpfung von Heiratsverbindungen ging. Hier scheint es fast, als wollte sie durch ihre Vermittlung jede politisch möglicherweise folgenreiche Heirat vermeiden,

d. h. sie zielte auf eine „Entpolitisierung" der Dynastie: Für ihre älteste Tochter Gisela wählte sie Leopold, einen Sohn des späteren Prinzregenten Luitpold. Die im April 1872 in Ofen arrangierte Verlobung überraschte allgemein, da der Bräutigam niemals Aussicht hatte, eine politisch wichtige Rolle zu spielen und auch nicht besonders begütert war. Wahrscheinlich wollte Elisabeth ihrer Tochter mit dieser unpolitischen Heirat auch die Repräsentationspflichten ersparen. Der Bräutigam Leopold schrieb in seinem Tagebuch, daß er die Einladung nach Budapest Elisabeth zu verdanken hatte und daß diese Verlobung seit langem deren Wunsch gewesen sei.[14] Sie war es auch, die sich bei der Verlobung in Budapest um die Einzelheiten gekümmert hatte: „Die Kaiserin hatte es so eingerichtet, ohne zuvor etwas davon zu sagen, daß ich mit der jungen Erzherzogin im äußeren Salon alleine zurückblieb. Es war die entscheidende Stunde ... in reizend kindlicher Weise gab sie ihr Jawort und küßte mich auf die Wange, und frug dann sehr schüchtern, ob ihre Mama davon wisse ..."[15] Die Heirat fand am 20. April 1873 statt.

Wenig später wurde die Weltausstellung in Wien eröffnet. Diese Weltausstellung, deren Verlauf durch den Börsenkrach und den Ausbruch der Cholera beeinträchtigt wurde, sollte die einzige in Österreich bleiben. Andrássy wollte seinem neuen Verbündeten Deutschland das moderne Österreich zeigen. Bei der Eröffnung der Ausstellung wurde das Kaiserpaar vom deutschen Kronprinzenpaar begleitet. Elisabeth verstand sich mit der Kronprinzessin Viktoria, der Tochter der Queen, ganz ausgezeichnet. Im ungarischen Pavillon brach ein Jubelsturm los, als Elisabeth die Räume betrat. Der Kaiser freute sich, daß er seinen deutschen Gästen die Sympathie, die seine Frau genoß, so augenfällig demonstrieren konnte. Am 24. Juni 1873 traf sogar die deutsche Kaiserin Augusta in Wien ein und brachte ein Schreiben ihres Gemahls Wilhelm mit. Die von Andrássy eingeleitete Aussöhnung mit Deutschland stand nun auf festen Füßen. Auch mit der Kaiserin Augusta, die zwar „rauh aber herzlich" war, verstand sich Elisabeth leidlich gut. Selbst als der Schah von Persien zu Besuch in Wien weilte, war Elisabeth dabei. Erst im August zog sie sich aufs Land zurück.

Trauung der Erzherzogin Gisela von Österreich (1856–1932) mit Prinz Leopold von Bayern (1846–1930) in der Augustinerkirche in Wien, 20. April 1873.

Als der Kaiser Ischl nach einem Kurzbesuch wieder verlassen wollte, weil das deutsche Kaiserpaar zur Weltausstellung nach Wien kam, tadelte sie ihn:

War es denn wirklich der Mühe wert, wegen der Sachsen so schnell zurückzukehren? Du hättest sie so leicht mit dem serbischen und griechischen Besuch vereinigen können. So verwöhnst du alle Leute schon so, daß du nicht einmal mehr Dank für deine übertriebene Höflichkeit bekommst, im Gegenteil. Eigentlich gibst du mir recht, aber eingestehen willst du es nicht. Das ist immer so, wenn man eine Dummheit gemacht hat ...[16]

Als Elisabeth von Andrássy im September nach Schönbrunn gerufen wurde, da sich der italienische König Viktor Emanuel II. angesagt hatte, versagten ihr angeblich die Kräfte. Dieser Schwächeanfall wurde ihr in Wien jedoch nicht abgenommen. Dort kannte man ihre Abneigung gegenüber dem Hause Savoyen, und man wußte, daß sie in diesem Punkt wie ihre Schwester Marie, die Königin von Neapel, dachte, die dem Haus Savoyen bis an ihr Lebensende wegen der Vertreibung 1861 eine unversöhnliche Feindschaft bewahrte. Elisabeth reiste stattdessen nach Gödöllö und kam erst am 2. Dezember zum 25. Regierungsjubiläum des Kaisers nach Wien zurück. Als Elisabeth am Abend mit Marie Festetics über die Ringstraße ging, was sie früher schon öfters unbehelligt getan hatte, wurde sie von Passanten erkannt, umringt und umjubelt.

Anfangs geht es, lächelnd dankt sie, dann aber strömen von allen Seiten Tausende von Menschen herzu. Bald gibt es kein Vor- und kein Rückwärts. Enger und enger wird es um Elisabeth und ihre Begleiterin, kleiner und kleiner wird der Kreis. Die Gräfin bittet, fleht, Elisabeth und ihr geht der Atem aus, der Angstschweiß steht ihnen auf der Stirn. Die Polizei kam nicht dazu. Da fängt die Gräfin plötzlich an zu schreien: Sie erdrücken ja die Kaiserin! Hilfe! Hilfe! Platz! Platz! Endlich gelingt es einigen Herren, nach einer Stunde fast, eine schmale Gasse bis zu einem Wagen zu bahnen, schnell ist Elisabeth drinnen, halbtot vor Aufregung und ganz erschöpft.[17]

Angesichts solcher Erlebnisse wurde Elisabeth der Aufenthalt in der Hauptstadt immer mehr zuwider. Und doch war ihr Einfluß noch groß. Dies zeigte sich etwa bei der Entlassung des Generaladjutanten Graf Gustav Bellegarde, dem Nachfolger Crennevilles. Graf Bellegarde, ein schöner und gescheiter Mann von Welt, verstand es in sehr geschickter Weise, Menschen, die ihm nicht lagen, bei Franz Joseph in witziger Weise zu persiflieren. Beliebtes Opfer war dabei Graf Andrássy. Auch sonst war Bellegarde antiungarisch eingestellt, was ihn bald in Gegensatz zu Elisabeth brachte. 1872 meinte sie gegenüber Marie Festetics: „Oh weh! Bellegarde! Der haßt mich so, daß ich in Schweiß ausbreche, wenn er mich anschaut!"[18] 1874 schließlich erlebte Elisabeth die Genugtuung, daß der verhaßte Generaladjutant aus ihrer Nähe verschwand. Als am 27. Februar Franz Joseph und Andrássy aus St. Petersburg zurückkehrten, legte der Kaiser seinem Generaladjutanten nahe, er möge seinen Rücktritt erbitten. Niemand wußte, was genau vorgefallen war. Bellegarde jedenfalls war davon überzeugt, daß Elisabeth und die Gräfin Festetics hinter dem Komplott steckten.[19]

In Zeitungsartikeln wurde Elisabeths häufige Abwesenheit in Wien mehr und mehr kritisiert. Auch in anderen Bereichen wuchs der Kreis ihrer Kritiker und Feinde. Gräfin Festetics zählte in ihrem Tagebuch 1874 die angeblichen Feinde der Kaiserin wie folgt auf:

> Da gibt es eine böhmische Partei, die denkt, Sie ist schuld, daß der Kaiser sich nicht krönen läßt, denn sie haßt Böhmen, weil Sie Ungarn liebt! Da sind die Ultramontanen, die sagen, Sie ist nicht fromm genug. Sie hält den Kaiser zurück, sonst wäre längst wieder der Staat der Kirche untergeordnet. Da sind die Zentralisten, die sagen wieder, Sie ist gegen den Absolutismus. Könnte man Ihren Einfluß brechen, wäre es leicht, zur alten Regierungsform zurückzukehren![20]

Die „Liebe der Völker" zur Kaiserfamilie

Kaiser Franz Joseph wurde vorgeworfen, daß es ihm nicht gelungen sei, einen alle Völker der Donaumonarchie umfassenden österreichischen Reichspatriotismus zu erzeugen. Freilich waren die Möglichkeiten für einen völkerübergreifenden und vor allem dynastieunabhängigen Staatspatriotismus in der Donaumonarchie gering. Anders als Deutschland oder Italien konnte sich die Donaumonarchie nicht im patriotischen Licht einer erfolgreich erkämpften Reichseinigung sonnen. Die Donaumonarchie mußte vielmehr seit 1859 und 1866 mit der Hypothek zweier schmerzhafter Niederlagen leben; ihre Geschichte war außenpolitisch keine Erfolgs-, sondern eine Verlustgeschichte. Der einzige „Zuerwerb", nämlich die auf dem Berliner Kongreß gebilligte Besetzung Bosniens im Jahre 1878, war mehr als problematisch und sollte den Keim für den endgültigen Untergang der Monarchie legen.

Angesichts der fehlenden völkerverbindenden Erfolgsgeschichten in der Donaumonarchie, war der Kaiser gezwungen, den Reichspatriotismus, das Reichsbewußtsein und den Zusammenhalt der Untertanen vor allem auf das Ansehen seiner Familie und seiner Herrschertätigkeit zu gründen.

Eine solche Politik hatte Tradition im Hause Habsburg: Besonders seit der Barockzeit hatte man versucht, die Völker der Monarchie an den Familienfeiern der Dynastie teilnehmen zu lassen. Das gemeinsame Feiern von Familienfesten sollte eines der vielen Bänder bilden, die Dynastie und Untertanen zusammenhalten. Welche Rolle dabei in der Regierungszeit Franz Josephs die Familie, besonders seine junge und schöne Frau spielen sollte, zeigte schon die großartige Inszenierung seiner Hochzeit im Jahre 1854. Höhepunkt der damaligen Hochzeitszermonie war der Einzug der Braut in die Stadt Wien, der durch viele „Ehrengerüste" führte. Die Braut wurde auf der neuen Brücke über die Wien vom Bürgermeister begrüßt. Diese Brücke führte von da an den Namen „Elisabethbrücke"; ihre Verbindung mit den Hochzeitsfeierlichkeiten sollten diesem Bauwerk einen besonderen Stellenwert im Bewußtsein der Wiener Bevölkerung verschaffen. Als 1854 Elisabeth von München nach Wien kam, bevorzugte sie noch den Wasserweg. 1856 bis 1860 wurde die Westbahn fertiggestellt, die den Namen „Kaiserin-Elisabeth-Westbahn" erhielt. Ins Vestibül der Bahnhofshalle stellte man eine von Hanns Gasser gestaltete Marmorstatue Elisabeths.

Die künstlerische Verklärung des „jungen und schönen" und von der Vorsehung geschützten Kaiserpaars, das in seiner Frische und Dynamik für die Zukunft Österreichs stehen sollte, setzte sich in den Bauten an der Ringstraße fort. Von größter Bedeutung war dabei der Bau der Votivkirche, der aus allgemeinen Spenden bestritten wurde. Das Austattungsprogramm der von Heinrich von Ferstel erbauten Kirche bezog sich in vielen Punkten auf die kaiserliche Familie. Auch Kaiserin Elisabeth beteiligte sich als „Stifterin". Sie gab das 1878 von dem Spätromantiker Josef Trenkwald (1824–1897) gestaltete „Kaiserinfenster" in Auftrag, das eine strenge, aber schöne junge Kaiserin zusammen mit ihrem Gemahl vor Christus kniend zeigt. Zur Entstehung eines Reichspatriotismus durch „Mitgefühl" für die kaiserliche Familie war die Votivkirche äußerst wichtig. Daher hat man sowohl die Grundsteinlegung 1856 wie auch die Einweihung 1879 jeweils auf den Jahrestag der Hochzeit bzw. auf die silberne Hochzeit gelegt.

Um sich der Sympathie seiner Völker zu vergewissern war Franz Joseph stets bemüht, sich und seine Familie zum Zentrum eines dynastisch orientierten Gemeinschaftsbewußtseins zu machen. Er glaubte, dies durch Einbindung „seiner Völker" in Freud und in Leid seines Familienlebens zu erreichen. Seine häufigen Verlautbarungen, in denen er für die „Anhänglichkeit" und das „Mitgefühl" seiner Völker anläßlich von freudigen Ereignissen oder Schicksalsschlägen dankte, sind typisch für diese Haltung des Kaisers. Daß dieses Bild von der für die österreichischen Völker sich aufopfernden Kaiserfamilie gerne auch von Dritten aufgegriffen wurde, zeigt der Festzug der Stadt Wien, der am 27. April 1879 anläßlich der silbernen Hochzeit des Kaiserpaares durchgeführt wurde. Hans Makart, vom Kaiser geförderter „Staatskünstler", die berühmteste Künstlerpersönlichkeit in Wien von 1870 bis 1880, war der geeignete Propagandist, um auf dem Umweg über die Kaiserfamilie und mit Mitteln der Kunst zum Reichspatriotismus beizutragen. 1878 verkündete Makart den an ihn gerichteten Auftrag der Stadt Wien mit folgenden Worten:

Mit inniger Freude folge ich dem von allen Seiten dieses Saales an mich ergangenen Rufe, als getreuer Dolmetsch der Gefühle aller Vertreter der Stadt und der gesamten Bevölkerung die Einleitung zu einem uns bevorstehenden patriotischen Feste in Anregung zu bringen. Am 24. April des nächsten Jahres feiert unser erhabenes Herrscherpaar sein Hochszeits-Jubliläum. Dieser Tag, ein Fest- und Freudentag für unser Kaiserhaus und alle Völker der Monarchie, ist es in hervorragender Weise für Wien, die Haupt- und Residenzstadt des Reiches. Seit dem Hochzeitsfeste vor 25 Jahren blühte die Hauptstadt Österreichs zu nie geahntem Glanze empor und an die bedeutendsten Schöpfungen dieser Periode, welche Wien zur Zierde, zur Ehre und zum Heile gereichen, knüpfen sich die Namen des Allerhöchsten Herrscherpaares.[21]

Noch deutlicher ist die dann am Hochzeitsjubiläum dargebrachte Huldigungsadresse der Stadt Wien:

Denn von jeher gewohnt, Leid und Freud des angestammten Herrscherhauses in menschlich nahe Beziehung zu dem Gemüte jedes Einzelnen zu bringen, fühlt Jeder in dieser großen Bevölkerung sich von dem Gedanken getragen, als sei ihm selbst aus der Fülle himmlischer Gnade am heutigen Tage ein besonderer Anteil zugefallen! Was sich vor 25 Jahren unter jubelndem Zurufe auf den Lippen Aller als gläubiger Wunsch drängte, es ist in Erfüllung gegangen. In Gesundheit und ungebrochener Manneskraft inmitten einer Thätigkeit, die in unermüdeter Beharrlichkeit den höchsten Aufgaben des theueren Vaterlandes gehört, waltet der geliebte Fürst Seines Regentenamtes, Jhm zur Seit die theure Gefährtin Seines Lebens, die Mutter Seiner Kinder! Ein hochbegabter Prinz, auf dessen Vorzüge die Augen des Reichs liebevoll ruhen, erhöht das Glück seiner kaiserlichen Eltern, so dass Gegenwart und ferne Zukunft zu einem lichten Kranze vereinigt erscheinen.[22]

Anläßlich des kaiserlichen Ehejubiläums sollte vor allem das „Einst und Jetzt“ der städtischen Entwicklung präsentiert werden. Wo 1854 noch die alten Festungswälle standen, präsentierte sich jetzt auf der Ringstraße eine moderne Großstadt mit Grünanlagen, wenn auch noch im Aufbau! Die Teilnahme der kaiserlichen Familie an dem von der Wiener Künstlerschaft unter Leitung Makarts gestalteten Festzug machte natürlich einen großen Teil der Faszination aus. Elisabeth sah sich den Festzug an; ließ sich dann aber nicht wie der Kaiser anschließend noch von den Untertanen bestaunen, sondern zog sich schnell zurück. Sie wollte zwar schauen, nicht aber Schauobjekt sein.[23]

Dabei war es keineswegs so, daß Franz Joseph ein Freund von aufwendig inszenierten gesellschaftlichen Ereignissen gewesen wäre. Mit Ausnahme der regelmäßig stattfindenden Hoffestlichkeiten hatten weder er noch Elisabeth großes Inter-

Elisabeth, Kaiserin von Österreich und Königin von Ungarn, im Jahr 1879.

esse an höfischen Inszenierungen. An einer Steigerung der Popularität durch häufiges Erscheinen in der Öffentlichkeit lag Elisabeth gar nichts und Franz Joseph wenig.

Heiratspolitik und Familienquerelen

In den 1870er Jahren scheint Elisabeth in ihren Gesprächen mit dem Kaiser kaum noch politische Differenzen ausgetragen zu haben. Das mag an einer gewissen Resignation und an einem Glauben in das Unabwendbare der Geschichte gelegen haben. Freilich fehlen uns auch die direkten Quellenzeugnisse; es gibt keine Aufzeichnungen oder Erinnerungen über die Gespräche des Kaiserpaars. Nur spärliche Hinweise beleuchten schlaglichtartig die „politische Gesprächskultur" des Kaiserpaars, etwa wenn sich Kronprinz Rudolf 1881 in einem Schreiben an seinen Erzieher Latour über die politische Abstinenz seiner Mutter beklagte: Sie hätte sich früher um die Politik gekümmert und „mit dem Kaiser über ernste Dinge, geleitet von Ansichten, die den seinen diametral entgegengesetzt waren, gesprochen ... Diese Zeiten sind vorüber ...."[24] Jetzt sei, so klagte der Kronprinz weiter, die Mutter auch dem Einfluß fremder und liberaler Ideen verschlossen. Eine zurückblickende und zugleich vorausschauende Einschätzung von Elisabeths Politik. Das Schreiben belegt nicht nur Elisabeths bisherige politische Aktivität, sondern auch die konträren politischen Ansichten des Kaiserpaares. Offensichtlich hatte Rudolf in seiner Mutter eine Verbündete für seine liberalen Ideen gesehen.

Doch ganz so unpolitisch wie es scheinen könnte war Elisabeth in den 70er und 80er Jahren nicht. Immerhin lassen sich an einigen Beispielen der Wille zur politischen Mitgestaltung sowie die jeweils vorherrschenden politischen Tendenzen der Kaiserin aufzeigen.

Zum „politischen Geschäft" Elisabeths gehörte auch der Versuch, auf Heiratsverbindungen Einfluß zu nehmen. Wie bereits 1872, bei der Vermählung ihrer ältesten Tochter Gisela mit Prinz Leopold von Bayern, versuchte Elisabeth auch 1876 durch Eheanbahnung Politik zu machen oder besser, ihren Willen durchzusetzen. Diesmal ging es darum, den 1848/49 gedemütigten ungarischen Adel durch eine Heirat wieder an das Kaiserhaus heranzuführen. Besonders kritisch zum Kaiser stand die Familie Batthyány, die zu den bedeutendsten Familien Ungarns gehörte. Graf Ludwig Batthyány, ehemals Ministerpräsident, war 1849 von der österreichischen Regierung hingerichtet worden. Elisabeth, die sich immer von der österreichischen Ungarnpolitik und der Rachejustiz von 1848/49 distanziert hat, pflegte besonders in Gödöllö gesellschaftliche Verbindungen mit den ungarischen Magnatenfamilien, darunter auch zu den Batthyánys. Obwohl sich die Witwe des hingerichteten Grafen unversöhnlich zeigte und bei Begegnungen den Kaiser grundsätzlich nicht zu grüßen pflegte, lud Elisabeth sie immer wieder ein.

Auch deren Sohn Elemér Batthyány, war regelmäßiger Gast bei Elisabeth im Schloß Gödöllö. Als nun 1876 Elisabeths Nichte Marie Louise Wallersee zu Besuch weilte, beschloß die Kaiserin, durch eine Heirat der beiden die Familie Batthyány mit dem Kaiserhaus zu versöhnen. In ihren Erinnerungen schilderte Marie den Vorgang. Angeblich sagte ihr Elisabeth:

> Ich beabsichtige, dich bald zu verheiraten, Marie. Ich habe auch schon einen Gatten für dich in Aussicht ... Ich wünsche, daß du Elemérs Frau wirst ... Durch diese Ehe soll endlich Frieden geschlossen werden mit den Batthyánys, denn Elemér wird dann der Neffe des Königs ... Durch Gyula Andrássy ließ ich die Sache in die Wege leiten, Andrássy hat dich sehr gern und meint, du müßtest stolz sein, diese Mission zu erfüllen. Elemér, mit dem er bereits gesprochen hat, erklärte sich einverstanden; offenbar liebt er dich ... Allerdings ist er bedeutend älter als du, aber damit wirst du dich abfinden, ich bin sicher, ihr werdet glücklich sein ... Elemér wird sich dir also erklären, jedenfalls schon bei der nächsten Jagd.[25]

Doch der Plan der Kaiserin scheiterte angeblich am Starrsinn der Witwe Batthyány, die nämlich ihrem Sohn Elemér erklärt haben soll: „... daß in demselben Augenblick, wo er mit der Nichte des Königs, dem Mörder seines Vaters, am Altar stünde, sie sich eine Kugel in die Schläfe jagen würde."[26]

Elisabeth und die österreichische Außenpolitik: Lehrmeister Andrássy

Seit dem November 1871 amtierte Graf Andrássy als österreichischer Außenminister. Sein Ziel war nicht nur die möglichst weitgehende Annäherung und Anbindung Österreichs an das Deutsche Reich, sondern auch die Verbesserung des seit dem Krimkrieg gespannten Verhältnisses zum Russischen Reich. Besonders seit der Gründung des Deutschen Reichs war auch Franz Joseph mehr und mehr davon überzeugt, daß Österreichs Zukunft im Osten und vor allem im Südosten liege. Eine solche Neuorientierung der Politik, die ja für Österreich schicksalhaft werden sollte, erforderte ein Arrangement mit Rußland bei der Lösung der „orientalischen Frage". Die Politik gegenüber dem Osmanischen Reich und gegenüber den auf der Balkanhalbinsel sich emanzipierenden und neu entstehenden Staatsgebilden mußte mit Rußland abgestimmt werden. Rußland, das sich als Schutzmacht der slawischen Völker auf dem Balkan sah, unterstützte geheim und offen die gegen die türkische Herrschaft gerichtete panslawistische Agitation. Diese Agitation war um so wirksamer, als es das Osmanische Reich grundsätzlich versäumte, den vielfach gegebenen Versprechen auf Reform der europäischen Provinzen nachzukommen. Im Mittelpunkt der antitürkischen Bewegung stand Serbien, was für Österreich deswegen besonders heikel war, weil die Serben mit ihren in Ungarn sitzenden Stammesbrüdern regelmäßig Verbindung pflegten. Das orthodoxe Patriziat von Karlowitz in Kroatien war seit dem 18. Jahrhundert zum geistigen Zentrum der serbischen Unabhängigkeitsbewegung geworden!

Rußland

Die Aufgabe Andrássys war es nun, mit Rußland einen Ausgleich zu finden, ohne österreichische Lebensinteressen auf dem Balkan zu verletzen. Dem Besuch des Zaren Alexanders II. anläßlich der Weltausstellung 1873 folgte ein Besuch Franz Josephs in Rußland. Damit war eine Basis dafür geschaffen, daß die unvermeidlichen künftigen Auseinandersetzungen auf einer persönlichen Ebene bereinigt werden konnten. Daß eine solche Situation schneller eintrat, als der Kaiser dachte, lag an den Expansionsbestrebungen des serbischen Staates. 1875 kam es zu einem Aufstand der christlichen Bevölkerung in Bosnien, der nicht nur von Serbien, sondern auch vom österreichischen Dalmatien und von der kroatischen Militärgrenze aus gefördert wurde. Von Bedeutung ist in diesem Zusammenhang, daß in der österreichischen Armee die kroatischen und die aus der Militärgrenze stammenden orthodoxen Generäle eine besondere Rolle spielten und daß man in diesen Kreisen schon früh an eine Annektion Bosniens dachte. Doch auch Rußland gefiel sich in der Rolle eines Befreiers der Bosnier vom türkischen Joch. Dem Fürsten Bismarck war nun sehr daran gelegen, daß seine beiden Verbündeten Rußland und Österreich den Konflikt friedlich lösten. Die Lage verschärfte sich dramatisch, als Rußland militärisch intervenierte und Konstantinopel bedrohte. Das Eingreifen Englands zwang Rußland schließlich, einem europäischen Kongreß zuzustimmen, der unter Vorsitz Bismarcks in Berlin stattfand.

Alexander II. von Rußland (1818–1881), Zar und Kaiser seit 1855.

Auf dem Berliner Kongreß 1878 erhielt Österreich die Okkupation der türkischen Provinzen Bosnien und Herzegowina zugestanden, eine freilich fragwürdige Erweiterung der österreichischen Herrschaft auf der Balkanhalbinsel. In den Wiener und Budapester Parlamenten fand die Expansionspolitik des Außenministers heftige Kritiker, insbesondere nachdem sich herausstellte, daß eine friedliche Besetzung nicht möglich war. Die Bosniaken, die bisher gegen die türkische Besatzung revoltiert hatten, kämpften nun gegen die einmarschierenden österreichischen Truppen. Die Mobilisierung mehrerer Armeekorps gegen eine slawische Bevölkerung und die anschließende Einrichtung einer (deutschen) Militärverwaltung waren natürlich nicht dazu angetan, die Besetzung Bosniens bei den Slawen innerhalb der k.u.k. Monarchie populär zu machen.

Elisabeth war sich der Brisanz der Neuerwerbung bewußt, und sie mahnte ihren Mann in einem Schreiben: „...schicke nur nicht zuviel Russenfreunde nach Bosnien, wie Kroaten, Böhmen u.s.w."[27] Sie sah sehr deutlich, wie durch den Berliner Kongreß von 1878 die Beziehungen zu Rußland immer brüchiger wurden. Bismarck und Andrássy waren sich einig, daß einer russischen Bedrohung nur durch das enge Zusammenrücken von Österreich und Deutschland zu begegnen war. Tatsächlich handelten Andrássy und Bismarck im September 1879 den Text einer deutsch-österreichischen Defensivallianz aus. Gegen den Willen Bismarcks konnte Andrássy durchsetzen, daß der Bündnisfall nicht bei einem Angriff Frankreichs, sondern nur bei einem Angriff Rußlands gegeben sein sollte.

Für Kaiser Franz Joseph bedeutete dieses Bündnis mit Deutschland eine der wichtigsten Errungenschaften seiner Regierung. Seither wich er in blinder „Nibelungentreue" keinen Schritt von der Seite Deutschlands. Die slawische Bevölkerung sah darin jedoch nur eine Maßnahme, um die deutsch-ungarische Vorherrschaft im Reich zu sichern.

Für Andrássy war der Abschluß dieses Zweibundvertrages die letzte große Tat als Außenminister. Er mußte gehen, weil Franz Joseph ihn nach den verlustreichen Kämpfen in Bosnien nicht mehr halten konnte. Andrássy ahnte bis zuletzt nicht, daß seine Tage gezählt waren. Als er mit dem seit 1879 amtierenden Ministerpräsidenten Graf Eduard Taaffe keine Verständigung erzielen konnte, bat er um seine Demission, die ihm – zu seiner eigenen Überraschung – prompt gewährt wurde. Jedermann am Wiener Hof, wohl auch Andrássy selbst, hatte in diesem Augenblick mit Elisabeths Einschreiten gerechnet. Aber nichts geschah. Erzherzog Karl Ludwig, Bruder des Kaisers, meinte im Juni 1879 gegenüber Graf Hübner: „... daß die Kaiserin sich gänzlich an der Politik desinteressiert ... Nichtsdestoweniger setzt ihre ganz Andrássy ergebene Umgebung ihm zu dienen durch gelegentliches Intervenieren der Kaiserin zu seinen Gunsten fort."[28]

Die Regierung des Ministerpräsidenten Graf Taaffe stützte sich auf Tschechen, Polen und Slowenen sowie den Hochadel. Nun erhielten die Tschechen bedeutende Rechte (Sprachenverordnungen vom April 1880), eine Politik, die Elisabeth völlig zuwider sein mußte. Elisabeth demonstrierte auch nach außen, daß sie Taaffes Regierung ablehnte. Sie besuchte 1879 den kranken Andrássy zusammen mit dem Kaiser. Hübner bemerkte dazu: „Das ist eine Demonstration von seiten der Kaiserin, die natürlich Taaffe entmutigt."[29] Zu einem von Andrássy geplanten Kuraufenthalt vermerkte Hübner, daß die Ärzte ihn nach Bad Gleichenberg schicken wollten, „aber die Kaiserin (!!), sein letzter aber mächtiger Rückhalt, rät Ischl, wohin er auch gehen wird." Tatsächlich hat Elisabeth in der entspannten Atmosphäre von Ischl ein Zusammentreffen zwischen dem Kaiser und Andrássy arrangiert, doch ohne den gewünschten Erfolg. Der Kaiser machte die Entlassung Andrássys nicht mehr rückgängig.

Eduard Graf Taaffe (1833–1895)

Andrássys Nachfolger als Außenminister wurde Baron Haymerle. Als dieser jedoch nach kurzer Tätigkeit bereits im Oktober 1881 verstarb, setzte sich Elisabeth erneut für Andrássy ein, dessen Gesundheitszustand sich wieder gebessert hatte. Ihr Engagement war jedoch auch diesmal vergeblich. Neuer Außenminister wurde Gustav Sigmund Graf Kálnoky von

Köröspatak, Botschafter am Hof des Zaren. Franz Joseph meinte, daß jetzt ein Staatsmann nötig sei, der äußere Konflikte geduldig und behutsam lösen könne, nicht aber einer, der wie Andrássy dazu neigte, den Knoten zu zerhauen. In Kàlnoky fand der Kaiser einen Minister des Äußeren, der als Diplomat und menschlicher Charakter seinen Vorstellungen vollständig entsprach. Das aristokratische Wesen seines neuen Außenministers kam ihm sehr entgegen; lediglich an das Monokel, das Kálnoky ins Auge zu klemmen pflegte, konnte sich der Kaiser nie gewöhnen. Wichtig war, daß der Außenminister sowohl bei Fürst Bismarck als auch beim Petersburger Hofe Sympathien genoß. Kálnoky blieb bis 1895 Außenminister; Andrássys Zeit war vorbei. Dies erkannte auch die Gräfin Festetics, die 1881 in ihr Tagebuch schrieb: „... wenn Andrássy jetzt wirklich nicht kömmt! ich sage – er kömmt dann nicht mehr ... was dann? Die Kaiserin hat dasselbe Gefühl wie ich. Sie lassen ihn dann nicht mehr hinein. Jetzt ließ Gott keine Zeit zur Vorarbeit!"[30]

Die Nichtberufung Andrássys, die natürlich auch mit der Politik des Ministerpräsidenten Taaffe zusammenhing, war für Elisabeth eine Niederlage. An Taaffes Politik, so die Einschätzung Hamanns, entzweite sich die kaiserliche Familie: Kaiser Franz Joseph unterstützte Taaffe, Kaiserin Elisabeth und Kronprinz Rudolf, die beide überzeugte Liberale waren, lehnten ihn ab.

Ministerpräsident Taaffe war ab 1879 für 14 Jahre der einflußreichste Politiker am Hof. Er konnte Andrássy, der liberal gesinnt und zudem Freimaurer war, in seinem Kabinett nicht brauchen. Die Zeit des Liberalismus, die Andrássy verkörperte, war in Österreich vorbei. Für Elisabeth war Taaffe ein machtgieriger, ehrgeiziger und charakterloser Karrierist. In ihren Gedichten warf sie ihm vor, den gutmütigen Kaiser skrupellos auszunützen. Auch gegenüber ihrer Hofdame Festetics äußerte sie sich sehr kritisch zu Taaffes Machtgier:

> Der Kaiser war populär wie wenige Monarchen ... Unantastbar war er – stand über Allen in erhabener Würde, die ein Teil seines Ichs war und nun? nun – steht >Er< am Abgrund großer Complicationen und ist ein Werkzeug nur in der Hand eines leichtsinnigen Acrobaten, der oben bleiben will und ihn als Balancierstange benützt![31]

Innerhalb des Kabinetts Taaffe war es vor allem Kálnoky, den Elisabeth nicht akzeptierte. Sie empfand ihn als den Konkurrenten Andrássys, als einen Eindringling. Daher sparte sie auch nicht mit Kritik an ihm, eine Kritik, die sie wohl nicht nur im Gedicht geäußert haben dürfte. Franz Joseph freilich blieb davon ungerührt. Kálnoky gehörte mit seinem ganzen Wesen und politischen Denken noch dem alten Österreich vor dem Ausgleich an. Er war eine vornehme, kühle und sehr „reservierte" Natur, auch in seinen Verhandlungen mit dem Kaiser. Diesem imponierte er vor allem durch seinen Fleiß. Kálnoky „schrieb die meisten diplomatischen Noten und Akten mit eigener Hand, machte möglichst alles selbst, er lebte ganz für den Dienst, verkehrte ausschließlich in der Gesellschaft des hohen Adels und konnte sich später rühmen, niemals Männer der Presse empfangen zu haben, was er nicht nur für unnötig, sondern für fast gefährlich und unwürdig hielt."[32]

Auch gegenüber Bismarck hielt Kálnoky durchaus Distanz, obwohl ihm Elisabeth vorwarf, er würde sich von Bismarck einwickeln lassen. So beklagte sie, er hätte den von Andrássy 1879 geschlossenen Zweibundvertrag zwischen Österreich-Ungarn und dem Deutschen Reich durch zu große Unterwürfigkeit gegenüber Bismarck verfälscht. Ferner beklagte sich Elisabeth, daß Reuß, der deutsche Botschafter in Wien, sowie die deutsche Regierung den Bündnispartner Österreich-Ungarn übervorteilen würden. Auch das sei nach Meinung der Kaiserin die Schuld des schwachen Kálnoky. Selbst den Kaiser spart sie nicht aus in ihrer Kritik. Sie läßt ihn in einem ihrer satirischen Gedichte sagen:

> ... That schön den Russen, Preussen,
> Galt's meines Landes Wohl;
> Ja, auf den Kopf sie sch ... n
> Liess ich mir demutsvoll ...[33]

Vergleicht man Andrássys Kritik mit der Elisabeths, so wird die Übereinstimmung deutlich. Andrássy forderte eine selbstbewußtere Haltung Österreichs: „Das blinde Hinterherlaufen sei bei Deutschland nicht angebracht; er, Graf Andrássy habe dies besser verstanden; der Reichskanzler sei deshalb auf so gutem Fuß mit ihm gewesen, weil er ihm oft die Wahrheit gesagt; auch habe sich Deutschland in der Orient-Politik seiner Führung überlassen."[34] Elisabeth stand auch um diese Zeit offensichtlich nach wie vor in Kontakt mit Andrássy bzw. verfolgte dessen Tätigkeit und Äußerungen sehr genau. In einem ihrer Gedichte stellt sie seinen großen Erfolg, den am 7. Oktober 1879 (einen Tag vor seinem Rücktritt) unterzeichneten Zweibundvertrag zwischen Preußen und Österreich, der unglücklichen Politik Kálnokys gegenüber:

... Übern Löffel man barbiert
Kálnoky, den kleinen dicken,
In Berlin ganz ungeniert.

Und die wichtigen Traktate,
Die Andrássy einst gemacht,
Hat, wenn ich nicht falsch errate,
Bismarck heimlich umgebracht ...[35]

Im Jahr 1888, als Elisabeth in Budapest mit Andrássy zusammentraf, flammte ihr politisches Interesse wieder auf. Erneut kritisierte sie die verfehlte Außenpolitik Kálnokys, welchen sie in einem ihrer Gedichte „dickes Eselein" nennt. In diesem Gedicht „An meinen Ehgemal" forderte sie den Kaiser zum sofortigen Handeln auf. Nach ihrer politischen Einschätzung gab es nur einen, der die Situation noch retten konnte, nämlich Andrássy, den sie als „edlen Gaul" bezeichnet:

Sag' an, mein trauter Ehgemal,
Was willst du wohl bezwecken?
Mir däucht, zur allgemeinen Qual
Bleibt schier Dein Fuhrwerk stecken.

Das Es'lein, das Du vorgespannt,
Es kann schon nimmer weiter;
Zu tief hat sich's im Dreck verrannt;
O, wär' es nicht gescheidter

Du fingest jenen edlen Gaul
Dort, auf der freien Weide,
Und zwängest ihm den Zaum in's Maul,
Nicht morgen, nein noch heute.

Schon einmal riss er aus dem Dreck
Dir den verfahr'nen Karren,

D'rum jag' Dein dickes Es'lein weg
Eh' man Dich hält zum Narren.[36]

Elisabeths politische Grundeinstellungen sind, auch wenn wir sie nur über das Medium des Gedichtes kennenlernen, doch von einer erstaunlichen Konstanz. Es wäre falsch, ihre politischen Stellungnahmen als zeitbedingte, von Stimmung abhängige Eingebungen abzuqualifizieren. Daß Elisabeth im übrigen keineswegs ihre politischen Ansichten exklusiv von Andrássy bezog, zeigt schon die Tatsache, daß ja auch ihr Sohn Rudolf ihre Meinung teilte, ja daß Elisabeth und Rudolf die Exponenten einer Partei waren, die die eigentliche Gefahr für die Donaumonarchie in Rußland sahen. Sie votierten dafür, durch einen raschen Waffengang das damals noch schwache, aber auf dem Balkan immer aggressiver werdende Rußland in die Schranken zu weisen. Viele ernsthafte Historiker haben sich gefragt, ob die von Franz Joseph betriebene Ausgleichs- und Besänftigungspolitik gegenüber Rußland nicht dazu geführt hat, daß sich die Wolken noch mehr zusammenballten, um sich dann schließlich als verheerendes Gewitter im 1. Weltkrieg zu entladen. Richtig ist, daß Rußland in den 80er Jahren keine Verbündeten hatte und Österreich die Auseinandersetzung nicht scheuen mußte. Weder das mit seinen sozialen Problemen und mit republikanischen Experimenten beschäftigte Frankreich noch England hätten für Rußland einen Finger gerührt! Insofern kann man der Partei um Rudolf und Elisabeth, die Rußland als den Erbfeind Österreichs ansahen, nicht ihre realpolitische Berechtigung absprechen.

Obwohl uns die Kritik Elisabeths an der Politik ihres Mannes in den 80er Jahren im wesentlichen nur aus ihren Gedichten bekannt ist, so berechtigt das nicht zu der Schlußfolgerung, Elisabeth hätte sich sonst nicht geäußert. Selbst Kronprinz Rudolf, der sich in dieser Zeit über die mangelnde politische Schützenhilfe seiner Mutter beklagte, schilderte uns, wie seine Mutter noch hinter den Kulissen wirkte. Was freilich Elisabeth im einzelnen ihrem Mann gegenüber oder auf offiziellen Treffen mit Staatsmännern an politischen Ansichten äußerte, läßt sich indirekt nur aus den politischen Gedichten erschließen. Charakteristisch ist z. B. Elisabeths

Stellungnahme zu dem für die russisch-österreichischen Beziehungen so wichtigen Zusammentreffen Franz Josephs mit dem russischen Zaren Alexander III. Mitte August 1885 in Kremsier, an dem auch Elisabeth teilnahm. Vorausgegangen war ein Treffen des österreichischen Kaiserpaars mit dem deutschen Kaiser am 6. August. Bezeichnend für die von Franz Joseph betriebene Politik der Verständigung im „europäischen monarchischen Familienkreis", bei dem natürlich auch die sonstigen Familienmitglieder, auch Elisabeth, ihre Rolle spielen mußten, ist der anonyme Artikel „Gastein und Kremsier", den Kronprinz Rudolf am 6. August im „Neuen Wiener Tagblatt" veröffentlichte. Der Artikel macht deutlich, welchen Einfluß Rudolf seiner Mutter noch zubilligte. Es lag wohl in seiner Absicht, die Öffentlichkeit zu täuschen, vielleicht wollte er auch Gerüchte zerstreuen, wenn er dabei ausdrücklich erwähnt, daß es die Kaiserin immer „sorgfältig vermieden hat, Einfluß auf politischem Gebiete zu üben". Diese Bemerkung darf man als dynastische Propaganda zugunsten des Kaisers verstehen.

Gastein und Kremsier. 6. August 1885

Das österreichische Kaiserpaar langt heut zum Besuche des Kaisers von Deutschland in Gastein an. Die Historiker des europäischen Hofzeremoniells werden, wenn sie nicht etwa den Besuch der Königin Viktoria bei Napoleon III. und Kaiserin Eugénie in Betracht ziehen wollen, in Verlegenheit sein, für diese merkwürdige Tatsache Analogien oder ähnliche Fälle anzuführen. Um so leichter wird sich die Denkart unserer deutschen Bevölkerung mit dem Vorgange zurechtfinden und befreunden. Sechzehn Male bereits haben sich Kaiser Franz Joseph und Kaiser Wilhelm bei solchen Begegnungen die Hände gedrückt: die heutige Begegnung erhebt sich jedoch über die Bedeutung einer einfachen politischen oder Hoftatsache durch die Anwesenheit der hohen Frau, die unsern Monarchen zur Begrüßung des Deutschen Kaisers begleitet, und zwar umso mehr, als Kaiserin Elisabeth immerdar sorgfältig vermieden hat, Einfluß auf politischem Gebiete zu üben. Es ist eine menschlich rührend Huldigung an das ehrwürdige Alter des Gastes, was sich heute in dem Alpenbadeorte vollzieht, und die Kaiserin von Österreich vollbringt einen Akt, der eher in den Rahmen eines traulichen, auf herzlicher Sympathie, nicht auf Höflichkeitsrücksichten beruhenden Familienlebens, als in denjenigen eines von der bloßen Staatsraison bestimmten Verhältnisses zu passen scheint ... Wie bei der Begegnung in Gastein, so werden

> auch bei der für die zweite Hälfte dieses Monats in Kremsier angesagten Begegnung unseres Kaisers mit dem Kaiser von Rußland die beiderseitigen Minister des Auswärtigen nicht anwesend sein. Den Zaren soll aber seine Gemahlin begleiten und an der Seite unseres Kaisers Kaiserin Elisabeth und Kronprinz Rudolf sich befinden. Es wird in Kremsier ein Stelldichein der beiden kaiserlichen Familien statthaben. Und in dieser Hinsicht kommt dem Ereignisse in Kremsier kaum eine geringere Bedeutung zu als demjenigen in Gastein. Man weiß, wie innig seit langen Jahrzehnten die Beziehungen zwischen den Höfen von Berlin und St. Petersburg waren ... Die Errichtung leicht inniger Beziehungen zwischen Wien und St. Petersburg war nun seit langem der lebhafte Wunsch derjenigen, welche die Überzeugung hegen, daß trotz dieser und jener widerstreitenden Interessen ein ähnliches intimes Verhältnis zwischen Rußland und Österreich ... bestehen könnte und sollte.[37]

Das Treffen in Kremsier erfüllte nicht die Erwartungen Rudolfs und Elisabeths. Ganz im Gegenteil fanden sich beide in ihrer antirussischen Haltung bestätigt. Der familiäre Charakter des Treffens, das angesichts der zunehmenden Spannungen auf dem Balkan nicht ohne politische Untertöne auskam, wurde dadurch eingeschränkt, daß entgegen der Ankündigung und dem Wunsche Rudolfs auch die russischen und österreichischen Außenminister anwesend waren. Man tagte in Olmütz im Sommerschloß des Erzbischofs. Nach Wien zurückgekehrt, zog Elisabeth in ihren Gedichten sehr eingehend Bilanz über die Tage von Kremsier. In spöttischer Art schildert sie die beteiligten Personen als Affen, etwa Zar Alexander III. als Pavian, dessen Frau Maria Feodorowna, eine Tochter König Christians IX. von Dänemark, als „kleine Äffin" und die beiden Söhne Nikolaus (der spätere Zar Nikolaus II.) und Georg als „zwei Äfflein". Die Diplomaten (insbesondere den österreichi-

Alexander III. von Rußland (1845–1894), Zar und Kaiser seit 1881.

schen Außenminister Graf Kálnoky) tituliert sie als „Makaken", die sich über ihre Orden und Bänder freuen, die ihnen der Zar verlieh, die aber dem österreichischen Doppeladler nur zur Schande gereichen würden:

O Muse! Was sagst du wohl zu Kremsier?
Mein Pegasus wird hier zum Höckertier!
Ja, wahrlich, als Kameel nur kann er tragen
Die Affen all', die seinen Buckel tragen,
Ein Pavian thront als Höchster majestätisch
Im fremden Rock, gar ernst und gravitätisch;
Ein grosses Tier aus Asiens weitem Lande,
Fühlt er sich selbstbewusst trotz seiner Bande.
Die kleine Äffin, dem Gemahl zur Seite,
Die knickst gar lieb auf all' die johlend' Leute.
Zwei Äfflein, wie der Vater wohlgelungen,
Erscheinen auch als Militärs, die Jungen.
Ein ganzes Heer von decorierten Affen,
Das gibt sich grinsend, schnatternd viel zu schaffen.
In Frack und Uniform sind hier Makaken.
Mit Ordensband, voll Schnurren und voll Schnacken;
Manch' Diplomaten-Eslein freut die Bande,
Dem Doppelaar gereicht sie nur zur Schande;
Das Stück ist aus – Slava! Sie sollen leben!
Die Schüssel schnell, ich muss mich übergeben.[38]

Ähnlich kritisch-resignierend äußerst sie sich in einem weiteren Gedicht:

Das waren „Reiche" Tage
an Mühe und an Plage;
Das waren „teure" Freunde,
Die jetzt Kremsier vereinte. –
Der Nutzen wird sich zeigen!
Drum heisst's einstweilen schweigen![39]

Nach Schönbrunn zurückgekehrt, fühlt sich Elisabeth wie ausgelaugt: „Mir armen, müden Hasen, Wie thut die Ruhe wohl!" dichtet sie und muß immer wieder mit Grausen an die Russen in Kremsier denken. Ihr Gespür sagt ihr, daß Rußland in seiner aggressiven Art das behäbige Österreich nicht in Ruhe lassen wird: „Es haben russ'sche Hunde, Mir gar arg zugesetzt; Ich fühl' mich noch zur Stunde, Wie fast kaputt verhetzt."[40]

Im Gegensatz zum Kaiser und seinem Außenminister Kálnoky mißtraute Elisabeth den russischen Friedensbeteuerungen. Die Haltung Rußlands in den sich zunehmend verschärfenden Balkankonflikten sollte Elisabeth recht geben. Rudolf hatte in einem Brief an Moriz Szeps bereits am 1. August 1885 prophezeit: „Während sich die Monarchen umarmen werden, schicken die Russen Gewehr und Munition in Mengen nach Serbien und selbst auch nach Bosnien, um einen Aufstand vorzubereiten; man sieht, wie nützlich die Politik unseres Staatsmannes am Ballplatz ist."[41]

Tatsächlich war Rußland keineswegs gewillt, die Verhältnisse auf dem Balkan auf sich beruhen zu lassen. Man grollte in St. Petersburg insgeheim und offen gegen die durch den Berliner Kongreß 1878 geschaffene Ordnung. Die mit Österreich informell getroffene Abgrenzung der Einflußsphären auf dem Balkan kam ins Wanken, als in Bulgarien der aus dem hessischen Haus Battenberg stammende Fürst Alexander die Revolution in Ostrumelien unterstützte und daraufhin König Milan von Serbien leichtfertig einen Krieg gegen Bulgarien vom Zaun brach. Als innerhalb von wenigen Tagen die serbischen Truppen von den Bulgaren besiegt wurden, mußte Österreich intervenieren und die streitenden Parteien zum Friedensschluß drängen. Rußland ließ nun den Fürsten Alexander aus Sofia vertreiben und versuchte ganz offen, die Herrschaft in Bulgarien an sich zu reißen. Damit wäre die durch die Berliner Kongreßakte von 1878 vorgenommene Neugestaltung der Balkanhalbinsel stark gefährdet gewesen, was Österreich nicht dulden konnte. Besonders schwierig wurde die Lage, als dann der in Wien lebende katholische Prinz Ferdinand von Coburg zum Nachfolger des Fürsten Alexanders gewählt wurde. Im Frühjahr 1887 stand die Entscheidung über Krieg und Frieden auf des Messers Schneide. Das Parlament bewilligte Rüstungskredite, und die galizischen Festungen wurden verproviantiert.

Elisabeth als treue Schülerin Andrássys machte für diese Situation neben den Russen vor allem Außenminister Kálnoky verantwortlich. Schon 1886 hatte Graf Andrássy in geheimen Denkschriften an den Kaiser dessen vorsichtige Politik aufs schärfste verurteilt. Auch im ungarischen Reichstag griff er

Kálnoky heftig an, da dieser seiner Meinung nach die Errungenschaften von 1878 preisgeben würde.

Da Franz Joseph jedoch die von Kálnoky betriebene Politik der Verständigung unterstützte, liefen alle Versuche Andrássys, Rudolfs und Elisabeths, die Ablösung des Außenministers zu erreichen, ins Leere. In einem Gedicht, das sie fiktiv an den russischen Botschafter in Wien, Fürst Alexis Labanow-Rostowski, richtete, beklagte sie die bedrohliche Haltung der Russen, die ganz im Gegensatz stehe würde zu dem freundlichen Gebaren des Zaren auf dem Treffen in Kremsier:

> ... Denken Sie noch, Prince Labánoff,
> An die Tage in Kremsier,
> Wo wir an dem Kardinalshof
> Lebten flott und in Plaisir?
>
> Ja, wir krochen Ihrem Zaren
> In die Nasenlöcher schier;
> Und doch thut er sich gebaren
> Gegen uns jetzt wie ein Tier ...[42]

Deutsches Reich

Gespalten war das Verhältnis Elisabeths zur Politik des Deutschen Reiches. Einerseits unterstützte sie Andrássys Politik der Annäherung, andererseits war ihr innerlich das preußische Wesen höchst zuwider. Sie konnte die Hohenzollern ebensowenig leiden wie ihr Sohn Rudolf oder wie König Ludwig II. Ihre Abneigung gegen Preußen bekam auch Elisabeths Tante Elisabeth, die Schwester ihrer Mutter Ludovika, zu spüren. Elisabeth war mit dem 1861 verstorbenen Preußenkönig Friedrich Wilhelm IV. verheiratet gewesen; als die verwitwete preußische Königin 1867 plante, nach Ischl zu kommen, reiste Elisabeth ab. „Mit Preußen will ich nicht zusammenkommen“[43], schrieb sie an ihren Schwager Erzherzog Ludwig Viktor. Hier wird deutlich, daß sie die österreichische Niederlage von 1866 noch nicht vergessen hatte.

Elisabeths tendenzielle Preußenfeindlichkeit schloß indes nicht aus, daß sie das politische Genie eines Bismarck anerkannte und daß sie die bedingungslose Annäherung ihres

Mannes an Deutschland, die ja von Andrássy in die Wege geleitet worden war, mittrug.

Elisabeth traute den Hohenzollern und besonders Bismarck jederzeit kriegerische Aktionen zu. Ende 1885 war man in Wien der Ansicht, es stünde ein Konflikt zwischen Deutschland und Frankreich bevor. Im Frühjahr 1886 hielt man auch in Berlin einen Krieg gegen Frankreich für wahrscheinlich. Bismarck beließ es aber bei markigen Reden und schlug lieber verbal auf die Polen in Preußen ein, was Elisabeth sehr ärgerte, denn Bismarck hatte in einer nationalistischen Rede dem polnischen Adel in Preußen empfohlen, nach Galizien, also in die Donaumonarchie auszuwandern. In dieser Anspielung auf das heruntergekommene Österreich steckte ein deutlicher Seitenhieb gegen die slawenfreundliche Politik des Ministeriums Taaffe. Elisabeth nahm sich die Freiheit, den preußischen Botschafter in Wien, Prinz Reuß, wegen dieser Äußerung anzusprechen. Dieser schrieb nach Berlin: „Ihrer Majestät Besorgnis, daß in der Rede etwas Unfreundliches für Österreich gelegen habe, habe ich sehr entschieden bekämpft …"[44] Bismarck war im übrigen der Meinung, in Elisabeth eine treue Verbündete für seine Politik zu haben. Freilich übersah er dabei, daß Elisabeth nicht in allem einer Meinung mit Andrássy war.

Im Sommer 1886 versuchte Bismarck, durch eine demonstrative Annäherung an Österreich gegenüber Frankreich und Rußland aufzutrumpfen. Im August trafen sich Bismarck und der alte preußische König Wilhelm mit dem Kaiserpaar in Gastein. Kronprinz Rudolf kommentierte die Gasteiner Begegnungen: „Wir waren noch niemals in den letzten Jahren mit Deutsch-

Otto Graf von Bismarck (1815–1898).

land so intim und eng verbunden als wie jetzt. Man wirbt von Berlin aus um unsere Freundschaft auf eine ganz unglaubliche Art. Bismarck fürchtet sich vor einer Allianz Frankreichs mit Rußland; er hält den französischen Krieg für unausweichlich ... Mit der Möglichkeit eines russischen Krieges soll er jetzt ganz beschäftigt sein; spricht fort von demselben, fordert gemeinsames Vorgehen auch in militärischen Dingen ... Der Wunsch Bismarcks ... unseren Kaiser zu sehen und die Art, wie er die Gasteiner Tage inszeniert hat, lassen es als klar erscheinen, daß er etwas im Schilde führt; er braucht uns sehr notwendig, das ist ein Faktum ..."[45]

Auf Elisabeth hatte dieses Zusammentreffen mit dem deutschen Reichskanzler in Gastein offensichtlich Eindruck gemacht. Sie nahm es zum Anlaß, Bismarck, dem „größten Geist der Zeit" ein Gedicht zu widmen, in dem sie dessen Politik allerdings wenig schmeichelhaft charakterisierte:

„Prädestiniert und sieggeweiht
Ziehst du, der grösste Geist der Zeit,
Geharnischt über uns're Welt,
Völker mähend, wie dir's gefällt.
Du Eisenstern auf blut'ger Bahn,
Unüberwindlich stets voran! –
Wo endet wohl dein Siegeslauf?
Führt er hinab, führt er hinauf?[46]

In Berlin gab man sich der Hoffnung hin, daß Elisabeth die Politik Bismarcks unterstützen würde. Man war dort überzeugt, daß Elisabeth nicht nur eine Staffage an der Seite ihres Mannes war, wie man das in der offiziösen österreichischen Propaganda gern zum besten gab, sondern daß die Kaiserin sehr wohl in der Lage war, auf den Kaiser einzuwirken. Diese Einschätzung wird durch die Tatsache untermauert, daß Elisabeths Bruder Ludwig in Berlin ernstgenommen wurde, als er sich anbot, mit Hilfe seiner Schwester zwischen Berlin und Wien zu vermitteln. Er wußte im März 1887 in Berlin zu berichten, „daß Seine erlauchte Schwester Deutschland treu ergeben sei" und war „überzeugt, daß Höchstdieselbe im Augenblick der Gefahr Ihre Stimme in unserm und der österreichischen Dynastie Interesse zu erheben und geltend zu machen verstehen werde". Herzog Ludwig wollte sogar im Bedarfsfall nach Wien eilen, „um ... Ihrer Majestät genau die Richtungen zu bezeichnen, gegen welche Höchstdieselbe auftreten haben würde". Herzog Ludwig meinte zwar, daß der Kaiser die Ratschläge der Kaiserin nicht liebe, „denselben aber Sich in der Regel füge."[47]

Wie geschätzt Elisabeths politische Meinungen am Berliner Hof waren, zeigt im übrigen mehr als vieles andere die Randbemerkung Kaiser Wilhelms II. auf einem Gesandtschaftsbericht von 1890. Elisabeth sei, so meinte der Kaiser, „eine der politisch am klarsten und objectivsten denkenden Fürstinnen des Jahrhunderts."[48]

Italien

Zwiespältig und mißtrauisch war Elisabeths Haltung auch gegenüber Italien. Sie hat die Heimtücke des Hauses Savoyen und den Verlust der italienischen Besitzungen wohl nie verwinden können. Ihr Mann war in diesem Punkt sicher gleicher Meinung, doch er war gezwungen, Realpolitik zu machen. Franz Joseph hat sich äußerlich sehr bald von der Hoffnung auf eine Wiedergewinnung der italienischen Gebiete freigemacht. Der Besuch des Königs Viktor Emanuel 1873 in Wien und der Gegenbesuch des Kaisers in Venedig 1875 dokumentierten diese Wende, die dem Kaiser sicher nicht leichtgefallen war. Seit 1882 war Österreich sogar mit dem „Erbfeind" Italien verbündet.

Dieser „Dreibund" zwischen Deutschland, Österreich und Italien war die Folge des von Andrássy mit Bismarck geschlossenen Zweibunds von 1879, durch den das monarchische Mitteleuropa nach dem Willen der beiden Staatsmänner zusammengeschweißt werden sollte. Diese Defensivallianz hatte das Gefallen Italiens gefunden, seitdem man in Rom wegen der Errichtung eines französischen Protektorats in Tunesien 1881 auf Frankreich nicht gut zu sprechen war. Tunesien betrachtete die Italiener als ihre Einflußzone: Spätestens bei dem allgemein erwarteten Zusammenbruch des Osmanischen Reiches wollte man dieses Land, in das schon viele Italiener eingewandert waren, besetzen. Italien dachte also vor allem an Tunesien, als es in Wien den Dreibundvertrag am 20. Mai 1882 unterzeichnete. Darin sicherte Deutschland und Österreich Italien Schutz gegen Frankreich zu. Das monarchische Prinzip sollte durch Einbindung des innerlich noch schwachen Italiens gestärkt, Frankreich und der Republikanismus isoliert werden. Nun verzichtete Italien gegenüber Österreich offiziell auf die Geltendmachung von Gebietsansprüchen auf Triest und Trient. Die italienischen „Irredentisten", die für den Anschluß von Trient und Triest an Italien kämpften, erhielten von der italienischen Regierung keine Unterstützung mehr und wurden jetzt über geheime Kanäle von Frankreich aus versorgt.

Als im Jahre 1887 der auf fünf Jahre begrenzte Dreibund erneuert wurde, war Elisabeth angesichts der drohenden Auseinandersetzungen mit Rußland keineswegs von Italiens Bündnistreue überzeugt. Im Januar 1887 sprach sie in ihrem Gedicht „Hofball" den italienischen Botschafter Graf Constantino Nigra an:

In dem Lande der Verräter,
Wo der Tiber klassisch fliesst,
Wo den ewig blauen Äther
Träum'risch die Cypresse grüsst,

An des Mittelmeers Gestaden,
Cher comte Nigra, lauert man,
Uns zu zwicken in die Waden,
Geht der Krieg mit Russland an.[49]

Einen Monat nach der Abfassung des Gedichtes schloß Außenminister Kálnoky mit Italien einen Vertrag, in dem Österreich für jede Veränderung im Orient auch Italien einen Ersatz zusprach. Österreich, Italien und zusätzlich noch England verbündeten sich gegen das republikanische Frankreich, um sich gemeinsam das Erbe des Osmanischen Reiches im Mittelmeerraum aufzuteilen. Für den türkischen Gesandten in Wien hatte Elisabeth nur noch Mitleid übrig:

Servus, kleines Jammerwesen
Unter hohem roten Fez,
Bis Ihr nicht komplett verwesen,
Dürft Ihr zappeln noch indes

Allahs Macht kennt keine Massen,
Mahomet ist sein Prophet,
So allein kann man es fassen,
Daß ihr Türken noch besteht.[50]

Elisabeths Visionen zum Untergang des Habsburger Reiches

Das Jahr 1886 bezeichnete Elisabeth in ihrem Gedicht „Eine wahre Geschichte" sarkastisch als das Jahr des Heils. Aufgrund der familiären und politischen Verhältnisse sah sie den Untergang des Habsburger Reiches kommen. Politisch, meinte sie, sei das Reich vor allem durch einen russischen Angriff gefährdet. Aber auch die in den 80er Jahren zunehmenden Skandale um die Erzherzöge waren für Elisabeth drohende Vorboten des Unheils, des Untergangs des Habsburger Reichs.

Besonders bekannt wurden die Eskapaden der beiden Neffen des Kaisers, die sich in ihren Provinzgarnisonen zur Empörung der Öffentlichkeit manche Exzesse zuschulden kommen ließen. Als einmal der radikale Abgeordnete Engelbert Pernerstorfer im Abgeordnetenhaus einige von den Heldenstückchen der beiden Erzherzöge zum besten gab, ließen diese oder ihre Freunde den Abgeordneten durch bürgerlich gekleidete Unteroffiziere ihrer Regimenter verprügeln. Dieser Vorfall schadete dem Ansehen der Dynastie sehr, da es der Kaiser unterließ, eine Bestrafung der Schuldigen anzuordnen. Für Elisabeth bildete das Bubenstück des Erzherzogs Otto den Anlaß zu einem verächtlichen Gedicht. Otto (1865–1906) der Sohn von Elisabeths Schwager, Erzherzog Karl Ludwig, war 1886 unangenehm aufgefallen, als er im Alter von 21 Jahren in seiner Garnison in Klagenfurt anläßlich eines Gelages die Bilder des Kaiserpaars aus dem Fenster warf und dazu obszöne Späße machte. Ferner wollte er seine Zechkumpanen im betrunkenen Zustand in das Schlafzimmer seiner Frau Maria Josepha von Sachsen führen, um ihnen eine „Nonne" zu zeigen. Der Adjutant Graf Dürckheim konnte das Vorhaben im letzten Moment verhindern, indem er sich vor die Schlafzimmertür stellte. Elisabeth registrierte diese und ähnliche Vorgänge mit großer Empörung. Auch mit ihrer Tochter Marie Valerie besprach sie das trostlose Benehmen der Familie. Am 9. Mai 1887 schrieb Marie Valerie in ihr Tagebuch: „Den ganzen Tag mit Mama, sprachen … von Otto, dem man die schrecklichsten Sachen nachsagt, vom schlechten Zustand der kaiserlichen Familie und Österreichs im Allgemeinen und Mama prophezeite viel Unheil …"[51]

Bereits 1882 hatte Elisabeth ihrem Unmut über die desolaten familiären Zustände Luft gemacht:

Hallo Habsburg, was ist los?
Was starrst verzweifelt in den Schoß?
Und ringst die alten Hände?
Verhüllst das Haupt und seufzest schwer –
Das müde Auge trännenleer –
Denkst Du an unser Ende?

Denkst Du der Sprossen, die Du gezeugt,
Die zynisch roh des Hauses Schand,
Gebärden sich, als wär das Land
der Tummelplatz ihrer Launen?

Mit Recht, o Habsburg, verhüllst Du das Haupt,
Mit Recht ringst Du die Hände.
Gedenkst Du der Sprossen, auf die Du gebaut
Und bedenkst Du das bittere Ende.[52]

Und 1887 klagte sie:

… Habsburg! was ist los?
Stierst Dir verzweifelt in den Schoss,
Und ringst die alten Hände,
Als nahte schon Dein Ende!

Wehe! wehe! dass erleben
Musst' ich diesen Trauertag!
Weh, dass je mein Schoss gegeben
Den, der meine grösste Schmach!

Alte lass das Lamentieren!
… kann denn nichts mehr Dich kurieren,
sind schon gar die Russen nah?

Schwer bedrängt bin ich von aussen
Und von Feinden rings umstellt;
… daheim das wüste Hausen
Ist's was meine Grösse fällt …[53]

Die schlechte Meinung über die Erzherzöge teilte Elisabeth im übrigen durchaus mit ihrem Mann. Der Kaiser wahrte strengste Distanz zu seiner zahlreichen Verwandtschaft. Die Erzherzöge kamen in der Regel nur in seine Nähe, wenn dies im Rahmen ihrer Dienstaufgaben notwendig war. Familiäre Kontakte wurden auf das notwendigste beschränkt. Politische Ratschläge aus dem Kreis der Erzherzöge waren unerwünscht und wurden völlig ignoriert. Gegenüber Mitgliedern der Familie, die sich durch ihr Verhalten gewollt oder ungewollt gegen die Dynastie entschieden, verhielt Franz Joseph sich gnadenlos und unbarmherzig. Als ihm etwa am 8. Oktober 1889 Erzherzog Johann Salvator mitteilte, daß er das „unwürdige Dasein eines fürstlichen Müßiggängers" nicht mehr weiter führen und einen bürgerlichen Beruf ergreifen wolle, da reagierte der Kaiser auf diesen in der Geschichte des Hauses Habsburg bisher einmaligen Vorgang prompt. Gestützt auf ein geheimes Hausstatut aus dem Jahre 1839, nach dem der Kaiser die alleinige Aufsicht und das unbeschränkte Richteramt über die Familienmitglieder hatte, genehmigte der Kaiser umgehend den Verzicht Johann Salvators auf alle Rechte eines Erzherzogs, verfügte die Streichung der Apanage und verbot dem ehemaligen Erzherzog, der den bürgerlichen Namen Johann Orth annahm, in Zukunft das Staatsgebiet Österreich-Ungarns zu betreten. Als Erzherzog war Johann Salvator schon vor 1889 dem Kaiser durch seine politischen und privaten Eskapaden unangenehm aufgefallen. Er hatte sich nicht nur zu Fragen der Armeereform geäußert, sondern hatte auch 1886/87 in Bulgarien intrigiert. Sein jahrelanges Verhältnis mit der Tänzerin Ludmilla Stubel, die er in alle Garnisonsstädte, in denen er diente, mitnahm, konnte ihm auch der Kaiser nicht verbieten. Mitte Juli 1890 versuchte Orth mit einem eigenen Frachtschiff auf dem Weg nach Chile Kap Horn zu umschiffen. Das Schiff geriet in einen Sturm und ging unter.

Es waren vor allem die Mitglieder der toskanischen Linie, die dem Kaiserhaus Sorgen bereiteten. Prominentestes Beispiel neben Johann Salvator war Erzherzog Leopold Ferdinand, der sich als Marineoffizier wegen seiner moralischen Ausschweifungen mit dem Thronfolger Franz Ferdinand (seit 1896) überwarf. Als Franz Ferdinand den Vorfall an Erzherzog Albrecht meldete, schrieb dieser zurück: „Leopold hatte immer einen schwierigen, um nicht zu sagen bösen Charakter, er ist hochmütig, ungehorsam, irreligiös und in der Marine unbeliebt ... Du hast jetzt einen neuen Beweis, was in der toskanischen Linie an wällischer Verschlagenheit, bourbonischer Miserabilität und antiösterreichischer Gesinnung geleistet wird und fortwuchert. Gebe Gott, daß es gelingen möge, wenigstens, die Mehrzahl zu besseren Gesinnungen zurück zu führen ... Rasch hintereinander ist dies nun der dritte schmachvolle Fall im Erzhaus, welcher dieses in der ganzen Welt discreditiert und entehrt. Zwei haben sich selbst gerichtet. Was wird der dritte tun?“[54] Erzherzog Leopold Ferdinand blieb sich treu. Er trotzte weiter dem Kaiser und mußte schließlich unter dem bürgerlichen Namen Leopold Wölfling sein Domizil in der Schweiz aufschlagen. Für den Kaiser war er gestorben, und als einmal Leopolds Mutter beim Ausbruch des 1. Weltkrieges dem Kaiser den Wunsch ihres Sohnes nahebringen wollte, dem Vaterland als Soldat zu dienen, soll der Kaiser gesagt haben: „Erwähne den Namen Leopold nicht mehr ... er ist, seit ich ihn verbannt habe, tot für mich und er wird es immer bleiben.“[55]

Besonders haßte Elisabeth offensichtlich Franz Josephs jüngsten Bruder, den Erzherzog Ludwig Viktor (1842–1919), den sie als dumm, heimtückisch und geschwätzig beschreibt:

> ... In dem kränklich schlaffen Leib
> Herrscht ein äffisch Wesen;
> Lügen ist stets Zeitvertreib
> Ihm und Pflicht gewesen
>
> Ehrabschneiden zum Metier
> Hat er sich erkoren;
> Drum, der ihm verfällt, dem weh!
> Der ist schon verloren ...[56]

Anläßlich eines Abendessens bei Erzherzogin Sophie am 21. Januar 1872 führte Elisabeth ihre neue Hofdame Gräfin Marie Festetics bei Hof ein. Ludwig Viktor nahm die Gräfin provokativ nicht zur Kenntnis. In ihrem Tagebuch notierte daraufhin Festetics, daß Elisabeth versucht hat, sie zu trösten: sie müsse sich daran gewöhnen, daß man in ihrer Umgebung

„verfolgt" werde. Sie wundere sich, daß der Erzherzog nicht versucht hätte, sie zu erziehen: „...weil er jeden Menschen erziehen will, nur sich selbst nicht."[57]

Wenig später notierte Gräfin Festetics in ihr Tagebuch die folgende Bemerkung Elisabeths:

> Erzherzog Ludwig hat mir, um mich zu ärgern, getreu alles wiedererzählt, was die Leute über mich lügen. Natürlich haßt er mich und will mich damit treffen. Jetzt sehe ich ihn nie mehr allein und empfange ihn nicht. Er hat so viel getratscht und gelogen, daß er mir wirklich mein Leben verdorben hat. – Über jeden schimpft er und auch über mich. Er sagt häßliche Sachen und erzählt dann, ich hätte sie gesagt. Jetzt sehe ich ihn nicht mehr und lebe in Ruhe.[58]

Auch Franz Joseph war sich in der negativen Beurteilung seines jüngsten Bruders Ludwig Viktor durchaus mit Elisabeth einig. Nachdem für den Kaiser der Erzherzog schon immer das Musterbeispiel eines Nichtstuers war, brach er mit ihm endgültig, als seine sexuellen Neigungen bekannt wurden. Ludwig Viktor mußte seit Mitte der 90er Jahren verbannt auf Schloß Klesheim bei Salzburg leben und durfte dem Kaiser nie mehr vor das Angesicht kommen. In Klesheim starb er 1919.[59]

Aber nicht nur die Habsburger Familie gab Anlaß zur Sorge, auch die gesamte Monarchie begann nach Meinung Elisabeths in den Grundfesten zu wanken: Ein alter Baum, der fallen mußte. Mitleid hatte sie nur mit dem „Pechvogel", ihrem Gemahl, der in einem alten Baum saß, der von den Feinden im Osten und Westen bald weggeblasen werden würde.

> ... Im Ostnordost da türmte
> Sich schwarze Wolkenwand
> Von Westen aber stürmte
> Ein roter Feuerbrand ...
>
> Der Baum muss endlich fallen,
> Er hat sich überlebt,
> Doch für den armen Vogel
> Da hat mein Herz gebebt![60]

Nicht weniger deutlich äußerte sich Elisabeth in Gegenwart ihrer jüngsten Tochter Marie Valerie. Diese notierte in ihrem Tagebuch: „Übrigens glaubt Mama, dass sich Österreich überhaupt nicht halten wird, wenn Papa nicht mehr ist, der durch die Macht seines Charakters und aufopfernde Güte die widersprechensten Elemente eint … Nur die Liebe zu Papa halte die Völker Österreichs zurück, offen zu bekennen, wie sehr sie sich nach dem großen deutschen Vaterland zurücksehnen, aus dem sie verbannt sind."[61] Auch der Kronprinz vertrat diese Meinung. An seine jüngere Schwester Marie Valerie schrieb er pessimistisch: „Wenn Papa einmal die Augen schließt, wird es in Österreich sehr ungemütlich. Ich kenne, was dann folgt, nur zu genau und gebe Euch den Rat, dann auszuwandern."[62]

Diese Vision eines untergehenden Reichs teilte Elisabeth mit ihrem Sohn Rudolf, der Österreichs bedingungslose Anlehnung an Deutschland und die Nibelungentreue seines Vaters für einen Fehler hielt. 1885 war er der Ansicht, daß Deutschland bereits den Höhepunkt seiner Macht überschritten habe: „Der Kulminationspunkt ist erreicht; wir schließen uns immer fest an Staaten, die schon ihre höchste Blüte hinter sich haben, das ist alt-österreichisch." Im Gegensatz zu seiner Mutter glaubte Rudolf aber an eine innere Kraft Österreichs. Für ihn kann ein Reich, das so viele Rückschläge und fehlerhafte Politik überlebt hat, nicht so schnell zugrunde gehen: „Wir haben unsere Rolle noch nicht ausgespielt und ein Staat, den die größten Fehler, Ungeschicklichkeiten und Unglück nicht umzubringen imstande waren, geht nicht in dem Moment zugrunde, wo die Erfüllung seiner Existenzbedingung und Kulturmission an ihn herantritt."[63] Wie diese Kulturmission aussehen soll, darüber äußert sich Rudolf im übrigen klar: „…abendländische Kultur siegt gegen moskowitische Unkultur!"[64]

Schlechte Nachrichten aus Bayern: Elisabeth und der Tod Ludwigs II. von Bayern

Mit großer Aufmerksamkeit hat Elisabeth die Vorgänge um die Absetzung des bayerischen Königs Ludwig II. und dessen Tod (1886) verfolgt und in ihren Gedichten kommentiert und aufgearbeitet. In einem davon ließ sie den toten Ludwig klagen:

Doch das feile Hofgesinde
Und die Blutsverwandten spannen
Tückisch, heimlich ihre Netze,
Und auf meinen Sturz sie sannen.

Schergen sandten sie und Ärzte,
Den „Verrückten" einzufangen,
Wie den Edelhirsch der Wilddieb
Meuchlings fällt mit Strick und Stangen.[65]

Äußerst empört registrierte sie das angeblich heuchlerische Verhalten der bayerischen Regierung und der Familie des Prinzen Luitpold. Die Regentschaft des Prinzregenten Luitpold lehnte sie als Usurpation ab. Dieser hatte nach der Absetzung von Ludwig II. und dessen Tod die Regierungsgeschäfte für den irrsinnigen König Otto, den Bruder von Ludwig II., übernommen. Für Elisabeth war Luitpold mitschuldig am Tod des Königs, dem sie sich trotz aller Kritik an seinem Verhalten verbunden gefühlt hatte. Die Zwistigkeiten mit der bayerischen Verwandtschaft waren so heftig, daß sie nach der Beerdigung des Königs schnell abreiste und beschloß, nie mehr zurückzukehren. „Du, meiner Jugend Lust und Freud', ... mit schweren Herzen ... ich mich von dir wende ... Werf ich die Heimat heute ... ziehe rast- und heimatlos ... in die Weite!"[66]

Auch der bayerische Gesandte in Wien, Otto Graf von Bray-Steinburg, wurde von ihr wegen seiner politischen Haltung und seiner schnellen Anpassung an die neuen politischen Verhältnisse kritisiert. In einem Gedicht vom 20. Januar 1887 bezog sie ziemlich sarkastisch Stellung zu der Tatsache, daß man in Bayern nach dem Tode des Königs bald wieder zur Tagesordnung übergegangen war:

München schwelget jetzt in Festen,
Wie ich aus der Zeitung seh',
Vor dem Prinzregent, dem Besten,
Schweifeln Sie ja auch, Graf Bray!

Fackelzüge, Hofkoncerte,
Und was noch dergleichen mehr;
Und doch kürzlich in die Erde
Ward versenkt erst Bayerns Herr.[67]

Ihrem Vorsatz, Bayern künftig zu meiden, wurde sie jedoch schnell untreu. Bereits am 22. Mai 1887 besuchte sie, wenn auch nur kurz, München. Wieder stieg der alte Haß gegen den Prinzregenten Luitpold auf. Aufgrund ihrer verwandtschaftlichen Beziehungen mit den Wittelsbachern brachte diese Haltung jedoch gewisse Probleme mit sich. Luitpold war ja der Schwiegervater von Elisabeths ältester Tochter Gisela. In ihren Versen „Der Prinzregent" macht sie dennoch ihre Empfindungen deutlich:

> Seht den heuchlerischen Alten!
> Drückt ihn sein Gewissen nicht?
> Thut so fromm die Hände falten,
> Sauersüss ist sein Gesicht.
>
> ... Falschere Augen sah man nie;
> Ist sein Hirn auch ganz vernagelt,
> Steckt es doch voll Perfidie.
>
> Seinen Neffen, seinen König
> Stiess er tückisch von dem Thron;
> Doch dies ist ihm noch zu wenig,
> Säh' sich dort gern selber schon.
>
> Könnt ihr auch noch dies ertragen
> Bayerns Volk, dann seid ihr's wert,
> Dass, am Pranger angeschlagen,
> Ihr in Ewigkeit entehrt!
>
> Eh sie ihn zum König salben,
> Stürzt mit donnerndem Gekrach
> Wenigstens ihr, stolze Alpen,
> Tötend über Bayerns Schmach![68]

In der Beurteilung der bayerischen Verhältnisse zeigte sich bei Elisabeth eine gewisse Ambivalenz. Einerseits hatte sie immer wieder die politisch passive Haltung von Ludwig II. kritisiert – beispielsweise bei den Verhandlungen von 1866. Andererseits brach ihr dynastischer Stolz durch, wenn sie etwa das zur Absetzung des Königs führende Eingreifen seitens der Minister und Untertanen mißbilligte. Gleichzeitig appellierte sie in ihren Versen an das bayerische Volk, gegen derartige Eingriffe aufzubegehren. Die Absetzung Ludwigs II. hielt sie für einen weitgehend von Luitpold angezettelten Putsch.

Die bayerischen Angelegenheiten interessierten Elisabeth natürlich auch deswegen, weil sie ja über ihre Mutter mit dem

Prinzregent Luitpold von Bayern (1821–1912).

Herrscherhaus blutsverwandt war und immer fürchtete, etwas von der bei Ludwig II. und dessen Bruder Otto aufgetretenen Krankheit geerbt zu haben. Auch ihr Großvater, Herzog Pius, hatte allgemein als geisteskrank gegolten, und als ihr Sohn Rudolf starb, führte sie dessen geistige Verwirrung auf das Wittelsbacher Blut zurück.

Der Tod des Kronprinzen Rudolf

Am Morgen des 30. Januar 1889 verbreitete sich in Wien die Nachricht vom Tod des Kronprinzen Rudolf im Jagdschloß Mayerling wie ein Lauffeuer. Als bekannt wurde, daß zusammen mit dem Kronprinzen auch die Leiche der schönen Mary Freiin von Vetsera gefunden worden war, kamen die wildesten Gerüchte auf. Um allen Spekulationen entgegenzutreten, ließ der Kaiser schließlich bekannt geben, daß der Kronprinz und die junge Frau an seiner Seite ihr Leben durch Selbstmord beendet hatten.

Die Vorgänge unmittelbar vor der Tat sind bis heute nicht geklärt und noch immer Gegenstand zahlreicher Vermutungen. Alle Personen, die als Zeugen Einzelheiten der Tragödie von Mayerling wußten, haben Stillschweigen gelobt und gehalten. Die Staatsakten zu den Vorgängen um den Tod des Thronfolgers sind noch vor dem Ende der Monarchie verschwunden.

Die Nachricht vom Tode des Kronprinzen kam für Elisabeth

und Franz Joseph unerwartet, auch wenn der Kronprinz schon einige Zeit Zeichen von Niedergeschlagenheit gezeigt und öfters von seinem nahen Ende gesprochen hatte. Gräfin Festetics berichtet, daß noch wenige Wochen vor dem Tod des Kronprinzen, beim Weihnachtsfest 1888, der Sohn seiner Mutter um den Hals gefallen und dabei in ein langes, nicht enden wollendes Schluchzen ausgebrochen sei, das Elisabeth tief erschreckt habe.

Man hat sich oft gewundert, mit welcher Disziplin und Gefaßtheit die Kaiserin, die als erste von der Tragödie informiert wurde, die Benachrichtigung des Kaisers in die Hand nahm. In diesem Augenblick meinte Elisabeth allerdings noch, daß der Kronprinz von der Vetsera vergiftet worden wäre. Erst später erfuhr sie die näheren Umstände der Tat.[69] Der Kronprinz hatte mehrere Abschiedsbriefe hinterlassen, darunter auch einen sehr langen an Elisabeth. Dieser Brief ist auf Wunsch Elisabeths nach ihrem Tod von Ida Ferenczy vernichtet worden.[70]

Ob hinter dem Tod des Kronprinzen auch politische Gründe zu suchen sind, ist umstritten. Sicher ist jedoch, daß sich bei Rudolf eine große Resignation breit gemacht hatte, was seine politischen Zukunftspläne betraf. Dies zeigt sich in einem Brief, den er am 21. August 1888, wenige Monate vor seinem Tod, an Moriz Szeps schrieb und in dem er sich für die Glückwünsche zu seinem 30. Geburtstag bedankte: „...viel Zeit ist vorüber ... leer an wahren Taten und Erfolgen. Wir leben in einer schleppenden, versumpften Zeit; wer weiß, wie lange das noch so fortgehen wird. Und jedes Jahr jetzt macht mich älter, weniger frisch und weniger tüchtig, denn ... das ewige Sichvorbereiten und die stete Erwartung großer umgestaltender Zeiten erschlaffen die Schaffenskraft! Sollten die Hoffnungen in Erfüllung gehen und die Erwartungen, die Sie auf mich setzen, dann muß bald eine große, für uns glückliche, kriegerische Zeit kommen, nach deren siegreichen Abschluß die Basis geschaffen wird, um auch in friedlicher Arbeit im alten Österreich umgestaltend Großes zu leisten."[71]

Die Grundprinzipien von Rudolfs Politik sind schnell skizziert. Sie stimmen sich in weiten Bereichen mit den Ansichten der Mutter überein: Rudolf war ein großer Anhänger Frankreichs, das er als die Wiege der freiheitlichen Ideen auf dem Kontinent bewunderte. Besonders absurd für einen österreichischen Thronfolger war in diesem Zusammenhang seine Verehrung für den republikanischen französischen Politiker Gambetta. Das Bündnis mit Deutschland hielt er zwar für wichtig, doch war ihm das Deutsche Reich, ähnlich wie die Donaumonarchie, ein Vertreter einer untergehenden Staatsform, ein Reich, das in den 80er Jahren schon nicht mehr im Vollbesitz seiner Kräfte war. Deutschland hatte für ihn die Aufgabe, zusammen mit Österreich einen Schutzwall der gemeinsamen europäischen Kultur gegen die „moskowitische Unkultur" zu bilden. Den Gegensatz zwischen Rußland und Mitteleuropa hielt er für unüberbrückbar. Seine Briefe machen deutlich, daß die Unvermeidlichkeit einer kriegerischen Auseinandersetzung zwischen Österreich und Rußland fast schon Allgemeingut im politischen Denken Österreichs geworden war. Mehr als einmal brachte er seinen Unwillen darüber zum Ausdruck, daß die zögerliche Politik des Kaisers und seiner Minister und die diplomatische Kunst eines Bismarcks das „reinigende Gewitter", die notwendige militärische Auseinandersetzung mit Rußland, verhinderte. Zur Verachtung Rußlands kam bei Rudolf noch eine Geringschätzung des hohenzollernschen Deutschlands: Sehr früh hat Rudolf das überspannte Wesen eines Wilhelm II. erkannt.[72]

Was den Kronprinzen innerlich belastete, waren sicherlich seine zahlreichen „standeswidrigen" Beziehungen zu liberalen in- und ausländischen Journalisten, die er vor seinem Vater geheimhalten mußte. Auch das sonstige Netzwerk seiner Beziehungen zu allen politischen Kreisen mußten ihm eines stete Belastung sein, die sein übersensibler Geist auf die Dauer nicht bewältigen konnte. „Kronprinz Rudolf war vor allem ein durchaus geistiger Mensch und ein leidenschaftlicher oppositioneller Politiker. Als solchen hatten ihn gerade die letzten Wochen und Monate, die er durchlebte, tief erschüttert und in ihm das Gefühl der Hoffnungslosigkeit aufs stärkste gesteigert. Er sah in dem Europa, das sich jetzt bildet, keine Zukunft für sich ..."[73] Der Gegensatz zu seinem Vater war nicht nur ein politischer, sondern auch ein privater, da er – seit 1881 mit Stephanie von Belgien unglücklich verheiratet – diesem versprochen hatte, das Verhältnis zu Mary Vetsera zu beenden und dieses Versprechen nicht halten konnte. „Das Entscheidende war … in dem Augenblicke, als die ihn zweifellos tief beschämende Krisis seines Verhältnisses zu Mary Vetsera plötzlich eintrat und tiefinnerlich aufwühlte, daß er sich da die Kraft nicht zutraute, sein von Heimlichkeiten längst zersetztes Leben fortzuführen."[74]

Franz Joseph, der im Unterschied zu Elisabeth wahrscheinlich wenig von den politischen Gesinnungen seines Sohnes wußte, faßte sich vergleichsweise schnell. Den Tod seines Sohnes nutzte er wohl mehr unbewußt als bewußt, um das Mitgefühl seiner Völker zu erringen, nachdem in den letzten Jahren die Zuneigung der Untertanen, der Staatspatriotismus, sehr zu wünschen übrig gelassen hatte. Er stilisierte nun den Beistand, den ihm Elisabeth in den Stunden nach der Katastrophe gewährt hatte, zur staatserhaltenden heroischen Tat. Einer Deputation des Reichsrats, die ihm das Beileid des Parlaments ausdrückte, erwiderte er:

> Ich finde keine Worte, um die Dankbarkeit zum Ausdrucke zu bringen, die ich der Kaiserin schulde, die sich als eine so starke Stütze in diesen Tagen mir erwiesen hat und demütig danke ich Gott, daß er mir eine solche Hilfe gegeben hat. Je weiter Sie diese Worte verbreiten, desto mehr bin ich Ihnen dafür verpflichtet![75]

„Die Republik muß sein"

Man kann den Tod Rudolfs guten Gewissens als den Tod eines verhinderten Republikaners bezeichnen. Seine Vorliebe für Frankreich, seine Sympathie für das liberale Ungarn, seine Korrespondenzen mit freisinnigen Journalisten, sein Haß auf alles autoritäre, z. B. auf das „kulturlose" Rußland, machen ihn zum geistigen Verbündeten seiner Mutter. Es war sicher keine zufällige Parallele, daß in der Zeit, in der Rudolf versuchte, seinen politischen Weg zu finden, Elisabeths Bekenntnis zur Republik immer deutlicher wurde. Dabei war dieses

Eintreten für die Republik als Staatsform der Zukunft immer gepaart mit einer unendlichen Sehnsucht nach Freiheit, die sowohl absolut gedacht war als auch als Freiheit von der ihr immer unerträglicher werdenden aristokratischen Hofgesellschaft mit ihren Pflichten.

Das Bedürfnis, als freier Mensch zu leben, stellt natürlich noch kein Bekenntnis zur Republik dar. Frei kann man auch gut auf Kosten anderer sein. Bei Elisabeth war jedoch die Republik, die von der Gleichheit und Freiheit der Menschen ausgeht, eine Voraussetzung für persönliche Freiheit.

Eine große Rolle spielte bei der Entwicklung von Elisabeths Republikverständnis ihr Verhältnis zu Ungarn. Ungarn, das von seiner Geschichte her eine Adelsrepublik mit monarchischer Spitze war, praktizierte seit dem Ausgleich eine parlamentarische Monarchie, die auch problemlos ohne einen König denkbar war. Der ungeheure wirtschaftliche und politische Aufschwung, den dieses Land in den 60er und 70er Jahren nahm, waren für Elisabeth ebenso wie für ihren Sohn Rudolf ein augenfälliger Beweis, welche Erfolge die liberale Selbstentfaltung einer Nation bringen kann.

Eine seltsame Symbiose gingen Elisabeths Schwärmerei für die Republik, ihr Freiheitsdrang und ihre Neigung zu exzessiven sportlichen Aktivitäten bei ihren Reitausflügen in Irland ein. Hier gewann ihre Reitleidenschaft deswegen eine politische Dimension, weil man in England den Aufenthalt der Kaiserin des größten katholischen Reichs in Europa auf der von Unruhe und Sezessionsforderungen beunruhigten katholischen Insel nicht unbedingt wohlwollend sah. Elisabeth dürfte im übrigen auch und gerade in Irland ihre republikanischen Ansichten frei geäußert haben. Am 29. Februar 1880 schrieb sie ihrer Mutter aus Summerhill: „Irlands größter Vorteil liegt darin, daß es keine fürstlichen Herrschaften besitzt!“[76]

Elisabeth erklärte ihre vielgescholtene Neigung, ihre vermeintlichen Freiheitsrechte auch als Kaiserin störrisch zu behaupten und durchzusetzen, mit einem „Geburtsfehler“ bzw. mit einer „Begnadung“: Die Freiheit wäre ihr in die Wiege gelegt worden. Freilich zur falschen Zeit und am falschen Ort:

Meine Mutter war die Freiheit,
Die als Kuckuck einst maskiert,
In ein fremdes Nest mich legte;
So ist dies Malheur passiert

Nach der Mutter Freiheit fühl' ich
Mich von Sehnen oft verzehrt;
Doch umsonst! Die Schwingen sinken
Machtlos hin mir und beschwert.[77]

Elisabeth stilisiert sich nicht selten zur Märtyrerin des monarchischen Gedankens, zur Gefangenen in der Hofburg. Sie jubelt ihren Gesinnungsgenossen, ihren Dichtergenossen im Geiste zu, wenn sie der Gefangenschaft der höfischen Etikette entflohen ist:

„Freiheit!“ Wort aus goldnen Lettern,
Flattert stolz in allen Wettern
Von des Mastes schlankem Baum,
Freiheit atmen meine Nüstern,
Freiheit jauchzt der Wellen Flüstern,
Freiheit! dann bist du kein Traum!

Sucht es dann ihr Telegraphen,
Für ein Hoffest mich zu schaffen
In die Kerkerburg zurück;
Fischt im Klaren, fischt im Trüben,
Fangt die Möve nach Belieben;
Hurrah! wir sind frei und flügg'![78]

Ihrem Mann gegenüber entschuldigt sie ihre stete Flucht aus der „Kerkerburg“ mit dem Hinweis, daß die Freiheit ihr angeboren sei. In einem Gedicht von 1885 stellt sie ihren unbezwinglichen Freiheitsdrang recht selbstbewußt auf ein hohes Podest. In dieser oder ähnlicher Form dürfte sie ihrem verzweifelten und verständnislosen Gemahl mehr als einmal deutlich gemacht haben, daß sie für die Aufgabe als Kaisergemahlin niemals geschaffen war:

Du ahntest nichts von meinen Schwingen
Was Schwingen hat, ist niemals treu;
Nie lässt sich in den Käfig zwingen,
Und wär er golden auch, was frei.

Die Schwalbe ruht in keinem Lande
Wo sie noch heute gern geweilt,

Da sprengt sie morgen schon die Bande,
Ist leichten Fluges fortgeeilt ...[79]

Elisabeth hielt die Republik für eine Einrichtung, die vor allem aus der Kraft der Vernunft heraus geschaffen wurde. Und diese könnten auch Monarchen entfalten. In einem viel zitierten Gedicht „Mein Traum" ließ sie ihren Mann unter Anspielung auf dessen Devise „viribus unitis" (mit vereinten Kräften) sagen:

Vielleicht läßt sich was machen,
Doch mit „vereinter Kraft"
Daß man aus alten Sachen
Hier noch was Gutes schafft.

Drum aus den Republiken
Der großen weiten Welt
Die Schädel, all die dicken
hab ich mir herbestellt.

Die müssen conferieren
Von Früh bis in die Nacht
Und mir dann referieren
Was Völker glücklich macht.

Und sollten sie entscheiden,
Die Republik muß sein,
So willige mit Freuden
In ihren Wunsch ich ein.[80]

Wenn ein Kaiser diesen Traum als seinen eigenen ausgeben würde, so käme er ins Irrenhaus – meinte Elisabeth. Aber sie hat Verständnis für verrückte Menschen: In einem weiteren Gedicht, das sie dem verstorbenen König Ludwig II. widmete, stellte sie fest, daß die Verrücktheit nur eine höhere Stufe der Weisheit sei. Hier folgt sie ihrem Vorbild Heinrich Heine, der den gleichen Gedanken in einem seiner Gedichte schon zum Ausdruck gebracht hatte.

Mit ein Grund für den Untergang der Habsburger Monarchie war für Elisabeth die schon ausgeführte unproduktive und oft ärgerliche Existenz der vielen Verwandten der Dynastie, besonders der Erzherzöge, die sich einen Skandal nach dem anderen leisteten, obwohl sie auf Kosten der Untertanen lebten. So schrieb sie 1888:

... Doch selbst des Guten giebt's zu viel
Manchmal auf dieser Erden,
Bei Gott! Was soll aus dem Gewühl
Aus Habsburgs Sprossen werden?

Aus diesem teuren Ornament,
Das jedes Land belastet,
Welches sich Monarchie benennt,
(Ob dem das Volk dann fastet) ...[81]

Elisabeth wußte natürlich sehr gut, daß sie selbst zu diesem „teurem Ornament" gehörte, und sie notierte an den Rand ihres Gedichtes: „Mea culpa, mea culpa, m.m.c., zu dem Schreiber dieser Zeilen leider auch gehört." Elisabeths schizophrene Haltung erinnert an die Schriften derjenigen Aristokraten vor der Französischen Revolution, die für die Abschaffung ihrer Privilegien beziehungsweise für ihre eigene Eliminierung votierten. Es war wohl die literarische Probe des Weltuntergangs, die hier Elisabeth in ihren Gedichten durchspielte. Sie gleicht damit einem Selbstmörder, der versucht, seine Sachen in Ordnung zu bringen, bevor er sich das Leben nimmt. Insofern verkörperte Elisabeth jenen doch weit verbreiteten undeutlichen und selbstzerstörerischen Zeitgeist, der um die Jahrhundertwende den Untergang der Monarchie förmlich herbeiredete, ihn aber nicht wirklich wollte, sondern sich an der Götterdämmerung, an dem Aufglühen eines untergehenden Reiches berauschte.

Elisabeth war sich bewußt, wie sehr sie durch ihre Träumereien und poetischen Fluchtwege Gefahr lief, die Handlungsfähigkeit im politischen Geschäft zu verlieren. So beschwor sie sich in einem Gedicht vom April 1885: „Stern der festen Willenskraft, lass im Busen keimen, mir, was nur Erfolg verschafft, statt nur zwecklos träumen."[82]

1898: Der Tod einer Republikanerin

In den letzten Jahren ihres Lebens hat sich Kaiserin Elisabeth mit Vorliebe in der Schweiz aufgehalten, in dem Land, dessen Staaten und Städte in Europa seit Jahrhunderten das Muster für republikanische Verfassungen und republikanische Lebensformen abgaben.

Seit der Mitte des 19. Jahrhunderts wurde die Schweiz in der Politik der europäischen Mächte mehr und mehr anerkannt. Jetzt wurde sie als Schauplatz internationaler Diplomatie und als neutrale „Republik" gebraucht. Über die Schweiz wurden zunehmend Verbindungen illegaler und legaler Art geknüpft, die auf der regulären diplomatischen Ebene nicht möglich waren. Auf dem Gebiet der Schweiz „verhandelten" die Staaten mit ihren illegalen Oppositionen. Zumindestens versuchten sie, diese auf Schweizer Boden zu „überwachen". Hier konnte man Verbindungen mit Dynastien oder Ländern anknüpfen, die man besser nicht publik machte. Kurzum: Die Schweizer Eidgenossenschaft war aus der Politik des 19. Jahrhunderts nicht mehr wegzudenken, und die dortigen Gesandtschaften der Mächte wurden zu den wichtigsten diplomatischen Schaltzentren des alten Europas. Bezeichnenderweise fanden sich dort auch gegen Ende des 19. Jahrhunderts die ersten internationalen Organisationen: etwa das Rote Kreuz oder der Internationale Postverein.

Elisabeth erkannte frühzeitig, welche außerordentliche Bedeutung die Schweiz für die politische Willensbildung und für den Sieg des republikanischen Gedankens in Europa hatte. Am Ende ihres Lebens trug sie sich ernsthaft mit dem Gedanken, in die Schweiz zu emigrieren. Dabei war es nicht nur der politische Hintergrund und die politisch-historische Vielfalt des Landes, die die Schweiz für Elisabeth so außerordentlich anziehend machten, sondern auch deren landschaftliche Vielfältigkeit. Elisabeth hatte erkannt, daß die Freiheit und die Republik sehr wohl mit den geographischen und menschlichen Vorbedingungen zusammenhingen. Die natürliche Geborgenheit des Menschen im Schutz von Bergen, Tälern und Paßlandschaften begünstigte vor allem die Entwicklung kommunaler und genossenschaftlicher Siedlungsmodelle. Die Schweizer Landesgemeinden und das sich darin verkörpernde genossenschaftliche Element gehören zu den Urzellen der republikanischen Entwicklung. Folglich kannte die Schweiz auch kaum einen von einer Dynastie abhängigen müßiggehenden höfischen Adel.

Kaiserin Elisabeth

Die Schweizer Eidgenossenschaft war für Elisabeth der einzige Staat mit Zukunft. Sie legte hier nicht nur Teile ihres Privatvermögens an, sie rechnete auch damit, ins Schweizer Exil gehen zu müssen. Daher wollte sie auch ihren literarischen Nachlaß in der Schweiz verwahrt wissen. Im Sommer 1890, also eineinhalb Jahre nach dem Tode ihres Sohnes Rudolf, schloß sie die Manuskripte und mehrere private Druckausgaben ihrer Gedichte in eine Kassette, versiegelte diese und verfügte darauf: „Diese Cassette ist erst in 60 Jahren vom Jahre 1890 an zu eröffnen. Die innere Cassette dann uneröffnet an die darauf angegebene Adresse zu befördern." Die Adresse lautete: „Dem Herrn Presidenten der Schweitzer Eidgenossenschaft Bern" und enthielt die weitere Verfügung: „Der Ertrag soll ausschliesslich verwendet werden für hilflose Kinder von politischen Verurteilten der österreichisch-ungarischen Monarchie nach 60 Jahren."[83]

Nach einer Zwischenstation bei Ida Ferenczy kam die Kassette (mit einem dreibändigen Manuskript Elisabeths, mit 29 gedruckten Exemplaren der „Nordsee Lieder" und 30 Exemplaren der „Winterlieder"), wie von Elisabeth angeordnet, an Elisabeths Bruder Karl Theodor. Dessen Sohn, Herzog Ludwig in Bayern, erfüllte dann im Jahre 1951 den Wunsch der Kaiserin und übergab die innere Kassette termingemäß an die Schweiz. Zudem gelangte noch eine zweite Kassette Elisabeths mit Privatdrucken, die aus dem Nachlaß des Fürsten Rudolf Liechtenstein stammte, über die Tschechoslowakei in die Schweiz. Offensichtlich hatte die mißtrauische Elisabeth mehrere Kassetten mit der gleichen Anweisung an verschiedene Gewährsleute verteilt. Sie nahm richtigerweise an, daß die Schweiz noch 60 Jahre nach ihrem Tode eine stabile Republik sein werde und daß es noch einen Schweizer Bundespräsidenten geben werde, der sich um ihre Gedichte kümmern würde. Tatsächlich nahm dieser die ihm zugedachte Aufgabe sehr ernst und holte auch noch die Meinung des Schweizer Bundesrats, also der Regierung, ein. Der Bundesrat beschloß, von einer Veröffentlichung der Gedichte abzusehen, und erst die Historikerin Brigitte Hamann erwirkte 1978 vom Bundesrat das Recht, den Inhalt einzusehen. Dieses neue Quellenmaterial diente als wichtige Grundlage für die 1981 erschienene Biographie Hamanns „Elisabeth. Kaiserin wider Willen".

Das Jahr 1898 war eines der Krisenjahre des österreichischen Staates. Die ungarischen Angelegenheiten interessierten Elisabeth allerdings bis zuletzt. Am 11. Mai berichtete ihr der Kaiser vom Empfang der Delegationen in Budapest, die vor allem über das gemeinsame Budget der beiden Reichsteile zu beraten hatten, also vor allem über die Ausgaben des Ministeriums des Äußern, das des Heeres und der Marine. Am 18. Mai schrieb der Kaiser von Gödöllö aus an Elisabeth: „Die Delegationen arbeiten so fleißig, daß sie zweifellos vor Pfingsten zu Ende sein werden ..."[84] Elisabeth weilte um diese Zeit zur Kur in Kissingen. Auch als Mitte August der Kaiser den österreichischen und ungarischen Ministerpräsidenten sowie einige Minister in Ischl empfing, erfuhr Elisabeth davon. Der Ausgleich gestaltete sich in diesem Jahr äußerst schwierig: „Wir arbeiten an einer Verständigung der beiderseitigen Regierungen über die Behandlungsart des Ausgleichs ..."[85], meldete Franz Joseph am 29. August. Man stand vor der peinlichen Situation, daß der Ausgleich zwischen Österreich und Böhmen nicht zustandekam. Es ging dabei vor allem um die Reform der Verzehrsteuer, die Fortführung der Währungsreform, die Änderung des Bankstatuts und die Erneuerung des Zoll- und Handelsbündnisses, also vor allem um wirtschaftliche Fragen. Die „Wiener Abendpost" schrieb: „Angesichts der gegebenen Verhältnisse konnten die Regierungen nicht umhin, auch die Grundsätze ins Auge zu fassen, daß die rechtzeitige parlamentarische Erledigung des Ausgleichs auf Schwierigkeiten stößt. Es ist gelungen, eine Übereinstimmung in den Ansichten der beiden Teile über jene Grundsätze herzustellen, nach denen dann vorzugehen wäre."

Nicht nur die Ausgleichsverhandlungen beunruhigten den Kaiser. Die Gegensätze in den slawischen Landesteilen brachen immer mehr auf. In Böhmen kam es vor allem zu Unruhen wegen der Sprachenverordnung vom 15. April 1897. Deutsche farbentragende Studenten wurden in Prag mißhandelt, worauf von der Prager Polizeibehörde das Tragen „aller demonstrativen Abzeichen, Vereinszeichen und Vereinstrachten" verboten wurde, was zum Streik der deutschen Professoren an der Universität Prag führte. Die Deutschen in Siebenbürgen protestierten gegen die Magyarisierung. Als eine siebenbürgische Frauendelegation nach Wien ging, um dem Kaiser eine Denkschrift zu überreichen, wurde sie nicht von ihm empfangen, erhielt dann aber vom ungarischen Ministerpräsidenten eine Audienz, der sie heftig anfuhr: „Seine Majestät macht keine Politik. Die Politik wird durch die Regierung gemacht."[86]

Am 5. März trat ferner in Wien das Ministerium Gautsch zurück, der Kaiser ernannte Graf Thun zum neuen Ministerpräsidenten. Die deutsch-nationale Partei stellte im Abgeordnetenhaus den Antrag auf Anklageerhebung gegen Gautsch wegen der Sprachenverordnung. In Ungarn kam es zudem zu Unruhen unter den Landarbeitern, die mit Militäreinsatz niedergekämpft wurden. Am 11./12. April feierte das ungarische Parlament das 50jährige Jubiläum des Erlasses der Verfassungsgesetze von 1848. Der Reichsrat in Wien wurde im Juli aufgelöst, nachdem sich die deutschen Abgeordneten wegen der Sprachenfrage an den Beratungen nicht mehr beteiligten.

Am 31. August 1898 teilte Franz Joseph Elisabeth mit, daß er wegen der „schwierigen, trostlosen" Verhältnisse in der Monarchie das Land nicht verlassen könne, um in die Schweiz zu gehen, wie das Elisabeth wünschte.

Elisabeth war bereits am 29. August 1898 in die Schweiz gereist. Am 30. August bezog sie als Gräfin Hohenembs das „Grand Hotel Caux", das hoch über dem See lag. Von dort machte sie mehrere Ausflüge, etwa am 3. September mit der Zahnradbahn auf die über Caux liegenden Rochers de Nay, einen der schönsten Aussichtspunkte des Genfer Sees, oder am 5. September nach Evian am französischen Südufer des Genfer Sees. Am 9. September schrieb Franz Joseph an Elisabeth: „Es muß jetzt am Genfer See herrlich sein ... Wie glücklich wäre ich, wenn ich, Deinem Wunsche gemäß, einige Zeit mit Dir in Ruhe alles das genießen und Dich nach so langer Trennung wiedersehen könnte; allein daran kann ich jetzt leider nicht denken, denn außer der so schwierigen inneren politischen Lage, ist bereits die ganze zweite Hälfte September für Jubiläumsfeste, Kircheneinweihungen und Besichtigung der Ausstellung in Anspruch genommen ..."[87] Für den 9. September 1898 hatte die Kaiserin einen Ausflug nach Pregny zur Baronin Julie Rothschild geplant. Man fuhr von Caux herunter nach Territet und bestieg um 9 Uhr das Schiff, um nach Genf zu fahren, wo man um 12 Uhr anlangte. Von dort ging es mit dem Wagen zum 3 km entfernten Schloß Pregny der Baronin Rothschild.[88] Julie war die Gattin des Adolphe Rothschilds aus Paris und eine Schwester der Wiener Rothschilds Nathaniel und Albert. Für die Rothschilds war dieser Besuch, der natürlich als halb offiziell durch die Presse ging, von größter Bedeutung. In Frankreich hatten im Rahmen der Dreyfus-Affäre die antisemitischen Kräfte bedeutend an Einfluß gewonnen, und in Wien und Prag wurden die antisemitischen Ausfälle in der Presse und in der Lokalpolitik ähnlich bedrohlich wie beim Börsenkrach von 1873.

In Schloß Pregny blieb Elisabeth bis 5 Uhr. Dann fuhr sie wieder nach Genf zurück, wo sie mit ihrer Hofdame Gräfin Sztáray im „Hotel Beau Rivage" übernachtete. Dort stieg sie ebenso wie in Caux als Gräfin von Hohenembs ab. Das Inkognito war aber schon seit Elisabeths Ankunft am Genfer See gelüftet, und am 10. September frühmorgens konnten es die Genfer in der Zeitung lesen, wer bei ihnen übernachtet hatte.

Diese Zeitungsnachricht wird allgemein als ursächlich dafür angesehen, daß Elisabeth an diesem Tag das Opfer eines Attentäters wurde. Nach der Tat gab der Mörder der Kaiserin, Luigi Lucheni, zu Protokoll, daß er sich einige Zeit vorher eine Feile gekauft und zugeschliffen habe, um eine „große Tat", d. h. einen Mord an einem prominenten Vertreter der Aristokratie zu begehen. Erste Wahl wäre für ihn als Italiener zunächst König Umberto I. gewesen, der ja später tatsächlich einem Attentat zum Opfer fiel. Doch Lucheni hielt sich zu dieser Zeit zur Arbeit am Genfer See auf, und daher beschloß er im September 1898, Prinz Henri von Orléans, den Thronprätendenten von Frankreich umzubringen. Offensichtlich versuchte Lucheni vergeblich, in die Nähe seines Opfers zu kommen. Nach seinen Aussagen entschied er sich dann spontan, als er den Prinzen nicht wie erwartet in Genf antraf,

„ersatzweise" die Kaiserin umzubringen. Angeblich hätte er aus der Zeitung von ihrem Aufenthalt erfahren und umdisponiert.[89]

Am Vormittag des 10. September 1898 lauerte Lucheni vor dem Hotel Beau Rivage in Genf. Die Kaiserin wollte mit dem Linienschiff um 13.40 Uhr nach Montreux zurückfahren. Der Diener war mit dem Gepäck vorausgegangen. Als Elisabeth mit Fächer und Sonnenschirm und begleitet von ihrer Hofdame Irma Sztáray das Hotel verließ und zur Bootsanlegestelle ging, sprang Lucheni auf sie zu und stach ihr mit der Feile, die er im Ärmel verborgen hatte, ins Herz. Elisabeth fiel zu Boden. Gräfin Sztáray half ihr auf und führte sie noch auf das Schiff, wo Elisabeth kurz darauf die Besinnung verlor. 20 Minuten nach 14.00 Uhr verstarb die Kaiserin.

Der 25jährige Mörder, den man gleich nach der Tat verhaftet hatte, gab sich stolz als Anarchist aus. „Ich habe ohne Mithilfe, aus eigenem Antrieb gehandelt, ich allein bin für die Tat verantwortlich." Im Gefängnis schrieb Lucheni eine Reihe von Briefen, dabei erwies er sich als sehr belesener Mensch, zu belesen für einen arbeitslosen Bauarbeiter. An die Prinzessin von Aragon, die Frau des Prinzen Aragon, seines Schwadronskommandanten, mit der er schon vorher Briefe gewechselt hatte, schrieb er: „Als wahrer Kommunist konnte ich solche Ungerechtigkeiten nicht mehr überleben und als wahrer Menschenfreund habe ich so zu erkennen gegeben, daß die Stunde nicht weit ist, in der ein neue Sonne allen gleichmäßig leuchten wird ..." In einem weiteren Brief an die Prinzessin beteuerte er: „Meine Sache ist mit dem Falle Dreyfus zu vergleichen ..."[90]

Woher kam dieser Lucheni? Am 21. April 1873 war er in Paris von einer unverheirateten Tagelöhnerin aus dem Ligurischen Apennin zur Welt gebracht worden. Der Vater hatte sich aus dem Staub gemacht, und auch die Mutter ließ ihr Kind gleich nach der Geburt im Stich. Als Wanderarbeiter lernte Lucheni ganz Europa kennen und absolvierte seine Dienstzeit beim italienischen Heer. 1896 machte er den mißlungenen Feldzug der Italiener in Abessinien mit. Sein Schwadronskommandant Rittmeister Prinz Ramiero de Vera d'Aragona bezeichnete ihn als einen der besten Soldaten der Schwadron.

Nach dem Ende seiner Dienstzeit machte er als Diener Dienst bei seinem Rittmeister, als er um Gehaltserhöhung nachsuchte, mußte er jedoch gehen. Im Frühjahr 1898 fand er in der Schweiz Arbeit beim Bau des neuen Postamts in Lausanne. Jetzt begann er auch sozialistische und anarchistische Zeitungen und Broschüren zu lesen. An einen Soldaten seiner Schwadron in Neapel schickte er anarchistische Zeitungen und schrieb: „Die anarchistische Idee macht hier Riesenschritte. Ich bitte Dich, tue auch Deine Pflicht gegenüber den Kameraden, die noch nichts davon ahnen." Um diese Zeit kam Lucheni auch mit organisierten Anarchistengruppen in Verbindung. Seine genauen Aufenthalte vor der Tat haben sich nicht mehr rekonstruieren lassen. So konnte nie geklärt werden, wo sich Lucheni zwischen dem 5. und 8. September aufhielt. Die Polizei fand keine Hintermänner, und die Öffentlichkeit hatte sich bald mit der Version der Einzeltäterschaft Luchenis abgefunden.

Wer hätte auch ein politisches Interesse an der Ermordung einer Kaiserin gehabt, die ja, wie man ständig lesen konnte, nur noch eine unruhige, kranke, exzentrische und egoistische Frau war, die seit Jahren keiner mehr vermißte. Von politischen Machenschaften oder Geheimbündeleien wußten selbst die größten Klatschblätter nichts zu berichten.

Doch ungeachtet ihrer angeblichen politischen Bedeutungslosigkeit stand die Kaiserin zu Lebzeiten mehr als viele andere gekrönte Häupter Europas im Mittelpunkt des Interesses der breiten Öffentlichkeit. Das lag an ihrer auch im Alter noch vielgerühmten Schönheit. Im Grunde wußte man nicht genau, was die Kaiserin von Österreich, die in ganz Europa wie der Fliegende Holländer herumirrte, wirklich tat. Trotz des vor der europäischen Öffentlichkeit ausgebreiteten Hof- und Zeitungsklatsches, trotz aller Nachrichten über ihre jeweiligen Aufenthalte in den verschiedensten Himmelsrichtungen des alten Europas, verband sich mit dem Namen Elisabeth ein letztes, nicht aufgeklärtes Geheimnis. Hing es mit ihrem Mann zusammen, mit dem Tod ihres Sohnes, mit ihrer seltsamen Neigung zur Schweiz, mit ihrer noch nicht erkalteten Liebe zu Ungarn?

War der Mordanschlag vielleicht gegen den Kaiser gerichtet? Hoffte man durch die Ermordung seiner Frau, die er noch immer abgöttisch verehrte, eine Abdankung zugunsten des Thronfolgers Ferdinand zu erzwingen? War nicht auch Prinzregent Luitpold in Bayern bald in Verruf geraten, an der Verhaftung und „Ermordung" des Königs Ludwig II. aus eigennützigen Gründen beteiligt gewesen zu sein?

Will man sich nicht mit der These von der Einzeltäterschaft Luchenis befreunden, so bleiben nur sehr spekulative Alternativen. Daß uns für alle der archivalische Nachweis fehlt, darf angesichts des brisanten Themas als selbstverständlich gelten. Geheimdienstoperationen und staatliche Mordaufträge werden nicht aktenkundig!

Denkbar wäre etwa, daß Elisabeth das Opfer einer „geheimdienstlichen" Aktion des Hauses Savoyen wurde. Das setzt voraus, daß sich Elisabeth an Plänen zum Sturz des Königshauses beteiligt hatte. Dies ist nicht abwegig, da Elisabeth ja stets Verbindung zu ihrer Schwester Marie, die ehemalige Königin von Neapel, hatte und wie diese das Haus Savoyen verabscheute. Die These, daß die Ermordung ein geschickt eingefädeltes Komplott des Hauses Savoyen gewesen ist, wird unterstützt durch die Tatsache, daß die Kaiserin einen Besuch bei den Rothschilds gemacht hatte, die sich ja als Finanziers der Königin Marie von Neapel hervorgetan hatten. Sollten vielleicht Gelder für neue Attentate locker gemacht werden? Wußte oder vermutete das die italienische Regierung? Die Anwerbung eines Anarchisten für die Tat durch den Geheimdienst des italienischen Königshauses hätte auch den erwünschten Nebeneffekt gehabt, daß die anarchistische Bewegung, deren Hauptziel in Italien vor allem König Umberto I. war, diskreditiert worden wäre. Doch bewegen wir uns hier ganz im Bereich von Spekulationen.

Ebenso spekulativ und unwahrscheinlich ist die Annahme, daß der Anschlag von österreichischer Seite inszeniert worden sei. Das hätte eine massive Verstrickung der Kaiserin in politische Geschäfte vorausgesetzt, die nicht nachweisbar ist. Eine allzu spekulative Vermutung ist es auch, wenn man behauptet, daß man durch die Ermordung Elisabeths den Kaiser zur

Abdankung hätte bringen wollen. Eine solche Konstruktion würde eine organisierte, mit terroristischen Mitteln arbeitende Opposition voraussetzen, die sich nicht belegen läßt. Bis auf weiteres sind also solche und ähnliche Überlegungen müßig.

Der Kaiser reagierte sehr gefaßt auf die Todesnachricht. Wie immer verstand er es, das Familiendrama zum Drama seiner Völker zu machen. Er benutzte den Tod seiner Frau, um seine „geliebten Völker" wieder an sich zu binden. Sein weitschweifiges Handschreiben („An Meine Völker"), das er dem Ministerpräsidenten Franz Graf Thun zur Veröffentlichung übergab, beschwört fast flehend in jedem zweiten Satz das enge Band zwischen Monarch und seinen Völkern. Wie so oft versuchte Franz Joseph auf recht geschickte Weise, Reichspatriotismus durch Mitgefühl zu erzeugen.

Se. Majestät hat nachstehendes Allerhöchstes Handschreiben erlassen:

Lieber Graf Thun! In den Tagen unermesslicher Trauer, in welche der Heimgang Meiner gottseligen Gemahlin, Ihrer Majestät der Kaiserin und Königin Elisabeth, Mich und Mein Haus versetzte, hat sich die Liebe und Teilnahme Meiner Völker, sowie die Pietät für die Verblichene in rührender und erhebender Weise geäußert.

Ich folge dem Zuge Meines Herzens, indem Ich Sie beauftrage, die beifolgende unmittelbar an Meine geliebten Völker gerichtete Danksagung in entsprechender Weise zu veröffentlichen.

Schönbrunn, am 16. September 1898

Franz Joseph m(anu) p(ropria)-Thun m(anu) p(ropria)

An meine Völker!

Die schwerste, grausamste Prüfung hat Mich und Mein Haus heimgesucht.

Meine Frau, die Zierde Meines Thrones, die treue Gefährtin, die Mir in den schwersten Stunden Meines Lebens Trost und Stütze war – an der Ich mehr verloren habe, als Ich auszusprechen vermag, ist nicht mehr. Ein entsetzliches Verhängnis hat sie Mir und Meinen Völkern entrissen.

Eine Mörderhand, das Werkzeug eines wahnwitzigen Fanatismus, der die Vernichtung der bestehenden gesellschaftlichen Ordnung sich zum Ziele setzt, hat sich gegen die edelste der Frauen erhoben und in blindem, ziellosen Haß das Herz getroffen, das keinen Haß gekannt und nur für das gute geschlagen hat.

Mitten in dem grenzenlosen Schmerze, der Mich und Mein Haus erfaßt, angesichts der unerhörten Tat, welche die ganze gesittete Welt in Schaudern versetzt, dringt zunächst die Stimme Meiner geliebten Völker lindernd zu meinem Herzen. Indem Ich Mich der göttlichen Fügung, die so Schweres und Unfassbares über Mich verhängt, in Demut beuge, muß Ich der Vorsehung Dank sagen für das hohe Gut, das Mir verblieben: Für die Liebe und Treue der Millionen, die in der Stunde des Leidens Mich und die Meinen umgibt.

In tausend Zeichen von Nah und Fern, von Hoch und Nieder, hat sich der Schmerz und die Trauer um die gottselige Kaiserin und Königin geäußert. In rührendem Zusammenklang ertönt die Klage Aller über den unermeßlichen Verlust als getreuer Widerhall dessen, was Meine Seele bewegt.

Wie ich das Gedächtnis Meiner heißgeliebten Gemahlin heilig halte bis zur letzten Stunde, so bleibt ihr in der Dankbarkeit und Verehrung meiner Völker ein unvergängliches Denkmal für alle Zeiten errichtet.

Aus den Tiefen Meines bekümmerten Herzens danke Ich Allen für dieses neue Pfand hingebungsvoller Teilnahme.

Wenn die Festklänge, die dieses Jahr begleiten sollten, verstummen müssen, so bleibt Mir die Erinnerung an die zahllosen Beweise von Anhänglichkeit und warmem Mitgefühl die wertvollste Gabe, welche Mir dargebracht werden konnte.

Die Gemeinsamkeit unseres Schmerzes schlingt ein neues, inniges Band um Thron und Vaterland. Aus der unwandelbaren Liebe meiner Völker schöpfe Ich nicht nur das verstärkte Gefühl der Pflicht auszuharren in der Mir gewordenen Sendung, sondern auch die Hoffnung des Gelingens.

Ich bete zu dem Allmächtigen, der Mich so schwer heimgesucht, daß er Mir noch Kraft gebe, zu erfüllen, wozu Ich berufen bin. Ich bete, daß er Meine Völker segne und erleuchte, den Weg der Liebe und Eintracht zu finden, auf dem wir gedeihen und glücklich werden mögen.

Schönbrunn, am 16. September 1898
Franz Joseph m(anu) p(ropria)[91]

Tatsächlich war die Ergriffenheit über die Genfer Untat in der Bevölkerung sehr groß. Der Zeitpunkt erschien wie bestellt: Die innenpolitischen Stürme drohten sich zum Orkan auszubreiten, und das 50jährige Regierungsjubiläum, das man zu zelebrieren versuchte, geriet eher zur resignierend-melancholischen Rückschau. Unter diesen Umständen war es selbstverständlich, daß man nun dem alten Monarchen, der in diesem Jahr so hilflos wirkte, angesichts des neuen familiären Schicksalsschlages das schuldige Mitgefühl entgegenbrachte. Vielleicht hat diese 1898 durch den Tod Elisabeths apokalyptisch gesteigerte „Verklärung im Leid“ dem nun fast als heiligen Märtyrer verehrten Kaiser und der Donaumonarchie noch die weitere freilich beschränkte Lebensfrist und Lebenskraft verschafft, die ihr viele nicht mehr zugetraut oder zugestanden haben.

Noch am 17. September, einen Tag nach seiner Danksagung an „seine Völker“, stiftete der Kaiser den Elisabeth-Orden und die Elisabeth-Medaille. Als Namens- und Ordenspatronin ist die heilige Elisabeth von Thüringen dargestellt. Erste Trägerin des Großkreuzes dieses Damen-Verdienstordens war Irma Gräfin Sztáray, die Reisebegleiterin Elisabeths auf dem Weg nach Genf.

Eine neues Bild von Elisabeth?

Am Ende dieser Arbeit läßt sich trotz aller Quellenprobleme feststellen, daß es mehr „politische Geschäfte" Elisabeths gab, als bisher angenommen. Welche Themen waren Objekt dieser „politischen Geschäfte" und der politischen Initiativen der Kaiserin? In den 50er Jahren beschäftigte sich Elisabeth erstaunlich intensiv mit außenpolitischen Angelegenheiten. Anläßlich des gemeinsamen Italienaufenthalts 1856 versuchte sie für den Kaiser das beste aus der verfahrenen politischen Situation zu machen: Im Jahre 1859 nahm Elisabeth, gut informiert durch detaillierte Berichte des Kaisers, regen Anteil an den Ereignissen auf dem italienischen Kriegsschauplatz. Nach der Niederlage von Solferino entwickelte sie einen „politischen Plan", der vor allem Verhandlungen mit Frankreich vorsah. Während der Kaiser in Italien war, sollte Elisabeth ihn als Statthalterin in Wien vertreten. Inwieweit Elisabeths Vorschläge die Friedensbereitschaft Franz Josephs beeinflußt hatten, kann mangels weiterer Quellen nicht beantwortet werden.

Elisabeths größtes politisches Werk war ihre beharrliche Mitwirkung am Ausgleich mit Ungarn, der 1867 vollendet wurde. In der entscheidenden politischen Phase brachte sie die beiden wichtigsten Vertreter der ungarischen Seite, Ferenc Deák und Julius Andrássy, mit ihrem Mann zusammen und ließ sich auch nicht durch Rückschläge entmutigen. Außerdem betrieb sie die Entlassung des Ungarnhassers Crenneville, des Generaladjutanten des Kaisers. Selbst noch nach dem Ausgleich mit Ungarn machte sich der politische Gestaltungswille der Kaiserin bemerkbar, wenn auch weniger spektakulär. Sie unterstützte Graf Andrássy, der 1871–79 als Außenminister amtierte, und bekämpfte dessen Nachfolger Graf Kálnoky; sie vertiefte den Gegensatz zwischen Franz Joseph und Erzherzog

Albrecht und versuchte sich ferner mit Heiratspolitik. In den 80er Jahren verschärfte sich Elisabeths Abneigung gegen Rußland. Sie kritisierte und bedauerte ihren Mann als gutmütiges Opfer der russischen und preußischen Politik sowie als Spielball ehrgeiziger Minister.

Die Bindung zur Wiener Hofgesellschaft hatte Elisabeth schon in den 60er Jahren gelöst. Ihr Umherreisen ließ für Repräsentationspflichten zunehmend weniger Zeit. Der Widerstand gegen die von der böhmischen Aristokratie beherrschten „Hofkamarilla", der ein Leitthema ihrer Existenz als Kaiserin war, blieb bis in ihre späten Jahre wirksam.

Auf der Grundlage ihres in den 80er Jahren verfaßten „poetischen Tagebuchs" läßt sich Elisabeths politische Haltung etwas genauer umschreiben. Auffallend ist ihre große Sympathie für die republikanische Staatsform und ihre liberale und kritische Grundeinstellung. Auch bei der Erziehung des Kronprinzen zeigte sich ihre politisch-liberale Gesinnung. Gegen den Willen der Erzherzogin Sophie und des Kaisers hatte sie die Erziehung Rudolfs durch bürgerliche und liberale Lehrer durchgesetzt, die sein Weltbild entscheidend beeinflußten. Gewiß hatte Elisabeth kein präzises politisches Konzept, sie war auch keine Vertreterin der „Frauenbewegung", aber ihre umfassende Bildung ermöglichten ihr den nötigen Weitblick und das Gespür für den „Zeitgeist". Elisabeths politische Haltung läßt sich also nur vage umschreiben. Festzuhalten ist eine angesichts der höfischen Verhältnisse erstaunliche Liberalität, religiöse Toleranz und eine Ablehnung des Gottesgnadentums bis hin zu republikanischen Bekenntnissen.

Mit welchen Mitteln machte Elisabeth ihren politischen Einfluß geltend? Da ist zunächst das direkte Einwirken auf ihren Ehemann durch Gespräche oder Briefe; aber Politiker und Beamte gehörten ebenso zu Elisabeths politischen Adressaten. Auch auf emotionelle Überzeugungsarbeit hat Elisabeth gegenüber ihrem Mann oder Dritten nicht verzichtet. Das Mittel der Begünstigungen und Empfehlungen setzte sie sehr präzise ein, war aber insgesamt weniger ihre Sache. Mit einigem Eifer betrieb sie „Heiratspolitik" und wirkte sonst eher hinter der politischen Bühne. Auch durch Verweigerung machte Elisabeth Politik, weckte dabei Hoffnungen und Ansprüche, die sie nicht befriedigen wollte oder konnte. Verglichen mit anderen Herrscherinnen des 19. Jahrhunderts war Elisabeth keine nach außen hin politisch agierende Frau. Das Beispiel Eugénie von Frankreich zeigt, daß politisch einflußreiche Ehefrauen von Monarchen entweder einen staatsrechtlichen Rahmen benötigten oder einen von ihrem Mann zur Verfügung gestellten oder auch erstrittenen politischen Wirkungskreis besaßen. Zum Beruf der „Herrscherin" gehörte im Prinzip auch ein Mindestmaß an „monarchischer Berufung". Elisabeth hatte von Franz Joseph keinen (offiziellen) politischen Freiraum erhalten. Dies war ganz bewußt geschehen, da Elisabeths Widerstand gegen das politische System des Habsburger Reiches, ja ihr Lob der republikanischen Staatsform so deutlich war, daß selbst ihr Mann, der sie sicher liebte, ihr keinen Platz für politische Gestaltungsmöglichkeiten einräumte.

Abschließend stellt sich noch die Frage, welche Folgen Elisabeths „politische Geschäfte", die insgesamt doch gewichtiger waren, als man gemeinhin glaubte, für das Schicksal der Habsburger Monarchie hatten. Ob der Untergang der Monarchie, den sie visionär beschworen hat, durch ihre Ungarnpolitik beschleunigt oder hinausgezögert wurde, wird sich nicht beantworten lassen. Sicher ist, daß Elisabeths Privilegierung der Ungarn die Unzufriedenheit der übrigen zur Habsburgermonarchie gehörigen Volksgruppen hervorrief und gesamtpolitisch gesehen unklug war, denn die von ihrer nationalen Sendung überzeugten Ungarn haben sich gegenüber dem Kaiserhaus keineswegs immer dankbar und solidarisch erwiesen. Eine bis in unsere Zeit reichende Folge von Elisabeths Politik war es, daß ausgerechnet ihr Freund Julius Andrássy 1878 die Besetzung Bosnien-Herzegowinas in die Wege leitete und damit die Monarchie mit einer verderblichen Hypothek belastete.

ANHANG

Zum Forschungsstand

Quellenlage

Von Kaiserin Elisabeth von Österreich sind vor allem die Briefe[1] bekannt, die von Corti[2] im Nachlaß der jüngsten Tochter Elisabeths, Marie Valerie, und im Archiv der Herzöge in Bayern gefunden wurden. Briefe der Kaiserin Elisabeth an Kaiser Franz Joseph sind nur wenige bekannt. Es ist nicht festzustellen, ob sich überhaupt größere Bestände erhalten haben, solange das habsburgische Familienarchiv auf Schloß Wallersee noch nicht verzeichnet ist. Möglicherweise sind die Elisabeth-Briefe, welche Corti in den 30er Jahren abschreiben durfte, die einzigen erhaltenen. Sie stammen meistens aus den 70er Jahren und sind wenig aufschlußreich, so daß sie kaum geeignet erscheinen, als Gegenstück zum zweibändigen Werk der „Briefe Kaiser Franz Josephs an Kaiserin Elisabeth"[3], gedruckt zu werden.

Von Bedeutung sind ferner die von Weissensteiner[4] herausgegebenen Briefe der Kaiserin und des Kaisers an den Kronprinzen Rudolf. Diese Briefe geben einen guten Einblick in das Leben der kaiserlichen Familie. Von Bedeutung für diese Arbeit sind sie vor allem deshalb, weil sie die charakterlichen Gegensätze des Kaiserpaares hervorragend dokumentieren. Darüber hinaus geben sie Aufschluß über Elisabeths politisches Engagement im Vorfeld der Ausgleichsverhandlungen 1866/67.

Wesentlich bedeutsamer als die erhaltenen und bekannten Briefe sind für die Bearbeitung unseres Themas die Gedichte Elisabeths.[5] Von Anfang 1885 bis Ende 1888 schrieb sich Elisabeth in ihren Versen alle Sorgen und Nöte von der Seele. Diese Gedichte sind vor allem deshalb eine wichtige historische Quelle, weil sie eine Art persönlich geführtes Tagebuch darstellen[6] und weil Elisabeth ungewöhnlich wenig sonstige Aufzeichnungen hinterlassen hat. Elisabeth hat sich an keiner anderen Stelle derart schonungslos und offen geäußert. Interessanterweise sah Elisabeth ihre Gedichtesammlung vor allem als literarisches Vermächtnis, das nach ihrem Tod veröffentlicht werden sollte. Es war ihr letzter Wille, daß der erwartete Gewinn aus der Publikation den Nachkommen der Revolutionsopfer von 1848 zugute kommen sollte. Die Tatsache, daß der Ertrag ihres persönlichen Vermächtnisses den Nachkommen von „Revolutionären" zugute kommen sollte, stellt eine wichtige politische Aussage dar. Der dichterische Nachlaß liegt seit 1984 gedruckt vor.

In den Gedichten finden sich sehr konkrete persönliche und politische Aussagen zur eigenen Person, zur Familie, zum Wiener Hof und zu ihrer Einstellung zu Politik und Gesellschaft. Das literarische Schaffen Elisabeths bildet daher eine wesentliche Grundlage für diese Arbeit.[7]

Wichtige Quellen sind weiterhin: Die Tagebuchaufzeichnungen der Erzherzogin Sophie[8], der Hofdame Gräfin Marie Festetics[9] und der jüngsten Kaisertochter Marie Valerie[10] sowie des österreichischen Diplomaten Graf Alexander Hübner[11]. In einer gedruckten Edition liegen die Briefe des Kaisers an Elisabeth vor.[12] Auch die nach Elisabeths Tod gedruckten Tagebuchblätter des griechischen Vorlesers Christomanos[13], waren für die Bearbeitung unseres Themas von Bedeutung.

Für die vorliegende Arbeit wurden neben den von den beiden wichtigsten Biographen Corti und Hamann schon benutzten Quellen zusätzlich noch ausgewählte Quellen des Bayerischen Hauptstaatsarchivs herangezogen, etwa Berichte der bayerischen Gesandtschaft in Wien sowie einige im Geheimen Hausarchiv liegende Briefwechsel[14], für deren Benutzung ich SKH Herzog Franz von Bayern sehr herzlich danke.

Sekundärliteratur

Die erste wissenschaftliche Biographie über Kaiserin Elisabeth von Österreich wurde von Egon Caesar Conte Corti[15] verfaßt und erschien im Jahr 1934. Sie beruht bereits auf einer breiten Quellenbasis. Insbesondere verwertete Corti viele einschlägige Briefwechsel und staatliche Akten. Der Autor veröffentlichte und verwendete erstmals auch einige Gedichte der Kaiserin, die er in einem handgeschriebenen Notizbuch Elisabeths aus dem Nachlaß von Erzherzogin Marie Valerie, der jüngsten Kaisertochter, gefunden hatte. Corti verwies in seiner Biographie darauf, daß es noch weitere Gedichte der Kaiserin geben müsse. Außerdem berichtete er erstmals von einem geheimen Druck dieser Gedichte.[16]

Cortis Hinweise auf diese Gedichte wurden mit Zurückhaltung aufgenommen.[17] Corti, der bereits mehrere historische Biographien vorgelegt hatte, erfreute sich – sehr zu Unrecht – in historisch-wissenschaftlichen Kreisen keiner großen Wertschätzung. Besonders Heinrich von Srbik,[18] der große Kenner des 19. Jahrhunderts, stand Corti distanziert gegenüber, da sich Cortis Erkenntnisse vor allem auf Archivalien aus Privatarchiven stützten, die für Dritte nicht zugänglich waren.

Ein Jahr nach Cortis Werk, das bis Hamann die Grundlage aller wissenschaftlichen Arbeiten zu Elisabeth darstellte, erschien in Leipzig das Erinnerungsbuch „Kaiserin Elisabeth und ich". Verfaßt von Elisabeths Nichte Gräfin Marie Larisch, geborene Freiin von Wallersee[19]. Nach Hamann strotzt das Buch „von Unrichtigkeiten und falschen Zeitangaben ... und war offensichtlich ein Racheakt am österreichischen Kaiserhaus."[20] Schon bei den Zeitgenossen stieß Larisch-Wallersee auf Ablehnung. Erwähnenswert ist, daß Larisch-Wallersee die Angaben Cortis bezüglich der Elisabeth-Gedichte bestätigte und darauf verwies, daß Elisabeth ein Tagebuch in Gedichtform geführt habe.[21] Es wäre also falsch, Larisch-Wallersees Aufzeichnungen über Elisabeth von Österreich als realitätsfern abzutun. Im Gegenteil verdienen ihre Aufzeichnungen mehr Berücksichtigung als bisher geschehen. Leider sind die im Nachlaß der am 25. Juli 1940 verstorbenen Larisch-Wallersee befindlichen Abschriften der kaiserlichen Gedichte von der deutschen Gestapo beschlagnahmt und in ein Berliner Archiv gebracht worden, wo sie während des 2. Weltkrieges verbrannten.[22]

Brigitte Hamanns[23] neue Elisabeth-Biographie „Kaiserin wider Willen" erschien 1981. Sie wertet darin den literarischen Nachlaß Elisabeths erstmals wissenschaftlich aus. Darüber hinaus hat Hamann vieles bis dahin unbekanntes beziehungsweise nicht benutztes Material eingearbeitet, insbesondere viele in Nachlässen enthaltene Briefwechsel. Elisabeths Lebenslauf und Lebensstil bettete sie in die politische Komplexität des 19. Jahrhunderts und rückte somit das bisherige Elisabeth-Bild zurecht. Die von Hamann benutzten Quellen schufen ein Elisabeth-Bild, das entscheidend über die Darstellung Cortis von 1934 hinausgeht.

Zur Beurteilung Andrássys, der im Leben der österreichischen Kaiserin und in der späteren Politik Österreich-Ungarns eine wesentliche Rolle gespielt hat, müssen vor allem Wertheimers[24] großangelegte Biographie sowie ebenfalls Corti herangezogen werden. Dem allzu wohlwollenden Urteil von Wertheimer steht die ebenso übertriebene Kritik Cortis gegenüber. Auch wenn Wertheimers Biographie modernen wissenschaftlichen Kriterien nicht immer standhält, behält sie ihren Wert vor allem wegen des reichen Quellenmaterials, da Wertheimer das im 2. Weltkrieg vernichtete Andrássysche Archiv benutzen konnte.[25]

Die Literatur zur Geschichte der österreichisch-ungarischen Monarchie in der zweiten Hälfte des 19. Jahrhunderts ist unübersehbar. Als grundlegend sind zu nennen: Andicis[26] Werk „Das Österreichische Jahrhundert" sowie die Arbeiten von Heinrich Friedjung[27] des herausragenden Geschichtsschreibers der Habsburger Monarchie. Den neuesten Stand der Forschung geben die bisher erschienenen Bände des Sammelwerks „Die Habsburger Monarchie 1848–1918"[28], herausgegeben von Wandruszka und Urbanitsch, wieder.

Literatur

Ungedruckte Quellen

Bayerisches Hauptstaatsarchiv, Abt. Geheimes Hausarchiv (= BayHStA GHA) NL Max II; NL Ludwig II; NL Auguste von Bayern; Hausurkunden

Bayerisches Hauptstaatsarchiv, Abt. II Gesandtschaftsakten Wien; Ministerium des Hofes und der Auswärtigen Angelegenheiten (MA)

Gedruckte Quellen und Literatur

Allmayer-Beck, J. C.: Der stumme Reiter. Erzherzog Albrecht. Der Feldherr Gesamtösterreichs. Graz u. a. 1997

Andicis, H.: Das Österreichische Jahrhundert. Die Donaumonarchie von 1804 bis 1900. Wien u. a. 1974

Barta, I.: Kampf um die bürgerliche Umgestaltung. Revolution und Freiheitskampf (1790–1849). In: Die Geschichte Ungarns. Budapest 1971. S. 243–334

Bayern, A., Prinz von: Die Wittelsbacher. Geschichte unserer Familie. 2. Aufl. München 1995

Beck, B.: Mathilde. Großherzogin von Hessen und bei Rhein, geb. Prinzessin von Bayern (1813–1862). Darmstadt 1993

Beer, A.: Die orientalische Politik Österrreichs seit 1774. Prag-Leipzig 1883

Benedikt, H.: Elisabeth. Kaiserin von Österreich. In: NDB 4 (1959). S. 442f.

Berger, P. (Hg.): Der österreichisch-ungarische Ausgleich von 1867. Vorgeschichte und Wirkungen. Wien 1967

Bernatzik, E.: Die österreichische Verfassungsgeschichte. 2. Aufl. Wien 1911

Bled, J.-P.: Franz Joseph. Der letzte Monarch alter Schule. Wien u. a. 1988

Brandt, H.-H.: Der Österreichische Neoabsolutismus. Staatsfinanzen und Politik 1848–1860 (Schriftenreihe der Historischen Kommission bei der Bayerischen Akademie der Wissenschaft). 2 Bde. Göttingen 1978

Brunner, O.: Der österreichisch-ungarische Ausgleich von 1867 und seine geschichtlichen Grundlagen. In: Der österreichisch-ungarische Ausgleich von 1867. Seine Grundlagen und Auswirkungen (Buchreihe der Südostdeutschen Historischen Kommission. Bd. 20). München 1968. S. 15–24

Burgh, A., de (= Alborough, Edward Morgan): Elizabeth. Empress of Austria. A Memoir. London 1899

Corti, E.: Elisabeth. Die seltsame Frau. 14. Aufl. Salzburg-Leipzig 1935

Corti, E.: Elisabeth von Österreich. Tragik einer Unpolitischen. 15. Aufl. (2. erweiterte Auflage als Taschenbuch). München 1996

Corti, E.: Mensch und Herrscher. Wege und Schicksale Kaiser Franz Joseph I. zwischen Thronbesteigung und Berliner Kongreß. Graz u. a. 1952

Corti, E./Sokol, H.: Kaiser Franz Joseph. 3. Aufl. Graz u. a. 1960

Csaky, M.: Mailath von Székhely, Johann Graf. In: NDB 15 (1987). S. 706f.

D Álbon, E.: Unsere Kaiserin. Wien 1890

Der österreichisch-ungarische Ausgleich von 1867. Seine Grundlagen und

Auswirkungen (Buchreihe der Südostdeutschen Historischen Kommission 20). München 1968
Dirnberger, F.: Das Wiener Hofzeremoniell bis in die Zeit Franz Josephs. Überlegungen über Probleme, Entstehung und Bedeutung. In: Das Zeitalter Kaiser Franz Josephs. Von der Revolution bis zur Gründerzeit. Wien 1984. S. 42–48
Doering-Manteuffel, A.: Die deutsche Frage und das europäische Staatensystem 1815 -1871. München 1993
Duff, D.: Eugénie und Napoleon III. Biographie. 1. Aufl. Düsseldorf-Köln 1979
Elisabeth von Österreich. Einsamkeit, Macht und Freiheit (99. Sonderausstellung des Historischen Museums der Stadt Wien). Wien 1987
Feuerstein-Praßer, K.: Die deutschen Kaiserinnen (1871–1918). Regensburg 1997
Fischer, L. und Brix, E. (Hg.): Die Frauen der Wiener Moderne. Wien-München 1997
Flesch-Brunningen, H. (Hg.): Die letzten Habsburger in Augenzeugenberichten. München 1982
Fleury, C., Graf: Memoiren der Kaiserin Eugénie. 2 Bde. Leipzig 1921
Frass, O.: Quellenbuch zur Österreichischen Geschichte. Bd. 3. Von Joseph II. bis zu Ende der Großmacht. Wien 1962
Friedjung, H.: Österreich von 1848 bis 1860. Bd. 1, 2. Aufl. Stuttgart–Berlin 1908. Bd. 2, 3. Aufl., Stuttgart–Berlin 1912
Friedjung, H.: Der Ausgleich mit den Ungarn. 1877
Friedjung, H.: Der Kampf um die Vorherrschaft in Deutschland 1859 bis 1866. 6. Aufl. Stuttgart-Berlin 1904
Gall, L.: Europa auf dem Weg in die Moderne 1850–1890. 3. Aufl. München 1997
Gathmann, P.: Elisabeth. Bild und Sein. In: Elisabeth von Österreich. Einsamkeit, Macht und Freiheit. Wien 1987. S. 13–23
Glatz, F./Melville, R. (Hg.): Gesellschaft, Politik und Verwaltung in der Habsburgermonarchie 1830–1918. Stuttgart 1987
Gonda, I./Niederhauser, E.: Die Habsburger. Ein europäisches Phänomen. Budapest 1978
Grubitzsch, H./ Cyrus, H. /Haarbusch, E.: Grenzgängerinnen. Revolutionäre Frauen im 18. und 19. Jahrhundert. Weibliche Wirklichkeit und männliche Phantasien. Düsseldorf 1985
Hacker, R.: Ludwig II. in Augenzeugenberichten. Düsseldorf 1966
Häusler, W.: Zur sozialen und nationalen Problematik der Revolution von 1848/49 in der Donaumonarchie. In: Revolutionäre Bewegungen in Österreich. Hrsg. von E. Zöllner. Wien 1981. S. 110–128
Haider, B.: Die Protokolle des Verfassungsausschusses des Reichsrates vom Jahre 1867 (Österreichische Geschichtsquellen Bd. 88). Wien 1997
Hamann, B.: Elisabeth, Kaiserin wider Willen. 7. Aufl. München 1995
Hamann, B.: Kronprinz Rudolf. Der Weg nach Mayerling. München 1979
Hamann, B. (Hg.): Kronprinz Rudolf. Majestät, ich warne Sie ... Geheime und private Schriften. Wien-München 1979
Hamann, B.: Die Habsburger. Ein biographisches Lexikon. Wien 1988
Hamann, B.: Der Wiener Hof und die Hofgesellschaft in der zweiten Hälfte des 19. Jahrhunderts. In: Hof und Hofgesellschaft in den deutschen Staaten im 19. und beginnenden 20. Jahrhundert (Büdinger Forschungen zur Sozialgeschichte 1985 und 1986). Hrsg. von K. Möckl. Boppard am Rhein 1990. S. 61–78

Hamann, B.: Erzherzog Albrecht – die graue Eminenz des Habsburger Hofes. In: Politik und Gesellschaft im alten und neuen Österreich (Festschrift für Rudolf Neck). Bd. 1. Wien 1981
Hamann, B. (Hg.): Kaiserin Elisabeth. Das poetische Tagebuch. Wien 1984
Hamann, B.: Die Familie Habsburg unter Kaiser Franz Joseph. In: Das Zeitalter Kaiser Franz Josephs. Von der Revolution bis zur Gründerzeit. 1848–1880. Wien 1984. S. 23–42
Hanak, P.: Ungarn in der Doppelmonarchie. Probleme der bürgerlichen Umgestaltung eines Vielvölkerstaates. München 1984
Hanak, P.: Das Zeitalter des Neoabsolutismus (1849–1867). In: Die Geschichte Ungarns. Budapest 1971. S. 337–375
Hanak, P.: Das Zeitalter des Dualismus (1867–1918). In: Die Geschichte Ungarns. Budapest 1971. S. 379–495
Hantsch, H.: Die Politik Österreichs bis zum Ausbruch des Krieges 1866 (Schriftenreihe der Bundeszentrale für politische Bildung. Heft 70)
Hantsch, H.: Die Geschichte Österreichs von 1648 bis 1918. 2 Bde. 3. Aufl. Graz u. a. 1962
Hantsch, H. (Hg.): Gestalter der Geschicke Österreichs (Studien der Wiener Katholischen Akademie). 2. Bde. Innsbruck u. a. 1962
Haslip, J.: Elisabeth von Österreich. London 1964
Herre, F.: Kaiser Franz Joseph von Österreich. Sein Leben-seine Zeit. Köln 1978
Herrnritt, R.: Handbuch des österreichischen Verfassungsrechtes. 1909
Heyden-Rynsch, V., von der (Hg.): Elisabeth von Österreich. Tagebuchblätter von Constantin Christomanos. München 1983
Hof- und Staats-Handbuch des Kaiserthumes Österreich für das Jahr 1857. Wien 1857
Holland, H.: Lebenserinnerung eines 90jährigen Altmüncheners, hrsg. von A. Dreyer. München 1921
Huber, A./Dopsch, A.: Österreichische Reichsgeschichte. Geschichte der Staatenbildung und des öffentlichen Rechts. 2. Aufl. Wien 1968
Huber, E. R.: Deutsche Verfassungsgeschichte seit 1789. Bd. 3. Bismarck und das Reich. 2. Aufl. Stuttgart u. a. 1978
Institut für Österreichkunde (Hg.): Die Entwicklung der Verfassung Österreichs. Vom Mittelalter bis zur Gegenwart. Graz-Wien 1963
Kann, R. A.: Die Habsburgermonarchie und das Problem des übernationalen Staates. In: Wandruszka, A./Urbanitsch, P. (Hg.): Die Habsburgermonarchie 1848–1918. Bd. 2. Verwaltungs und Rechtswesen. Wien 1975. S. 1–56
Kann, R. A.: Das Nationalitätenproblem der Habsburgermonarchie. Geschichte und Ideengehalt der nationalen Bestrebungen vom Vormärz bis zur Auflösung des Reiches im Jahre 1912. 2 Bde. (Veröffentlichungen der Arbeitsgemeinschaft Ost 4 und 5). 2. erweiterte Aufl. Graz-Köln 1964
Katona, T.: Elisabeth, Königin von Ungarn. In: Elisabeth Königin von Ungarn. Wien u. a. 1991. S. 14–19
Kiss, M. T. (Hg): Kedves Idám, Ersébet királyné, Ferenc Jósef, Andrássy Gyula és Schratt Katalin levelei Ferenczy idához (Die Briefe von Königin Elisabeth, Franz Josef, Gyula Andrássy und Katherine Schratt an Ida von Ferenczy). Budapest 1992 (mit ausführlichem deutschem Auszug)
Koch, K.: Franz Graf Crenneville – Generaladjutant Kaiser Franz Josephs. Politk und Militär zwischen Krimkrieg und Königgrätz. Wien 1984
Körner, H.-M.: Maximilian. Herzog in Bayern. In: NDB 16 (1990). S. 495 f.

Körner, H.-M./Körner, I. (Hg): Leopold Prinz von Bayern 1846–1930. Aus den Lebenserinnerungen. Regensburg 1983
Kronprinz Rudolf: Politische Briefe an einen Freund 1882–1889. Hrsg. und eingeleitet von J. Szeps. Wien 1922
Kurz, H.: Kaiserin der Franzosen (1826–1920). Tübingen 1964
Larisch-Wallersee, M.: Meine Vergangenheit. Wahrheit über Kaiser Franz Joseph/Schratt. Kaiserin Elisabeth/Andrássy. Kronprinz Rudolf/Vetschera. Berlin 1913
*Larisch-Wallersee, M.:*Königin Elisabeth und Ich. Leipzig 1935
Leber, M.: Die italienische Frage in Bayerns Sicht und Politik von 1859 – 1865. München 1957
Mailáth, J.: Neuere Geschichte der Magyaren. Von Maria Theresia bis zum Ende der Revolution. Bd. 2: Die Revolution 1848 und 1849. Regensburg 1853
Matsch, E.: Geschichte des Auswärtigen Dienstes von Österreich (-Ungarn) 1720–1920. Wien u. a. 1980
Mazohl-Walling: Österreichischer Verwaltungsstaat und administrative Eliten im Königreich Lombardei-Venetien 1815–1859 (Veröffentlichungen des Instituts für europäische Geschichte 146). Mainz 1993
Möckl, K.: Hof und Hofgesellschaft in Bayern in der Prinzregentenzeit. In: Hof, Kultur und Politik im 19. Jahrhundert. (Akten des 18. Deutsch-französischen Historikerkolloquiums Darmstadt 27–30. September 1982). Hrsg. von K. F. Werner. Bonn 1985
Möckl, K. (Hg.): Hof und Hofgesellschaft in den deutschen Staaten im 19. und beginnenden 20. Jahrhundert (Büdinger Forschungen zur Sozialgeschichte 1985 und 1986). Boppard am Rhein 1990
Möckl, K.: Die Prinzregentenzeit. Gesellschaft und Politk während der Ära des Prinzregenten Luitpold in Bayern. München-Wien 1972
Müller, P.: Die Reisen der Kaiserin. In: Elisabeth von Österreich. Einsamkeit, Macht und Freiheit (99. Sonderausstellung des Historischen Museums der Stadt Wien). Wien 1987. S. 50–58
Nostitz-Rieneck, G. (Hg.): Briefe Kaiser Franz Josephs an Kaiserin Elisabeth. 2. Bde. Wien-München 1966
Novotny, A.: Franz Joseph I. An der Wende vom alten zum neuen Europa. Göttingen u. a. 1968
Novotny, A.: Österreich-Ungarn auf dem Berliner Kongreß. In: Diplomatie und Außenpolitik Österreichs. Hrsg. von E. Zöllner. Wien 1977.
Novotny, A.: Außenminister Gyula Graf Andrássy d. Ä. (1823–1890). In: Gestalter der Geschicke Österreichs (Studien der Wiener katholischen Akademie). Hrsg. von H. Hantsch, München 1962
Österreichische Bürgerkunde. Bd. I. Wien.
Österreichisches Biographisches Lexikon 1815–1950. 9 Bde. Graz-Köln. 1957–1988
Owen, M.: The Martyrdom of an Empress. London 1899
Praschl-Bichler, G./Cachée, J.: „... von dem müden Haupte nehm' die Krone ich herab." Kaiserin Elisabeth privat. 3. Aufl. Wien u. a. 1996
Rall, H. und M.: Die Wittelsbacher in Lebensbildern. Graz-Regensburg 1986
Redlich, J.: Das österreichische Staats- und Reichsproblem. Geschichtliche Darstellungen der inneren Politik der Habsburger Monarchie von 1848 bis zum Untergang des Reiches. 2 Bde. 1920–1926
Redlich, J.: Kaiser Franz Joseph von Österreich. Eine Biographie. Berlin 1929

Reifenscheid, R.: Die Habsburger. Von Rudolf I. bis Karl. I. Graz u. a. 1994
Rößler, H.: Graf Julius Andrássy. In: NDB. Bd. 1. S. 274 f.
Schad, M.: Die bayerischen Königinnen. 3. Aufl. Regensburg 1996.
Schulthess' Europäischer Geschichtskalender 1868, hrsg. von H. Schulthess. Nördlingen 1869. 1898 hrsg. von G. Roloff. München 1899
Schnürer, F. (Hg.): Briefe Kaiser Franz Josephs I. an seine Mutter 1838–1872. München 1930
Somogyi, E.: Ungarn in der Habsburgermonarchie. In: Das Zeitalter Franz Josephs. Von der Revolution zur Gründerzeit 1848–1880. Wien 1984. S. 269–276
Salis-Soglio, D., Freiherr von: Mein Leben. Bd. 1. Stuttgart 1908
Sbrik, H. Ritter von (Hg.): Quellen zur deutschen Politik Österreichs 1859–1866. 5 Bde. Berlin 1934–1938
Schmidt, R. F.: Die gescheiterte Allianz. Österreich-Ungarn, England und das Deutsche Reich der Ära Andrássy (1867 bis 1878/79). Frankfurt a. M. 1992
Schmidt, R. F.: Graf Julius Andrássy. Vom Revolutionär zum Außenminister. Göttingen-Zürich 1995
Schmidt-Brentano, A.: Die Armee in Österreich. Militär, Staat und Gesellschaft 1848–1867 (Militärgeschichtliche Studien 20). Boppard am Rhein 1975
Schmolle, L.: Elisabeth, Kaiserin von Österreich und Königin von Ungarn. Ein Lebensbild. Wien 1904
Sexau, R.: Fürst und Arzt. Dr. med. Herzog Carl Theodor in Bayern. Graz u. a. 1963
Stadtmüller, G.: Geschichte der Habsburgischen Macht. Stuttgart 1966
Stadtmüller, G./Glassl, H./Völkl, E. (Hg.): Quellen zur Genesis des ungarischen Ausgleichsgesetzes von 1867. Der österreichisch-ungarische Ausgleich von 1867. München 1979
Steglich, W. (Hg.): Quellen zur Geschichte des Weimarer und Berliner Hofes in der Krisen- und Kriegszeit 1865/67. Bd. 1. Der Weimarer Hof. Frankfurt a. M. 1996
Sztary, I., Gräfin: Aus den letzten Lebensjahren der Kaiserin Elisabeth. Wien 1909
Tolnay, M.: Ida von Ferenczy. In: Elisabeth. Königin von Ungarn. Hrsg. vom Museum Österreichische Kultur. Wien u. a. 1991. S. 37–43
Traum und Wirklichkeit-Wien 1870–1930: 93. Sonderausstellung des Historischen Museums der Stadt Wien 1985
Tschudi, C.: Elisabeth Kaiserin von Österreich und Königin von Ungarn. Leipzig o. J.
Turba, G. (Hg.): Die Grundlagen der Pragmatischen Sanktion. 2 Bde. Wien 1911–1913
Tzöbl, J.: Das Oktoberdiplom und das Februarpatent. In: Die Entwicklung der Verfassung Österreichs. Graz-Wien 1963. S. 86–99
Uhlirz, M.: Handbuch der Geschichte Österreichs und seiner Nachbarländer Böhmen und Ungarn. Begonnen von K. Uhlirz. Bd. 2. 2. Teil 1848–1914. Graz u. a. 1941
Unckel, B.: Österreich und der Krimkrieg. Studien zur Politik der Donaumonarchie in den Jahren 1852–1856 (Historische Studien. Heft 410). Lübeck u. a. 1969
Vallotton, H.: Elisabeth, die tragische Kaiserin. München 1947

Vehse, E.: Geschichte des österreichischen Hofs und Adels und der österreichischen Diplomatie. Hamburg 1853
Verosta, S.: Die Bündnispolitik der Donaumonarchie vor dem Ersten Weltkrieg. In: Diplomatie und Außenpolitik Österreichs. Hrsg. von E. Zöllner. Wien 1977
Vogel, J.: Elisabeth von Österreich. Momente aus dem Leben einer Kunstfigur. Wien 1992
Wagner, Y.: Prinzenerziehung in der 2. Hälfte des 19. Jahrhunderts. Zum Bildungsverhalten des preußisch-deutschen Hofes im gesellschaftlichen Wandel. Frankfurt a.M. 1995
Waitz, G.: Das Alte Recht der salischen Franken. Kiel 1846
Walter, F.: Die Entwicklung der Verfassung Österreichs. Graz-Wien 1963. S. 68–85
Walter, F.: Kaiser Franz Josephs Ungarnpolitik in der Zeit seines Neoabsolutismus. In: Der österreichische Ausgleich von 1867. Seine Grundlagen und Auswirkungen (Buchreihe der Südostdeutschen Historischen Kommission. Bd. 20). München 1968. S. 25–35
Walter, F.: Österreichische Verfassungs- und Verwaltungsgeschichte von 1500–1955 (Veröffentlichungen der Kommission für Neuere Geschichte Österreichs 59). Wien u. a. 1972
Walther, S.: Katalogteil. In: Elisabeth von Österreich. Wien 1987. S. 120–347
Wandruszka, A.: Das Haus Habsburg. Die Geschichte einer europäischen Dynastie. 6. Aufl. Wien u. a. 1987
Wandruska, A./Urbanitsch, P. (Hg.): Die Habsburger Monarchie 1848–1918. Bd. 6: Die Habsburgermonarchie im System der internationalen Beziehungen. 2. Teilband. Wien 1993
Weinzierl-Fischer, E.: Die österreichischen Konkordate von 1855 und 1933 (Schriftenreihe des Arbeitskreises für österreichische Geschichte). Wien-München 1960
Weiss, S.: Die Österreicherin. Die Rolle der Frau in 1000 Jahren Geschichte. Graz u. a. 1996
Weissensteiner, F.: Reformer, Republikaner und Rebellen. Das andere Haus Habsburg-Lothringen. München-Wien 1995
Weissensteiner, F. (Hg.): Lieber Rudolf. Briefe von Kaiser Franz Joseph und Elisabeth an ihren Sohn. Wien 1991
Welcome, J.: Die Kaiserin hinter der Meute. Elisabeth von Österreich und Bay Middleton. Wien 1975
Werner, K. F.: Hof, Kultur und Politk im 19. Jahrhundert (Akten des 18. Deutsch-französischen Historikerkolloquiums Darmstadt 27–30. September 1982). Bonn 1985
Wertheimer, E. von: Graf Julius Andrássy. Sein Leben und seine Zeit. 3 Bde. Stuttgart 1910–1913
Winter, E.: Revolution, Neoabsolutismus und Liberalismus in der Donaumonarchie. Wien o. J.
Witzleben, H./Vignau. I. von: Die Herzöge in Bayern. München 1976
Zöllner, E.: Geschichte Österreichs. Von den Anfängen bis zur Gegenwart. 5. Aufl. München 1974
Zollmann, A.: Reich und Staat in der Politik Österreichs 1862/63 (Historische Studien 369). Berlin 1940 (ND Vaduz 1965)

Anmerkungen

Abkürzungen: ADB = Allgemeine Deutsche Biographie; BayHStA = Bayerisches Hauptstaatsarchiv; GAA = Andrássysches Familienarchiv; GHA(KA) = Geheimes Hausarchiv (Kabinettsakten); NDB = Neue Deutsche Biographie; NL = Nachlaß

Elternhaus und Erziehung, S. 13–27

1 Witzleben, H./Vignau, I. von: Herzöge in Bayern. S. 234 f.
2 Vgl. Sexau, R.: Carl Theodor. S. 13 ff.
3 Vgl. Witzleben, H./Vignau, I. von: Herzöge in Bayern. S. 210 ff. Zum gesellschaftlichen Leben des Herzogs vgl. ebd.: S. 255 ff.
4 Zitiert nach: Holland, H.: Lebenserinnerungen. S. 24
5 Ebd. S. 129
6 Zu Herzog Max vgl. ferner Körner, H.-M.: Herzog in Bayern. In: NDB 16 (1990). S. 49 f.
7 Zitiert nach: Sexau, R.: Carl Theodor. S. 9
8 Zitiert nach: Larisch-Wallersee, M.: Elisabeth und Ich. S.162 f.
9 Zitiert nach: Holland, H.: Lebenserinnerungen. S. 129
10 Corti, E.: Die seltsame Frau. S. 8 f.
11 Ebd.: S. 28
12 Zu Mailáth vgl. Csaky, M.: Mailáth von Székhely, Johann Graf. In: NDB 15 (1987). S. 706 f.
13 Hamann, B.: Kaiserin wider Willen. S. 46 f.
14 Zitiert nach: Holland, H.: Lebenserinnerungen. S. 108

Neue Eindrücke, Kampf und Isolation, S. 28–45

1 Vgl. Österreichische Bürgerkunde: Bd. I. S. 66 f.
2 Zitiert nach: Hamann, B.: Erzherzog Albrecht. S. 66 f.
3 Zitiert nach: Hamann, B.: Kaiserin wider Willen. S. 83
4 Zum Hof und Hofleben in Bayern vgl. Möckl, K.: Hof und Hofgesellschaft in Bayern. S. 183 ff.
5 Zitiert nach: Witzleben, H. von/Vignau, I. von: Herzöge in Bayern (21. Dezember 1819). S. 197 f.
6 Vgl. Beck, B.: Mathilde. Großherzogin von Hessen und bei Rhein. S. 70 f.
7 Zitiert nach: Corti, E.: Die seltsame Frau. S. 53
8 Unterlagen zu Heirat von Ludwig in Bayern: BayHStA GHA NL. Max II. (Nr. 77–1–71a). Weitere Informationen dazu in: Witzleben, H./Vignau, I. von: Herzöge in Bayern. S. 274 f.
9 Vgl. Hof- und Staatshandbuch des Kaisertums Österreich für das Jahr 1857
10 Hamann, B. (Hg.): Poetisches Tagebuch. Winterlieder (Wien, Januar 1887). S. 159
11 Vgl. dazu und zum Folgenden: Hof- und Staatshandbuch des Kaisertums Österreich für das Jahr 1857. S. 27 ff.
12 Zitiert nach: Hamann, B. (Hg.): Kronprinz Rudolf. Majestät ich warne Sie ... Geheime und private Schriften. S. 10
13 Zitiert nach: Herre, F.: Kaiser Franz Joseph von Österreich. S. 82
14 Redlich, J.: Franz Joseph von Österreich. S. 172 ff.
15 Ebd.: S. 176
16 Ebd.: S. 176 f.
17 Ebd.: S. 177 ff.

18 Hamann, B.: Kaiserin wider Willen. S. 11
19 Christomanos, C.: Tagebuchblätter. S. 11
20 Zitiert nach: Corti, E.: Die seltsame Frau. S. 55
21 Hamann, B. (Hg.): Poetisches Tagebuch. Winterlieder (Kreuth, August 1887). S. 249
22 Weissensteiner, F. (Hg.): Lieber Rudolf. S. 9 f.
23 Sophie an Auguste (21. Mai 1854). In: BayHStA GHA NL Auguste. GHA Nr. 52
24 Vgl. die von Nostitz-Rieneck hrsg. Briefe Franz Josephs an Elisabeth. Zur Einweihung des Suezkanals im Jahre 1869 schrieb Franz Joseph ausführliche Reiseberichte. (Nostitz-Rieneck, G. (Hg.): Bd. I. S. 84–148)
25 Hamann, B.: Kaiserin wider Willen. S. 376
26 Ebd.: S. 276
27 Zitiert nach: Hamann, B.: Kronprinz Rudolf. S. 487 f.
28 Zitiert nach: Hamann, B.: Kaiserin wider Willen. S. 100

Das politische Geschäft einer Kaiserin, S. 46–97

1 Vgl. Waitz, G: Das alte Recht der salischen Franken
2 Hamann, B.: Kaiserin wider Willen. S. 71
3 Vgl. Corti, E.: Die seltsame Frau. S. 44 ff.
4 Zitiert nach: Hamann, B.: Kaiserin wider Willen. S. 70
5 Ebd.: S. 291
6 Zitiert nach: Walther, S.: In: Elisabeth von Österreich. S. 271
7 Morand, P.: In: Tagebuchblätter von Christomanos. S. 190
8 Zitiert nach: Corti, E.: Die seltsame Frau. S. 145 f.
9 Zitiert nach: Hamann, B.: Kaiserin wider Willen. S. 214
10 Hamann, B. (Hg.): Poetisches Tagebuch. Winterlieder (Wien, Januar 1887). S. 159
11 Ebd.: Winterlieder (Cromer, Juli 1887). S. 238
12 Gathmann, P.: Elisabeth Bild und Sein. S. 19
13 Weissensteiner, F.: Reformer, Republikaner und Rebellen. S. 198
14 Hamann, B. (Hg.): Poetisches Tagebuch. Winterlieder (Wien, Januar 1887). S. 160
15 Zitiert nach: Hamann, B.: Kaiserin wider Willen. S. 288
16 Prinzessin Stephanie von Belgien über ihre Schwiegermutter. Zitiert nach: Ebd. S. 525
17 Zitiert nach: Müller, P.: Die Reisen der Kaiserin. S. 50 ff.
18 Vgl. Weinzierl-Fischer, E.: Die österreichischen Konkordate
19 Hamann, B.: Kaiserin wider Willen. S. 110
20 Ebd.: S. 110 f.
21 Zitiert nach: Schulthess, H. (Hg.): Europäischer Geschichtskalender 1868
22 Zitiert nach: Europäischer Geschichtskalender 1867
23 Schulthess, H. (Hg.): Europäischer Geschichtskalenden 1868. S. 249 ff.
24 Zitiert nach: Corti, E.: Die seltsame Frau. S. 208
25 Ebd.: S. 208
26 Hamann, B.: Kaiserin wider Willen. S. 573
27 Ebd.: S. 277
28 Hamann, B. (Hg.): Poetisches Tagebuch. Winterlieder (Wien, Januar 1887). S. 157
29 Ebd.: (Wien, Januar 1887). S. 143 f.
30 Ebd.: S. 145
31 Ebd.: Drittes Buch (Wien, Mai 1888). S. 343
32 Corti, E.: Tragik einer Unpolitischen. S. 427
33 Zitiert nach: Christomanos, C.: Tagebuchblätter. S. 50 f.
34 Sandgruber, R.: Frauen in Bewegung. S. 53 f.

35 Pudor, H.: Frauen der Wiener Moderne. S. 54
36 Vgl. Hamann, B.: Kaiserin wider Willen. S. 189–215 sowie 326–372
37 Ebd.: S. 211
38 Ebd.: S. 210
39 Zitiert nach: Christomanos, C.: Tagebuchblätter. S. 67
40 Hamann, B. (Hg.): Poetisches Tagebuch. Winterlieder (Ischl, September 1887). S. 294 f.
41 Zitiert nach: Christomanos, C.: Tagebuchblätter. S. 52
42 Hamann, B. (Hg.): Poetisches Tagebuch. Winterlieder (Januar 1887). S. 163
43 Ebd.: Drittes Buch (Mai 1888). S. 343
44 Ebd.: Nordsee Lieder (Neujahrsnacht 1887). S. 138 f.
45 Zitiert nach: Larisch-Wallersee, M.: Elisabeth und Ich. S. 253
46 Hamann, B. (Hg.): Poetisches Tagebuch. Winterlieder (Wien, Januar 1887). S. 145
47 Vgl. Hamann, B.: Kronprinz Rudolf. S. 53 ff.
48 Vgl. Ebd. S. 67 ff.
49 Vgl. hierzu ferner Szeps, J. (Hg.): Kronprinz Rudolf. Politische Schriften und Briefe
50 Vgl. Hamannn, B.: Kaiserin wider Willen. S. 87 ff.
51 Ebd.: S. 89
52 Ebd.: S. 89
53 Ebd.: S. 256
54 Vgl. Lill, R.: Geschichte Italiens. S. 141 ff.
55 Lerchfeld (19. November 1856). BayHStA NL Max II
56 Hamann, B.: Kaiserin wider Willen. S. 114 f.
57 Zitiert nach: Corti, E.: Die seltsame Frau. S. 68
58 Schnürer, F. (Hg.): Franz Joseph an seine Mutter. S. 259
59 Salis-Soglio, D., Freiherr von: Mein Leben. S. 79
60 Zitiert nach: Corti, E.: Die seltsame Frau. S. 70
61 Vgl. Ebd.: S. 69 ff.
62 Vgl. Hamann, B.: Kaiserin wider Willen. S. 115 ff.
63 Schnürer, F. (Hg.): (Venedig, 4. Dezember 1856). S. 259
64 Ebd.: (Mailand, 2. März 1857). S. 264
65 Vgl. Sexau, H.: Carl Theodor. S. 106 ff.
66 Zitiert nach: Bericht des Bayerischen Generalkonsuls (31. August 1865). BayHStA Gesandtschaft Wien
67 Corti, E.: Die seltsame Frau. S. 66
68 Nostitz-Rieneck, G. (Hg.): Bd. I. S. 9
69 Ebd.: S. 11 f.
70 Ebd.: S. 13
71 Ebd.: S. 15
72 Ebd.: S. 18
73 Ebd.: S. 19 f.
74 Ebd.: S. 20
75 Ebd.: S. 21 f.
76 Ebd.: S. 27
77 Vgl. Redlich, J.: Kaiser Franz Joseph. S. 234–255
78 Nostitz-Rieneck, G. (Hg.): Bd. I. (Verona, 27. Juni 1859). S. 29
79 Ebd.: Bd. I. (Verona, 1. Juli 1859). S. 30
80 Kaiserin Elisabeth an König Ludwig II. (11. Dezember 1865). BayHStA NL Ludwig II

Elisabeth: Der Engel Ungarns, S. 98–160

1 Vgl. dazu Walter, F.: Die Entwicklung der Verfassung Österreichs. S. 69–85
2 Vgl. Walter, F.: Kaiser Franz Josephs Ungarnpolitik. S. 25–35

3 Winter, E.: Revolution, Neoabsolutismus und Liberalismus in der Donaumonarchie. S. 17
4 Barta, I.: Kampf um die bürgerliche Umgestaltung. S. 315 ff. sowie Walter, F.: Österreichische Verfassungs- und Verwaltungsgeschichte. S. 160 ff.
5 Vgl. Walter, F.: Österreichische Verfassungs- und Verwaltungsgeschichte. S. 78 f.
6 Vgl. Bernatzik, E.: Die österreichische Verfassungsgeschichte. S. 243–334
7 Vgl. Huber, E. R.: Deutsche Verfassungsgeschichte seit 1789. Bd. 3. S. 29 f.
8 Vgl. Friedjung, H.: Österreich von 1848–1860. Bd. I. S. 161
9 Stadtmüller, G.: Geschichte der Habsburgischen Macht. S. 110 f.
10 Vehse, E.: Geschichte des österreichischen Hofs und Adels. S. 164
11 Vgl. Schmidt, F.: Graf Andrássy. S. 21 ff.
12 Vgl. Tzöbl, J.: Oktoberdiplom und Februarpatent. S. 87 f.
13 Vgl. Schmidt, R. F.: Graf Julius Andrássy. S. 25 ff. Zu Erzherzog Albrecht vgl. Allmayr-Beck, J. C.: Der stumme Reiter.
14 Vgl. Tzöbl, J.: Oktoberdiplom und Februarpatent. S. 87 ff.
15 Wertheimer, E. von: Bd. I. S. 88
16 Hamann, B.: Kaiserin wider Willen. S. 117 f.
17 Wertheimer, E. von: Bd. I. S. 88
18 Vgl. Hamann, B.: Kaiserin wider Willen. S. 118 ff.
19 Schnürer, F. (Hg.): (Ofen, 17. Februar 1866). S. 350 f.
20 Corti, E.: Die seltsame Frau. S. 144
21 Vgl. Weissensteiner, F.: Reformer, Republikaner und Rebellen. S. 187 ff.
22 Zitiert nach: Larisch-Wallersee, M.: Elisabeth und Ich. (Ofen, 1868). S. 255
23 Katona, T.: Elisabeth, Königin von Ungarn. S. 15
24 Corti, E.: Die seltsame Frau. S. 142 f.
25 Schnürer, F. (Hg.): S. 328
26 Zitiert nach: Einsamkeit, Macht und Freiheit. S. 287
27 Zitiert nach: Corti, E.: Die seltsame Frau. S. 141
28 Ebd.: S. 141 f.
29 Steglich, W. (Hg.): Quellen zur Geschichte des Weimarer und Berliner Hofes 1865/67. Bd. I. S. 36
30 Zitiert nach: Corti, E.: Die seltsame Frau. S. 199 f.
31 Hamann, B.: Kaiserin wider Willen. S. 218 f.
32 Zitiert nach: Thiele, J.: Elisabeth. S. 296 f.
33 Hamann, B.: Kaiserin wider Willen. S. 219 ff.
34 Zitiert nach: Ebd. S. 223
35 Ebd.: S. 221 f.
36 Zu Ferenc Deáks „Osterartikel" im Pesti Napló (16. April 1865) vgl. Quellen zur Genesis des ungarischen Ausgleichgesetzes von 1867. Der österreichisch-ungarische Ausgleich von 1867. Hrsg. von Stadtmüller, G./Glassl, H./Völkl, E. S. 35–41.
37 Schmidt, R. F.: Graf Andrássy. S. 9, ferner vgl. Rößler, H.: Andrássy. In: NDB. Bd. I. S. 274 f.
38 Novotny, A.: Außenminister Gyula Graf Andrássy der Ältere (1823–1890). S. 460 und Österreich-Ungarn auf dem Berliner Kongreß. S. 120
39 Zitiert nach: Wertheimer, E. von: Bd. I. S. 214
40 Vgl. Österreichisches Biographisches Lexikon. Bd. 9. S. 284
41 Hierzu: Hamann, B.: Kronprinz Rudolf. S. 43
42 Zitiert nach: Thiele, J.: Elisabeth. S. 343
43 Corti, E.: Die seltsame Frau. S. 168
44 Ebd.: S. 144
45 Zitiert nach: Corti, E.: Tragik einer Unpolitischen. S. 139
46 Ebd.: S. 132
47 Ebd.: S. 133
48 Ebd.: S. 144 ff.

49 Ebd.: (Ischl, 26. Juni 1866). S. 148
50 Zitiert nach: Weissensteiner, F. (Hg.): Lieber Rudolf. S. 145; insofern ist Weissensteiner S. 145 zu verbessern; Elisabeth muß aufgrund des Kriegsverlaufes den Brief bereits am 29. Juni 1866 und nicht erst am 29 Juli 1866 geschrieben haben
51 Ebd.: S. 146
52 Zitiert nach: Hamann, B.: Kronprinz Rudolf. S. 35 f.
53 Zitiert nach: Corti, E.: Die seltsame Frau. S. 150
54 Ebd.: S. 150
55 Ebd.: (5. Juli 1866). S. 150
56 Ebd.: S. 153
57 Schmidt, R.F.: Graf Andrássy. S. 37
58 Zitiert nach: Schmidt, R.F.: Graf Andrássy. 40 f.
59 Zitiert nach: Corti, E.: Die seltsame Frau. 154 f. vgl. zudem Schmidt. R. F.: Graf Andrássy. S. 41
60 Zitiert nach: Schmidt, R. F.: Graf Andrássy. S. 41
61 Nostitz-Rieneck, G. (Hg.): S. 38
62 Vgl. das Schreiben des Kaisers an Elisabeth v. 17. Juli 1866, wo es heißt: „... Der Alte ist nicht in Pest und muß daher auf dem Lande geholt werden, so daß er erst Morgen oder Übermorgen hier sein kann ..." (Nostitz-Rieneck, G. (Hg.): S. 39
63 Zitiert nach: Corti, E.: Die seltsame Frau. S. 155 f.
64 Ebd.: S. 156
65 Die Chronologie der Ereignisse bei Hamann, B.: Kaiserin wider Willen. S. 242 ist insoweit zu berichtigen; das Telegramm vom 15. Juli veranlaßte Elisabeth erst zu ihrem Schreiben vom gleichen Tag!
66 Zitiert nach: Wertheimer, E., von: Bd. I. S. 217
67 Nostitz-Rieneck, G. (Hg.): Bd. I. S. 39
68 Ebd.: S. 39
69 Ebd.: S. 40 f.
70 Zwischen der Unterredung mit Andrássy undd Deák lagen also 2 Tage. Insoweit ist Schmidt, R. F.: Graf Andrássy. S. 43 zu berichtigen.
71 Nostitz-Rieneck, G. (Hg.): Bd. I. S. 44 f.
72 Ebd.: S. 48
73 Ebd.: S. 45
74 Ebd.: S. 52
75 Zitiert nach: Wertheimer, E. von: Bd. I. S. 222
76 Zitiert nach: Wertheimer, E. von: Bd. I. (30. Juli 1866). S. 223
77 So Franz Joseph in seinem Brief an Elisabeth vom 4. August (Nostitz-Rieneck, G. (Hg.): Bd. I. S. 55: „... wenn Du auch recht bös und sekant warst, so habe ich Dich doch so unendlich lieb ..."
78 Zitiert nach: Corti, E.: Tragik einer Unpolitischen. S. 152 f.
79 Zitiert nach: Thiele, J.: Elisabeth. S. 340
80 Zitiert nach: Corti, E.: Die seltsame Frau. S. 171
81 Vgl. Redlich, J.: Kaiser Franz Joseph. S. 281 ff. sowie 299 ff.
82 Zitiert nach: Hamann, B.: Kaiserin wider Willen. S 259 f.
83 Ebd.: S. 260
84 Ebd.: S. 260
85 Zum Ausgleich zwischen Österreich und Ungarn vgl. Friedjung, H.: Der Ausgleich mit den Ungarn. Redlich, J.: Das österreichische Staats- und Reichsproblem sowie Berger, P. (Hg.): Der österreichisch-ungarische Ausgleich von 1867 und seine geschichtlichen Grundlagen.
86 Zitiert nach: Corti, E.: Tragik einer Unpolitischen. S. 156
87 Ebd.: S. 157
88 Zitiert nach: Corti, E.: Die seltsame Frau. S. 259
89 Zitiert nach: Corti, E.: Tragik einer Unpolitischen. S. 159

90 Zitiert nach: Hamann, B.: Kaiserin wider Willen. S. 258
91 Zitiert nach: Europäischer Geschichtskalender 1867
92 Zitiert nach: Schmidt, R.F.: Graf Andrássy. S. 21
93 Zitiert nach: Hamann, B.: Kaiserin wider Willen. S. 267
94 Ebd.: S. 267
95 Vgl. Koch, K.: Franz Graf Crenneville – Generaladjutant des Kaisers Franz Joseph. S. 223 ff.
96 Vgl. Redlich, J.: Kaiser Franz Joseph. S. 349 ff.
97 Vgl. Allmayer-Beck, J.C.: Erzherzog Albrecht.
98 Ebd.: S. 285
99 Hamann, B. (Hg.): Poetisches Tagebuch. Winterlieder (Wien, Januar 1887). S. 150

Resignation oder taktischer Rückzug?, S. 161–227

1 Zitiert nach: Corti, E.: Die seltsame Frau. S. 290 f.
2 Zitiert nach: Christomanos, C.: Tagebuchblätter (11.-20. Dezember 1891). S. 55 f.
3 Zitiert nach: Corti, E.: Die seltsame Frau. (16. Juli 1870). S. 210
4 Ebd.: S. 211
5 Ebd.: S. 211
6 Ebd.: S. 211
7 Ebd.: S. 212
8 Redlich, J.: Kaiser Franz Joseph. S. 333
9 Corti, E.: Mensch und Herrscher. (Ofen, 12. März 1870). S. 430
10 Zitiert nach: Schmidt, R. F.: Graf Andrássy. S. 78
11 Zitiert nach: Hamann, B.: Kaiserin wider Willen (28. Mai 1872). S. 306
12 Ebd.: S. 308
13 Corti, E.: Tragik einer Unpolitischen. S. 211
14 Körner, H.-M./Körner, I.: Leopold Prinz von Bayern 1846–1930. S. 114, 117
15 Ebd.: S. 115
16 Zitiert nach: Corti, E.: Tragik einer Unpolitischen. S. 219
17 Ebd.: S. 220
18 Ebd.: S. 208
19 Ebd.: S. 230
20 Zitiert nach: Hamann, B.: Kaiserin wider Willen. S. 324
21 Zitiert nach: Kassal-Mikula, R.: Der Festzug. S. 40
22 Ebd.: S. 40
23 Ebd.: S. 48
24 Zitiert nach: Corti, E.: Tragik einer Unpolitischen. (Prag, 2. Dezember 1881). S. 275
25 Zitiert nach: Larisch-Wallersee, M.: Elisabeth und Ich. S. 47
26 Ebd.: S. 51 f.
27 Zitiert nach: Corti, E.: Tragik einer Unpolitischen. S. 266
28 Zitiert nach: Hamann, B.: Kaiserin wider Willen. S. 529
29 Ebd.: S. 529 f.
30 Ebd.: (3. November 1881). S. 531
31 Ebd.: S. 531 f.
32 Redlich, J.: Kaiser Franz Joseph. S. 377 f.
33 Hamann, B. (Hg.): Poetisches Tagebuch. Winterlieder (Wien, Januar 1887). S. 144
34 Zitiert nach Hamann, B.: Kronprinz Rudolf. S. 310 f.
35 Hamann, B. (Hg.): Poetisches Tagebuch. Winterlieder (Wien, Januar 1887). S. 154 f.
36 Ebd. Das Dritte Buch (Februar 1888). S. 338
37 Szeps, J. (Hg.): Kronprinz Rudolf. Politische Briefe. S. 194 ff.

38 Hamann, B. (Hg.): Poetisches Tagebuch. Nordseelieder (Kremsier, August 1885). S. 76 f.
39 Ebd.: S. 77
40 Ebd.: S. 76 ff.
41 Szeps, J. (Hg.): Kronprinz Rudolf. Politische Briefe. S. 121
42 Hamann, B. (Hg.): Poetisches Tagebuch. Winterlieder (Januar 1887). S. 155
43 Zitiert nach: Corti, E.: Tragik einer Unpolitischen. S. 165
44 Zitiert nach: Hamann, B.: Kaiserin wider Willen. S. 538
45 Szeps, J. (Hg.): Kronprinz Rudolf. Politische Briefe. S. 142 ff.
46 Hamann, B. (Hg.): Poetisches Tagebuch. Winterlieder (August 1886). S. 125 f.
47 Zitiert nach: Hamann, B.: Kaiserin wider Willen. S. 539
48 Ebd.: S. 573
49 Hamann, B. (Hg.): Poetisches Tagebuch. Winterlieder (Wien, Januar 1887). S. 155
50 Ebd.: S. 156
51 Vgl. dazu: Ebd. S. 160 ff.
52 Zitiert nach: Larisch-Wallersee, M.: Elisabeth und Ich. S. 312
53 Hamann, B. (Hg.): Poetisches Tagebuch. Winterlieder (Wien, Januar 1887). S. 161 f.
54 Zitiert nach: Weissersteiner, Reformer. S. 285
55 Zitiert nach: Redlich, J.: Kaiser Franz Joseph. S. 416 f.
56 Hamann, B. (Hg.): Poetisches Tagebuch. Winterlieder (Wien, Januar 1887). S. 148
57 Zitiert nach: Corti, E.: Tragik einer Unpolitischen. S. 198
58 Ebd.: S. 202
59 Vgl. Redlich, J.: Kaiser Franz Joseph. S. 414
60 Hamann, B. (Hg.): Poetisches Tagebuch. Nordsee Lieder (Wien, Neujahrsnacht 1887). S. 139
61 Zitiert nach: Hamann, B.: Kaiserin wider Willen. S. 560
62 Ebd.: S. 560
63 Szeps, J. (Hg.): Kronprinz Rudolf. Politische Briefe. S. 129
64 Ebd.: S. 144
65 Zitiert nach: Hamann, B.: Kaiserin wider Willen. S. 426
66 Hamann, B. (Hg.): Poetisches Tagebuch. Nordsee Lieder (Bayern, Juni 1886). S. 109
67 Ebd.: Winterlieder (Wien, Januar1887). S. 156
68 Ebd.: (Lainz, 22. Mai 1887). S. 208
69 Corti, E.: Tragik einer Unpolitischen. S. 369
70 Hamann, B.: Kaiserin wider Willen. S. 559 f.
71 Szeps, J. (Hg.): Kronprinz Rudolf. Politische Briefe. S. 163
72 Vgl. Redlich, J.: Kaiser Franz Joseph. S. 382 f.
73 Ebd.: S. 383
74 Ebd.: S. 383
75 Ebd.: S. 385
76 Corti, E.: Tragik einer Unpolitischen. S. 279
77 Hamann, B. (Hg.): Poetisches Tagebuch. Winterlieder (Kreuth, August 1887). S. 249
78 Ebd.: S. 250
79 Ebd.: Nordsee Lieder (Gödöllö, November 1886). S. 105
80 Ebd.: Winterlieder (Wien, Januar 1887). S. 145
81 Ebd.: S. 475 f.
82 Hamann, B. (Hg.): Poetisches Tagebuch. Nordsee Lieder (Heidelberg, April 1885). S. 105
83 Ebd.: S. 17 f.
84 Nostitz-Rieneck, G.: Bd.II. (Gödöllö, 18. Mai. 1898). S. 409

85 Ebd.: (Schönbrunn, 29. August 1898). S. 451
86 Zitiert nach: Roloff, G. (Hg.): Schulthess' Europäischer Geschichtskalender 1898. S. 199
87 Nostitz-Rieneck, G: (Schönbrunn, 9. September 1898). S. 457 f.
88 Corti, E.: Tragik einer Unpolitischen. S. 444 ff.
89 Ebd.: S. 433 ff.
90 Ebd.: S. 460
91 Zitiert nach: Gustav Roloff (Hg.): Europäischer Geschichtskalenden 1898. S. 226

Zum Forschungsstand, S. 228–230

1 Die Briefe Elisabeths an den Kaiser, ihre Mutter Herzogin Ludovika und an ihre jüngste Tochter Marie Valerie wurden teilweise von Corti abgeschrieben und befinden sich heute in seinem NL (Haus-, Hof- und Staatsarchiv Wien).
2 Erstmals ausgewertet wurden die sich im NL der jüngsten Kaisertochter befindlichen Quellen zu Elisabeth in Cortis Elisabeth-Biographie, wobei Corti zudem zahlreiche aus Privatarchiven stammende Elisabeth-Quellen heranzog.
3 Nostitz-Rieneck, G. (Hg.): Briefe Kaiser Franz Josephs an Kaiserin Elisabeth. 2 Bde. Wien-München 1966
4 Weissensteiner, F. (Hg.): Lieber Rudolf. Briefe von Kaiser Franz Joseph und Elisabeth an ihren Sohn. Wien 1991
5 Elisabeths literarischer Nachlaß befindet sich seit 1951/53 im Besitz des Schweizer Bundesarchivs in Bern. Signatur JI.64. Genauere Beschreibung des Nachlasses in: Hamann, B. (Hg.): Kaiserin Elisabeth. Das poetische Tagebuch. Wien 1984. S. 15
6 Der Tagebuchcharakter ergibt sich aus der fortlaufenden Chronologie der Gedichte. Die Kaiserin ging in ihren Versen häufig auf aktuelle Tagesereignisse ein und datierte diese zumindest teilweise. Ein sonstiges Tagebuch scheint Elisabeth nicht geführt zu haben. Vgl. Hamann, B. (Hg.): Das poetische Tagebuch. S. 15 f.
7 Bei Elisabeths Gedichten muß ihr Hang zur Übertreibung berücksichtigt werden. Häufig imitiert Elisabeth ihr Vorbild Heinrich Heine. Ihr Heine-Kult fußte auf einer genauen Kenntnis der Werke sowie einer intensiven Beschäftigung mit ihrem Lieblingsdichter. Vgl. hierzu Hamann, B. (Hg.): Das poetische Tagebuch. S. 12 ff.
8 Erzherzogin Sophie: Tagebuch. Privatbesitz des Hauses Habsburg
9 Festetics: Tagebuch. Széchényi-Bibliothek. Budapest
10 Erzherzogin Marie Valerie: Tagebuch. Abschrift. In: NL Sexau. Das Orginal des Tagebuches ist derzeit nicht einsehbar. Hamann, B. zitiert in ihrer Elisabeth-Biographie aus einer umfangreichen und genauen Abschrift des Archivars Richard Sexau. Die Tagebuchabschrift befindet sich derzeit in der Bayerischen Staatsbibliothek München, Handschriftensammlung. Nachlaß Sexau. Darüber hinaus nahm Sexau Abschriften von Quellen vor, die sich in Privatbesitz befinden: Das Tagebuch der jüngsten Kaisertochter, Erzherzogin Marie Valerie, und ausführliche Korrespondenzen der Mutter, Schwiegermutter und Tanten der Kaiserin untereinander.
11 Hübner. Tagebuch. Historisches Institut der Universität Padua
12 Nostitz-Rieneck, G. (Hg): Briefe Kaiser Franz Josephs an Kaiserin Elisabeth. Wien-München 1966.
13 Christomanos, C.: Tagebuchblätter. In: Heyden-Rynsch, V. von der (Hg.): Elisabeth von Österreich. München 1983
14 Korrespondenzen zwischen Auguste von Bayern, der Gemahlin des späte-

ren Prinzregenten Luitpold, mit Erzherzogin Sophie. BayHStA GHA NL Auguste von Bayern.

15 Corti, E.C.: Elisabeth. Die seltsame Frau. Salzburg-Leipzig 1934

16 Nach Corti soll dieser geheime Druck in der Staatsdruckerei erfolgt sein. Interessant erscheint hierbei, daß Elisabeths Sohn Rudolf unter strengster Geheimhaltung und Anonymität seine politischen Denkschriften des Jahres 1886 in der Staatsdruckerei drucken ließ. Der damalige Direktor der Hof- und Staatsdruckerei, Dr. Anton Ritter von Beck, soll sein Vertrauter gewesen sein. Unwahrscheinlich erscheint jedoch, daß Mutter und Sohn Kenntnis von ihren gegenseitigen Geheimdrucken hatten. Damit Elisabeths Handschrift nicht erkannt werden konnte, wurden die Schriften kopiert, bevor diese in den Druck gehen konnten. Diese Vorsichtsmaßnahme hielt laut Hamann auch Kronprinz Rudolf ein. Vgl. Hamann, B. (Hg.): Kronprinz Rudolf. Majestät, ich warne Sie ... Geheime und private Schriften. Wien-München 1979. S. 439.

17 Hamann, B. (Hg.): Das poetische Tagebuch. S. 24 ff.

18 Srbik, H., Ritter von, einer der besten Kenner der Franz Joseph I. Ära (Quellen zur deutschen Politik Österreichs 1859–1866. 5 Bde., Berlin 1934–1938. von Srbik, hrsg.) wurde nach dem politischen Anschluß an Österreich 1938 neuer Akademie-Präsident und setzte alles daran, die sich in Brünn befindliche Elisabeth-Kassette (Literarischer Nachlaß Elisabeths) vorzeitig nach Wien zu holen, jedoch ohne Erfolg.

19 Larisch-Wallersee, M.: Königin Elisabeth und ich. Leipzig 1935

20 Gräfin Larisch-Wallersee ist die Tochter aus der Ehe von Elisabeths Bruder Herzog Ludwig in Bayern mit der bürgerlichen Schauspielerin Henriette Mendel. Sie war eine Vertrauensperson der Kaiserin, wurde aufgrund ihrer Verwicklung in die Mayerling-Affäre 1889 vom Hof verwiesen und lebte seither in recht bescheidenen Verhältnissen.

21 Vgl. hierzu Hamann, B. (Hg.): Das poetische Tagebuch. S. 27 ff. und Praschl-Bichler,G./Cachée, J.: „... von dem müden Haupte nehm' die Krone ich herab." Elisabeth privat ... 3. Aufl. Wien u. a. 1996. S. 97 ff.

22 Praschl-Bichler, G./Cachée, J.: Elisabeth privat ... S. 100

23 Hamann, B.: Elisabeth. Kaiserin wider Willen. 7. Aufl. München 1995

24 Wertheimer, E., Graf von: Graf Julius Andrássy. Sein Leben und seine Zeit. 3 Bde. Stuttgart 1910–1913

25 Vgl. Schmidt, R. F.: Graf Julius Andrássy. Vom Revolutionär zum Außenminister. Göttingen-Zürich 1995. S. 6

26 Andicis, H.: Das Österreichische Jahrhundert. Die Donaumonarchie von 1804 bis 1900. Wien u. a. 1974

27 Friedjung, H.: Österreich von 1848 bis 1860. Bd. 1, 2. Aufl. Stuttgart-Berlin 1908, Bd. 2, 3. Aufl., Stuttgart-Berlin 1912; sodann: Der Ausgleich mit Ungarn. 1877, und: Der Kampf um die Vorherrschaft in Deutschland 1859 bis 1866. Stuttgart-Berlin 1904. Der Nachlaß des Historikers Friedjung befindet sich in der Staatsbibliothek in Wien. Die sich im Nachlaß befindlichen Gesprächsaufzeichnungen der kaiserlichen Hofdame Gräfin Festetics wurden von Hamann, B. in ihrer Elisabeth-Biographie ausgewertet.

28 Wandruszka und Urbanitsch (Hg.): Die Habsburger Monarchie 1848–1918. Bd. 6. Die Habsburgermonarchie im System der internationalen Beziehungen. 2. Teilband. Wien 1993

Register

Personen

Adelgunde, Prinzessin von Bayern 31
Albrecht, Erzherzog 40, 60, 104, 105, 122, 154, 156, 158, 159, 160, 200, 226
Alexander II., Zar 163–165
Alexander III., Zar 188–190
Alexander, Fürst von Bulgarien 191
Amalia Louise, Prinzessin von Arenberg 14
Amalie, Königin von Sachsen 138
Andrássy, Julius (Gyulay) Graf 74, 114, 117–119, 126–143, 148, 149, 152–157, 163, 167, 168, 170, 172, 173, 179, 180, 182–187, 191–193, 195, 225
Aragon, Prinzessin von 219
Auersberg, Adolf Fürst 167
Augusta, Kaiserin von Preußen 170
Auguste, Königin von Bayern 42

Bach, Alexander Baron 82
Batthyány, Elemér Graf 179
Batthyány, Kasimir Graf 117
Batthyány, Ludwig Graf 99–102, 145, 179
Belcredi, Richard Graf 135, 139–141
Bellegarde, Gustav Graf 172, 173
Bellegarde, Gräfin (verh. Königsegg) 33
Benedek, Ludwig von 104, 125
Beust, Friedrich Ferdinand Graf 58, 137–140, 142, 163, 167, 168
Bismarck, Otto von 117, 120, 121, 123, 124, 127, 136, 137, 139, 163, 164, 166, 167, 181, 182, 184–186, 192–195
Blome, Graf 120
Boul-Schauenstein, Karl Graf 90
Bourbonen 89
Bray-Steinburg, Otto Graf 203

Carl Theodor, Bruder von Elisabeth 87, 138, 162, 215
Carolina Augusta, Kaiserinwitwe 34
Cavour, Camillo Graf 81, 82, 86, 88–90
Christomanos, Konstantin 64, 67, 69, 162
Clam-Gallas, Graf 91, 103
Clam-Martinic, Heinrich Graf 166
Confalionieri, Frederico 80
Corti, Egon Caesar Corte 119
Crenneville Franz Folliot de 43, 53, 122, 151, 152, 168, 173, 225

Déak, Ferenc (Franz) 99, 114–117, 119, 126–128, 130–134, 139–142, 145, 148, 151, 153, 168, 225
Dreyfus 218, 219
Dürckheim, Graf 197

Elisabeth (Carmen Sylva), Königin von Rumänien 52
Elisabeth, Königin von Preußen 13, 192
Ellemer, Ernst Kiß von 102
Eötvös, Jósef Baron 99, 120, 140, 142–144
Esterházy, Sophia Gräfin 33, 34, 45
Esterházy, Moritz Graf 127, 128
Esterházy, Paul Fürst 99
Eugénie, Kaiserin der Franzosen 164, 188, 227

Falk, Maximilian Dr. 119, 120, 143
Feodorowna, Maria, Zarin 189
Ferdinand I., Kaiser von Österreich 99–101, 166
Ferdinand III., deutscher Kaiser 33
Ferdinand Maximilian, Erzherzog 82, 86
Ferdinand, Prinz von Coburg 191
Ferenczy, Ida von 40, 108, 113–115, 118, 119, 126, 155, 157, 206, 215
Ferstel, Heinrich von 175
Festetics, Marie Gräfin 30, 40, 50, 157, 168, 172, 173, 184, 200, 201, 206
Franz Ferdinand, Erzherzog 199, 200
Franz Joseph, Kaiser von Österreich 10, 21–29, 35–49, 54, 57, 62, 70, 77, 81–95, 97, 98, 101–111, 115–118, 120–159, 161–164, 166–168, 170, 172–176, 178,

180–185, 187 ,188, 191–193, 195, 199–202, 206, 208, 210, 211, 216, 217, 222–227
Franz Karl, Erzherzog 21
Friedrich Wilhelm IV., König von Preußen 192
Fugger, Graf 97
Fürstenberg, Therese, Landgräfin 60

Gambetta 207
Garibaldi, Giuseppe 91, 151
Gasser, Hanns 174
Gautsch 217
Georg, Großfürst von Rußland 189
Gindely, Anton 74
Gisela, Tochter von Elisabeth 105, 110, 157, 170, 171, 178, 204
Gonzaga, Eleonora von 33
Görgey, Arthur 102
Grünne, Carl Graf 39
Gyulai, Franz Graf 39, 86, 90–93

Habsburger 8, 35–37, 47, 49, 51, 71, 72, 78, 80, 88, 90, 95, 96, 98, 101, 102, 104, 108, 132, 147, 148, 167, 174, 197, 198, 199, 201, 211, 212, 227
Hamann, Brigitte 40, 113, 118, 161, 184, 215, 216
Harris 84
Haymerle, Heinrich Baron 183
Haynau, Julius Baron 102
Heine, Heinrich 17, 108, 211
Helene, Schwester von Elisabeth 22, 24
Henri, Prinz von Orléans 218
Herzöge in Bayern 13, 20, 21
Heß, Heinrich Baron 67, 92
Hildegard, Prinzessin von Bayern 31
Hohenembs, Gräfin (Elisabeth inkognito) 217, 218
Hohenwart, Karl Sigmund Graf 166, 167
Hohenzollern 192, 193
Holland, Benedikt 14
Holland, Hyazinth 14, 21, 25
Horváth, Boldizsar 142
Horváth, Michael 144, 145
Hruby, Baron 31
Hübner, Alexander Graf 168, 183

Jahn, Friedrich Turnvater 66
Johann Salvator, Erzherzog 199
Johann, König von Sachsen 138
Jókai, Moritz 154
Joseph II., Kaiser von Österreich 54

Kálnoky, Gustav Sigmund Graf 183–186, 190–192, 196, 225
Karacsay, Fedor Graf 117
Karl Friedrich, Großherzog von Sachsen-Weimar 111
Karl Ludwig, Erzherzog 22, 182, 183, 197
Karl-Albrecht, König von Piemont-Sizilien 80
Karoline, Königin von Bayern 18
Kempen, Johann Baron 39, 90
Kendeffy, Katinka Gräfin 117
Klapka, György (Georg) 103, 124, 151
Königsegg, Paula Gräfin 128, 129 f.
Kossuth, Ludwig 99, 102, 103, 144, 145, 149, 151

Labanow-Rostowski, Alexis Fürst 192
Larisch, Graf 20, 78
Latour von Thurmburg, Graf 73, 74, 122, 123, 178
Latour, Theodor Graf 100
Lawrence, D.H. 54
Leopold Ferdinand, Erzherzog 199, 200
Leopold, Prinz von Bayern 170, 171, 178
Lerchenfeld, Graf 81
Liechtenstein, Rudolf Fürst 215
Liechtenstein, Fürsten 36
Lippe, Graf 26
Liszt, Franz 149
Lónyai, Melchior 135
Lónyai, Menyhert 142
Louis Philippe, König von Frankreich 15
Lucheni, Luigi 218–221
Ludovica Wilhelmine, Herzogin in Bayern 13, 18–22, 192
Ludwig I., König von Bayern 13, 15, 17, 26, 31
Ludwig II., König von Bayern 38, 96, 120, 121, 193, 202–205, 211, 221
Ludwig Viktor, Erzherzog 192, 200, 201
Ludwig, Herzog in Bayern, Neffe von Elisabeth 215
Ludwig, Herzog in Bayern, Bruder von Elisabeth 33, 162, 194, 195

Luitpold Emanuel, Herzog in Bayern 21
Luitpold, Prinzregent von Bayern 42, 170, 203–205, 221
Lutz 96

Mailáth, Georg Graf 127, 128, 140, 155
Mailáth, Helene Gräfin 26
Mailáth, Johann Graf 24–27, 108, 120
Makart, Hans 175, 176
Manin, Daniele 80
Maria Josepha, Prinzessin von Sachsen 197
Maria Theresia, Kaiserin von Österreich 47, 54, 63, 112, 123
Marie, Königin von Neapel, Schwester von Elisabeth 58, 59, 96, 97, 172, 221
Marie Valerie, Tochter von Elisabeth 45, 73, 111, 156, 157, 198, 201, 202
Marie, Königin von Bayern 55
Mathilde, Prinzessin von Bayern 31
Mathilde, Gräfin von Trani, Schwester von Elisabeth 140
Max I., König von Bayern 13, 18, 55
Max, Herzog in Bayern 13–20, 24, 26, 27, 30, 32f., 67
Mayreder, Rosa 64
Mendel, Henriette (Gräfin Wallersee) 33
Menger, Karl 74, 75
Mensdorff-Pouilly, Alexander Graf 136, 139
Metternich, Clemens Fürst 17, 31, 35, 66, 79, 80, 98, 100
Miguel, Prinz von Braganza 20
Milan von Serbien 191
Morand, Paul 8

Nando 91
Napoleon I. 17, 78, 79
Napoleon III., Kaiser der Franzosen 36, 62, 88, 89, 92, 94, 95, 103, 124, 126, 138, 164, 188
Nigra, Constantino Graf 196
Nikolaus I., Zar 62, 102
Nikolaus II., Zar 189
Nopsca, Franz Baron 157
Novotny, A. 117

Oberkamp, Baronin 25
Orsini 88
Orth, Johann (s. Johann Salvator) 199
Otto, König von Bayern 203, 205
Otto, Erzherzog 197, 198

Pallavicino, Giorgio 80
Pellico, Silvio 80
Pernerstorfer, Engelbert 197
Petzmayer, Johann 16
Pius IX. 54–59, 80, 167
Pius, Herzog in Bayern 14, 30–32, 205
Pudor, Heinrich 65

Radetzky, Joseph Graf 80–82, 86, 100
Rauscher, Othmar 39, 57, 59
Reichling, Baronin 21
Ressel 83
Reuß 185, 193
Ronáy, Hyazinth 74
Rothschild 218, 221
Rudolf, Kronprinz 36, 43, 63, 71, 73ff., 121, 122, 129, 148, 157, 178, 184, 187–189, 191–193, 202, 205–209, 215, 226

Sand, George 64
Savoyen 172, 195, 221
Schäffle, Albert Eberhard 166
Schlick, Graf 93
Schwarzenberg, Felix Fürst 29, 36, 39, 55, 134
Schwarzenberg, Fürsten 36
Sophie, Tochter von Elisabeth 82, 83, 87, 105, 107
Sophie, Erzherzogin 21–24, 32, 35, 39, 42–44, 48, 55, 57, 59, 77, 78, 82, 102, 105, 106, 110, 154, 155, 158, 168, 169, 200, 226
Stephan, Erzherzog 102
Stephan Victor, Erzherzog 148
Stephanie, Schwiegertochter von Elisabeth 54, 208
Stieler, Joseph 18
Strasoldo, Graf 79
Strubel, Ludmilla 199
Suttner, Berta von 63
Széchényi, Stephan 99, 109, 115
Szeps, Moritz 191, 206
Sztáray, Irma Gräfin 218, 224

Taaffe, Eduard Graf 153, 182–185, 193
Thun 217, 222

Tisza, Koloman 153
Trenkwald, Josef 175
Tschudi, Glarus von 49
Türr, Istvan 151

Umberto I., König von Italien 218, 221
Urban 91

Vetsera, Mary Baronin von 205, 206, 208
Victoria, deutsche Kronprinzessin 170
Viktor Emanuel II., König von Italien 89, 96, 195
Viktoria, Königin von England 188

Wagner, Richard 121
Wallersee, Marie Baronin von 72 (Louise) 179
Weckbecker, Hugo Baron 45
Wilhelm, Herzog in Bayern 13, 18
Wilhelm I., deutscher Kaiser 62, 93, 126, 164, 170, 188, 193
Wilhelm II., deutscher Kaiser 59, 195, 207
Wimpfen 94
Windischgrätz, Fürst 29, 100
Wittelsbacher 13, 204, 205
Wölfling, Leopold (s. Leopold Ferdinand)
Wulffen, Luise Baronin 22

Zita, Kaiserin von Österreich 34

Orte

Alexandrien 15
Ammerland 26, 27
Arad 102
Attersee 55
Bad Gleichenberg 183
Bad Kissingen 111, 113, 216
Baden 125
Baden-Baden 68
Banz 15
Bayern 13, 24, 55, 96, 97, 111, 120, 125, 138, 162, 202–204
Bayreuth 31
Berlin 163, 181, 186, 189, 193–195
Böhmen 75, 77, 78, 82, 101, 104, 105, 111, 112, 122, 124, 126, 131, 138–140, 164, 166, 173, 182, 216
Bosnien 174, 181, 182, 191, 227
Brünn 76, 80, 164
Budapest 106, 107, 110, 126, 127, 135, 139, 142, 144, 147, 156, 170, 181, 186, 216
(siehe auch Ofen, Pest)
Bulgarien 61, 191, 199
Caux 217, 218
Custozza 80, 100, 156
Debreczin 106
Deutschland 92, 94, 95,124, 141, 162–164, 166–168, 170, 180, 182, 185, 186, 188, 193–196, 202, 207
Dresden 138
Elmgrub 71
England 61, 62, 75, 82, 89, 112, 181, 187, 196, 209
Evian 217
Frankreich 15, 36, 59, 62, 83, 90, 93–98, 103, 112, 124, 126, 137, 148, 162–164, 182, 187, 193–196, 207, 208, 218
Füred (heute Balatonfüred) 111
Gallizien 48, 193
Gastein 188, 193, 194
Genf 217–219, 223, 224
Gödöllö 111, 142–144, 156, 157, 172, 179, 216
Graz 164
Griechenland 15, 96
Heidelberg 68
Herzegowina 181, 227
Irland 209
Ischl 20, 22, 24, 60, 68, 70, 123, 133, 135, 136, 172, 183, 192, 216
Istrien 84
Italien 56, 61, 78–89, 96, 97, 100–103, 107, 120, 122, 124, 126, 134, 151, 156, 164, 195, 196, 221, 225
Jászbéreny 106
Kairo 15
Klagenfurt 197
Klesheim 201
Königgrätz 121–125, 137, 141
Kremsier 46, 188–190, 192
Krim 88
Kroatien 180, 182
Lausanne 220
Laxenburg 107
Leipzig 64
Lombardei 48, 78–81, 85, 88, 93, 100, 103

London 84
Madeira 85
Magenta 90, 91, 103
Mähren 75, 100, 122
Mailand 78–82, 86, 87, 90, 91
Mayerling 205
Meran 164
Mincio 93, 94
Miramare 58
Modena 90–92, 95, 96
München 13–17, 22, 26, 30, 50, 55, 75, 91, 96, 120, 174, 203, 204
Neapel 58, 172, 220, 221
Nikolsburg 125, 133, 136
Novara 80
Oberitalien 48
Ofen 54, 101, 126, 128, 148, 150, 156, 170
Offensee 71
Olmütz 100, 101, 189
Österreich 9, 24, 25, 48, 49, 51, 54–56, 58, 61, 62, 66, 78–83, 87–89, 93–106, 114–120, 122–126, 131, 134, 137, 138, 141, 145–148, 151, 156, 161–164, 170, 174, 176, 180–182, 184–191, 193, 195, 196, 198, 201, 202, 206, 207, 216
Paris 15, 80, 81, 88, 124, 138, 145, 164, 167, 168
Pest 101, 102, 123, 126, 142, 149
Petersburg 173, 184, 189, 191
Piemont 89, 90, 94, 122
Piemont-Sardinien 79–82, 88, 103
Plattensee 111
Plombières 88
Polen 80, 164, 167, 183, 193
Portugal 20
Possenhofen 22, 27, 30
Prag 39, 76, 77, 100, 135, 164, 166, 216–218
Preßburg 99, 106
Preußen 59, 62, 89, 90, 93, 95, 120–125, 132–135, 137, 138, 151, 161–164, 185, 186, 192, 193
Pula 84
Reichenau a.d. Rax 38
Rom 56, 58, 59, 96, 195
Rumänien 89
Rußland 61, 62, 102, 180, 181, 182, 187, 189, 190, 191, 193, 194, 196, 207, 208, 226
Saarbrücken 162, 163
Sachsen 125, 139
Salzburg 166, 201
Schönbrunn 70, 135, 172, 190, 222, 223
Schweiz 73, 212, 213, 215, 217, 220
Sedan 164
Serbien 61, 180, 181, 191
Siebenbürgen 102, 142, 217
Sizilien 96
Slowakai 183
Solferino 88, 93, 94, 97, 103, 225
Starnberger See 22, 26
Steiermark 166
Suezkanal 43
Summerhill 209
Tegernsee 18–20
Tirol 166
Toskana 90, 95, 96
Trient 196
Triest 15, 41, 82, 83, 196
Tunesien 195, 196
Ungarn 9, 24, 25, 48, 78, 80, 86, 98–120, 123–129, 131–137, 139–149, 151–156, 158, 160, 163, 166–168, 170, 173, 179, 180, 185, 208, 209, 216, 217, 220, 225, 227
Venedig 82–87, 137, 195
Venetien 48, 78–81,124
Verona 80, 86, 87, 90, 91, 95
Versailles 164, 165
Világos 102
Villafranca 93, 95, 103
Wien 10, 15, 21, 24, 28–35, 39, 42, 43, 45, 48–61, 67, 74–84, 90, 92–108, 110–112, 114–115, 117, 119, 123, 126, 127–130, 133, 135–144, 147, 148, 152, 154–156, 162, 164, 167, 169, 170–176, 181, 182, 185, 189, 191–196, 203, 205, 217, 218, 225, 226
Woiwodina 102
Württemberg 125
Zürich 140, 141

Bildnachweis

Aus: „Die österreichisch-ungarische Monarchie in Wort und Bild", 24 Bde., Wien 1886–1902: S. 99, 143, 150, 171

Aus: „Deutscher Hausschatz", Regensburg 1874 ff.: S. 76, 96, 159, 176

Aus: Flathe, Th.: Geschichte der Neuesten Zeit, 3. Teil (= Allgemeine Weltgeschichte XII), Berlin 1892: S. 37, 58, 81, 89, 118, 139, 165, 181, 183, 189, 193, 205

Historisches Museum der Stadt Wien: S. 157

Münchner Stadtmuseum (Foto: Wolfgang Pulfer): S. 19

Stadtarchiv, München: S. 23, 44, 214

Ungarisches Nationalmuseum, Budapest: S. 116

Der Autor korrigiert hier das herkömmliche Bild von der rast- und ziellosen, ja flüchtenden Elisabeth zugunsten einer selbstbewußten Frau, einer ersten modernen Touristin, für die Reisen *Bildung, Freiheit, Selbstfindung, körperliche Gesundung, ein völlig neues Lebensgefühl* bedeutete. Vorgestellt werden die Orte und Länder des alten Europas, die Elisabeth bereiste. Wir erfahren den Anlaß ihrer Reisen, was sie an ihren Aufenthaltsorten unternahm und was sie dabei empfand.

Reinhard Heydenreuter
Spuren der Wehmut
Kaiserin Elisabeths Reisen durch das alte Europa
Unter Mitarbeit v. Karin Amtmann
304 Seiten, mit 50 Textabb., Leinen
DM 49,80/sFr 47.-/öS 364,-
ISBN 3-7917-1623-9

Verlag Friedrich Pustet